朔州市统计局
国家统计局朔州调查队 编

朔州 2012 统计年鉴

SHUO ZHOU STATISTICAL YEARBOOK

中国统计出版社
China Statistics Press

（京）新登字 041 号

图书在版编目（CIP）数据

朔州统计年鉴. 2012 / 朔州市统计局 国家统计局朔州调查队 编
-- 北京：中国统计出版社，2012.10
ISBN 978-7-5037-6701-2/C.2755
Ⅰ. ①朔…
Ⅱ. ①朔… ②国…
Ⅲ. ①统计资料 - 朔州市 -2012- 年鉴
Ⅳ. ①C832.253-54
中国版本图书馆 CIP 数据核字（2012）第 217295 号

朔州统计年鉴 -2012

作　　者 / 朔州市统计局 国家统计局朔州调查队
责任编辑 / 陈越月
责任校对 / 侯　强　张嘉琪　刘　飞
封面设计 / 李　柏
出版发行 / 中国统计出版社
通信地址 / 北京市西城区月坛南街 57 号
邮　　编 / 100826
办公地址 / 北京市丰台区西三环南路甲 6 号
电　　话 / (010)63376907
网　　址 / http://csp.stats.gov.cn
印　　刷 / 山西力新印刷科技开发有限公司
经　　销 / 新华书店
开　　本 / 880 × 1230 毫米　1/16
字　　数 / 952.56 千字
印　　张 / 33.75
印　　数 / 800 册
版　　别 / 2012 年 10 月第 1 版
版　　次 / 2012 年 10 月第 1 次印刷
书　　号 / ISBN 978-7-5037-6701-2/C.2755
定　　价 / 328.00 元

编辑说明

BIAN JI SHUO MING

一、《朔州统计年鉴—2012》是一部全面反映朔州市经济社会发展情况的资料性年刊。本年鉴收录了全市和各县区2011年经济社会发展方面的大量统计数据，具有科学性、权威性、综合性和实用性，是一部认识朔州、研究朔州的必备工具书。

二、全书内容共分为16个部分。1.综合；2.人口、从业人员和劳动报酬；3.固定资产投资；4.能源消费与库存；5.物价；6.人民生活；7.农村经济；8.工业经济；9.建筑业；10.交通运输业；11.批发零售贸易和餐饮业；12.财政、金融和保险业；13.教育、科技；14.文化、体育、旅游、卫生、环保、民政；15.县区基本情况；16.附录，包含了2012年的政府工作报告和2011年国民经济和社会发展统计公报。为了方便读者准确使用统计数据，前14部分篇末均附有《主要统计指标解释》。

三、本年鉴指标口径范围，基本以国家现行统计报表制度为准。资料来源于2011年度统计年报，部分反映社会发展方面的资料来源于有关部门和抽样调查。

四、本年鉴严格执行了中国统计出版社2011年发布的《统计年鉴编辑出版规范化方案》要求，所使用的度量衡单位，均采用国际统一标准计量单位。

五、本年鉴中使用的符号：“#”表示主要其中项；“空格”表示无该项指标数据或数据不详；“…”表示数据不足本表最小计量单位。

六、年鉴编辑过程中得到有关方面的大力支持和帮助，在此谨致谢意。由于工作经验尚存欠缺，人员力量不足，时间要求紧张，疏漏和错误在所难免，敬请读者提出宝贵意见。

年末总人口（人）

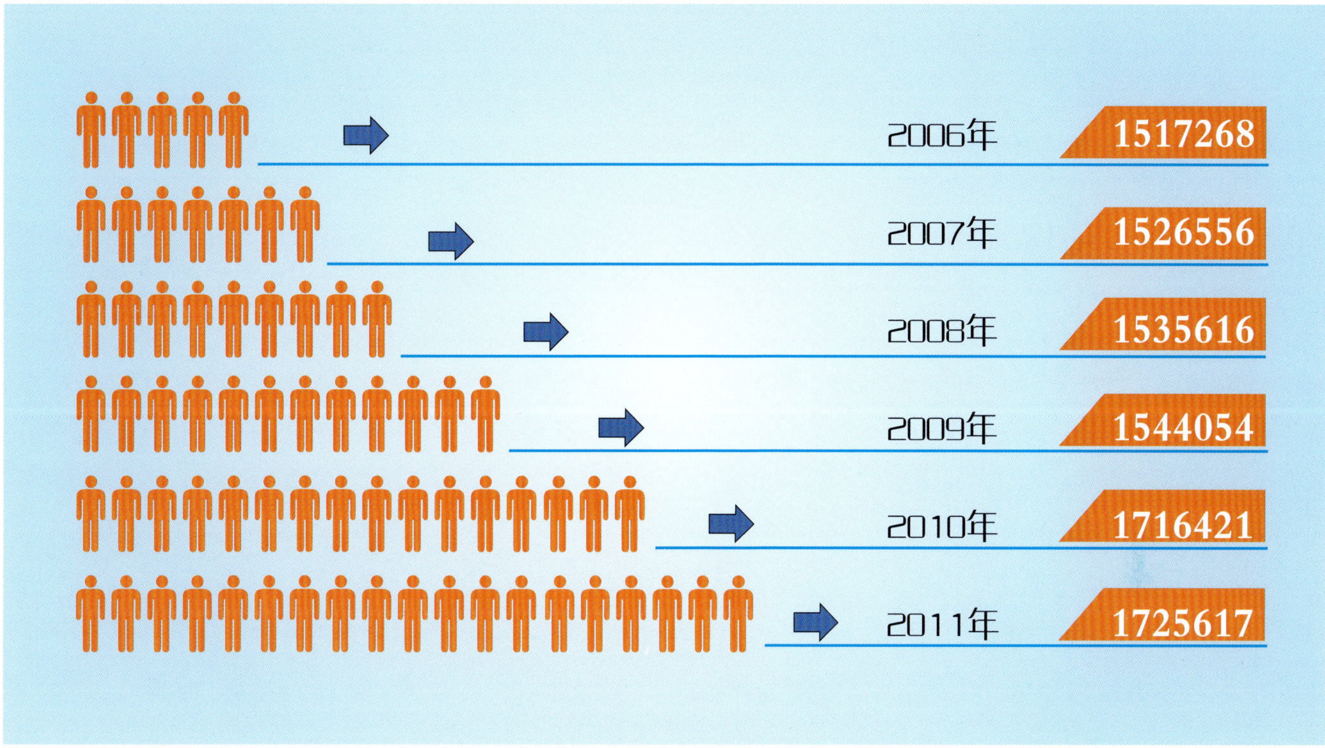

年末城镇人口（人）

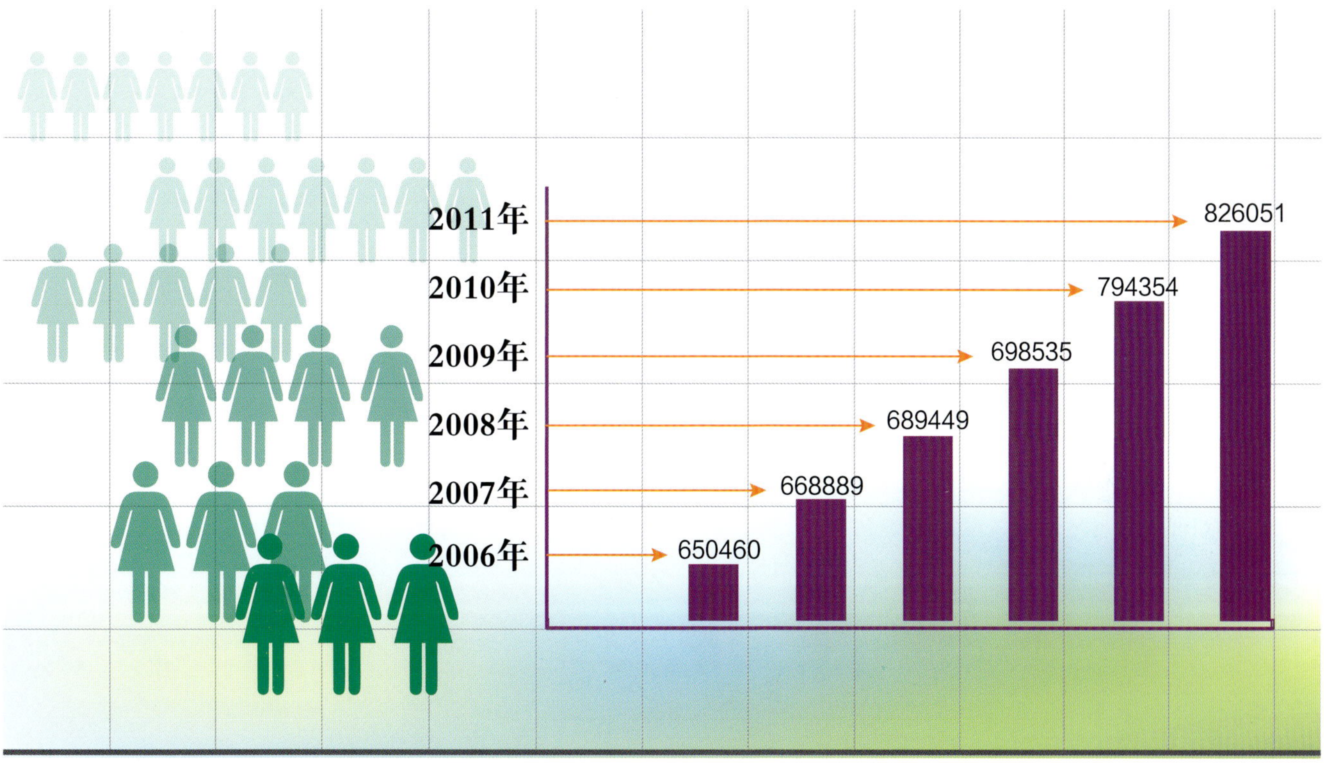

地区生产总值（万元）

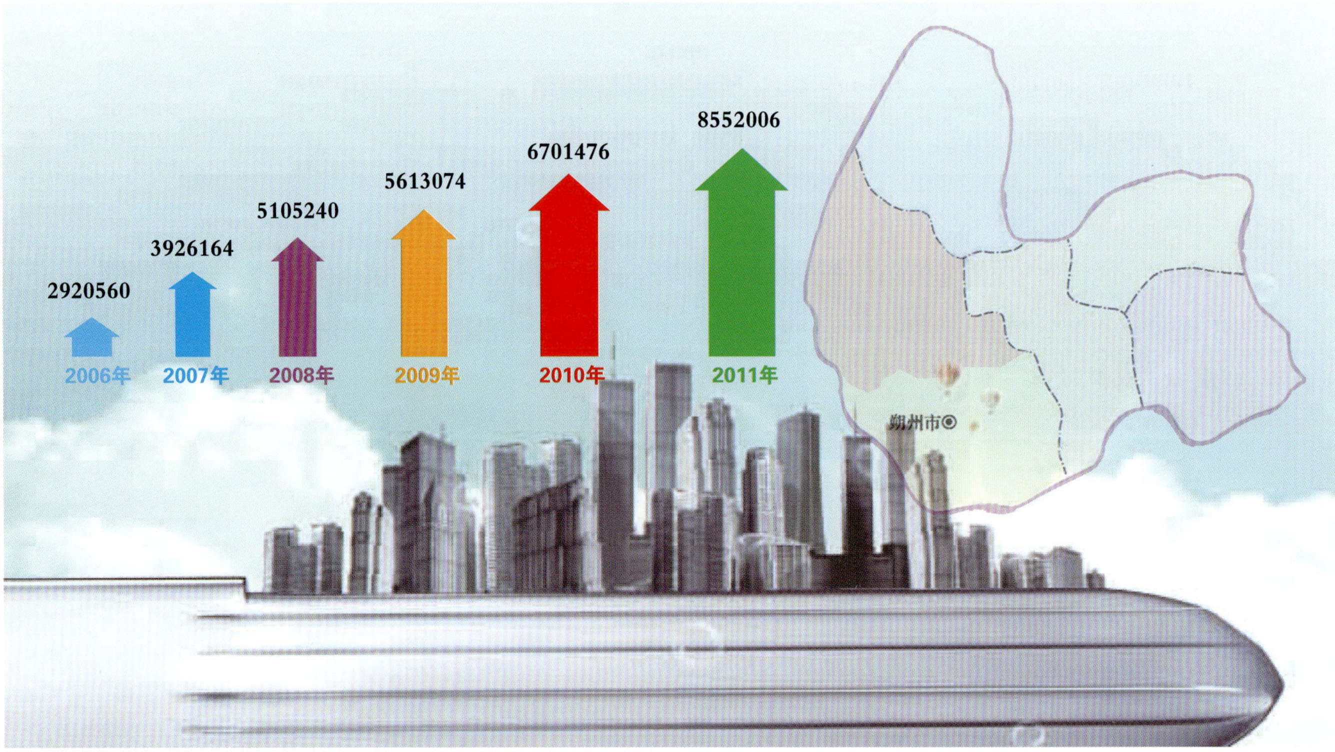

第一产业增加值（万元）

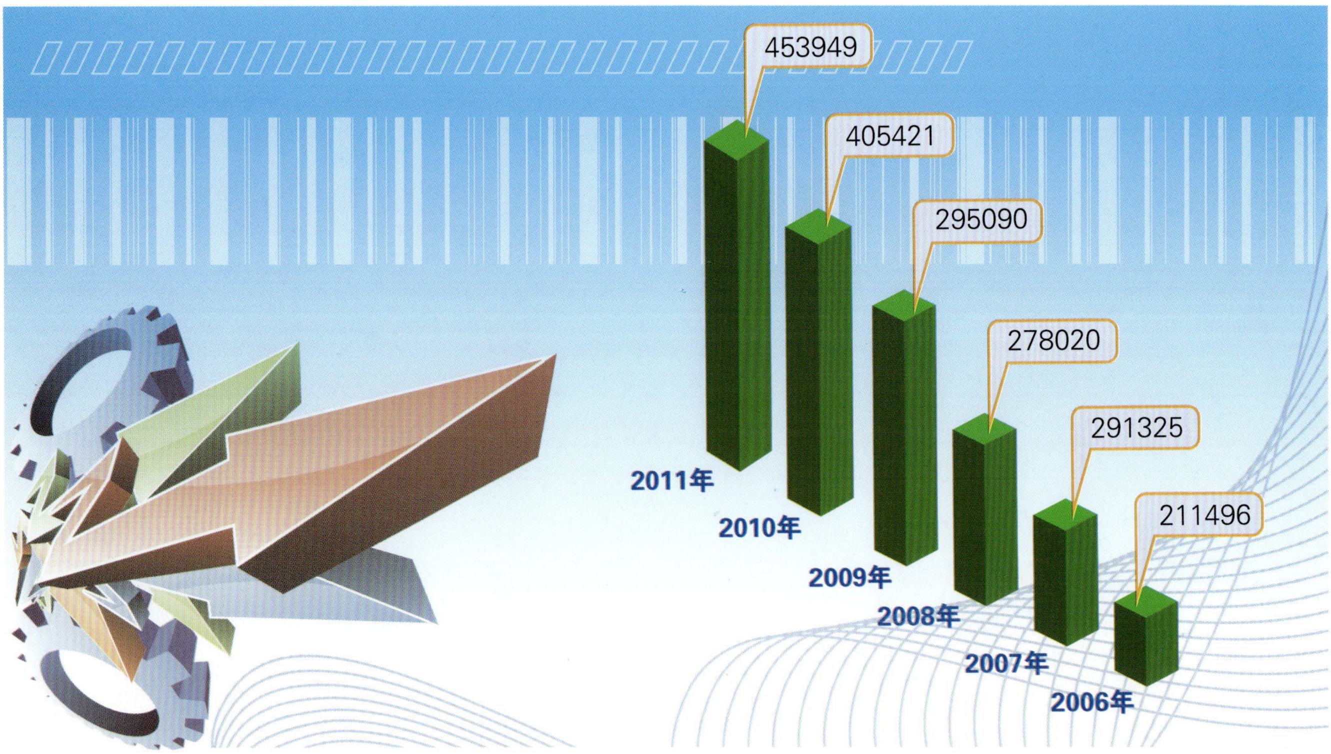

第二产业增加值（万元）

第三产业增加值（万元）

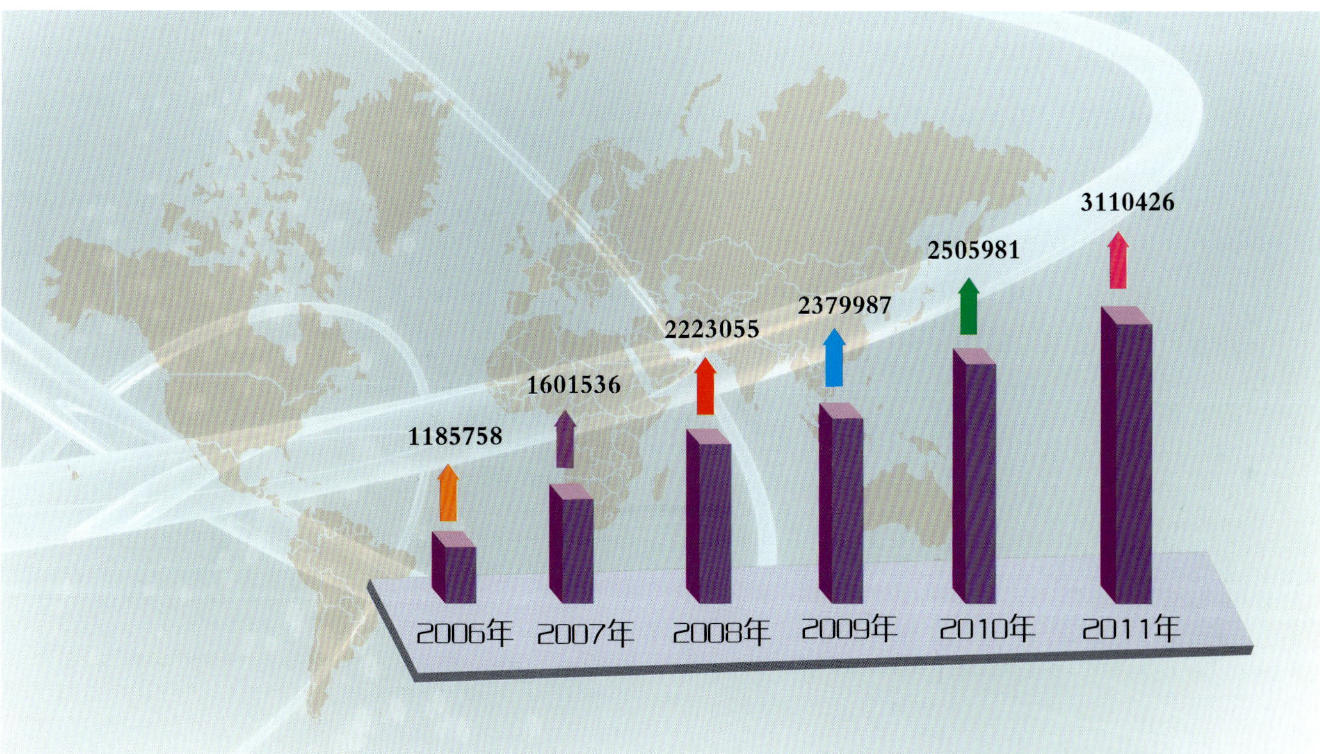

粮食产量（吨）

规模以上工业增加值（万元）

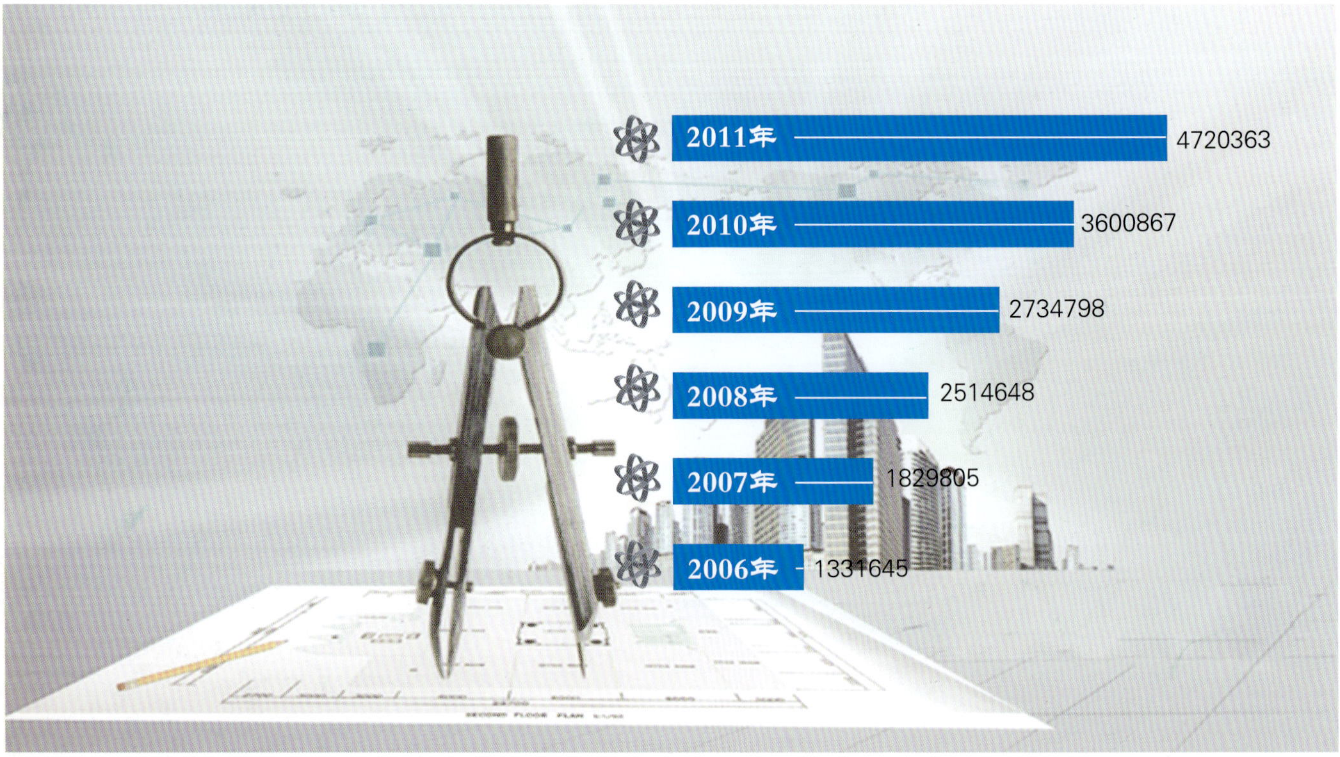

原煤产量（万吨）

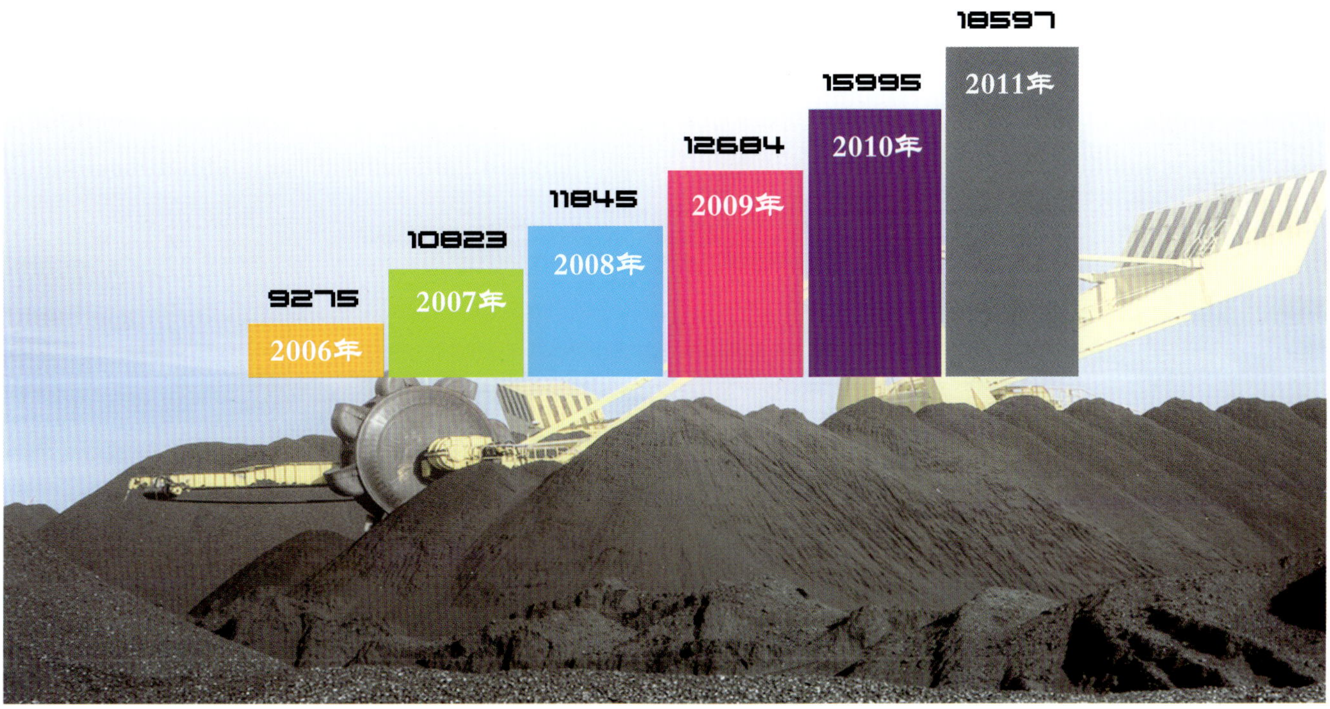

全社会固定资产投资（万元）

社会消费品零售总额（万元）

财政总收入（万元）

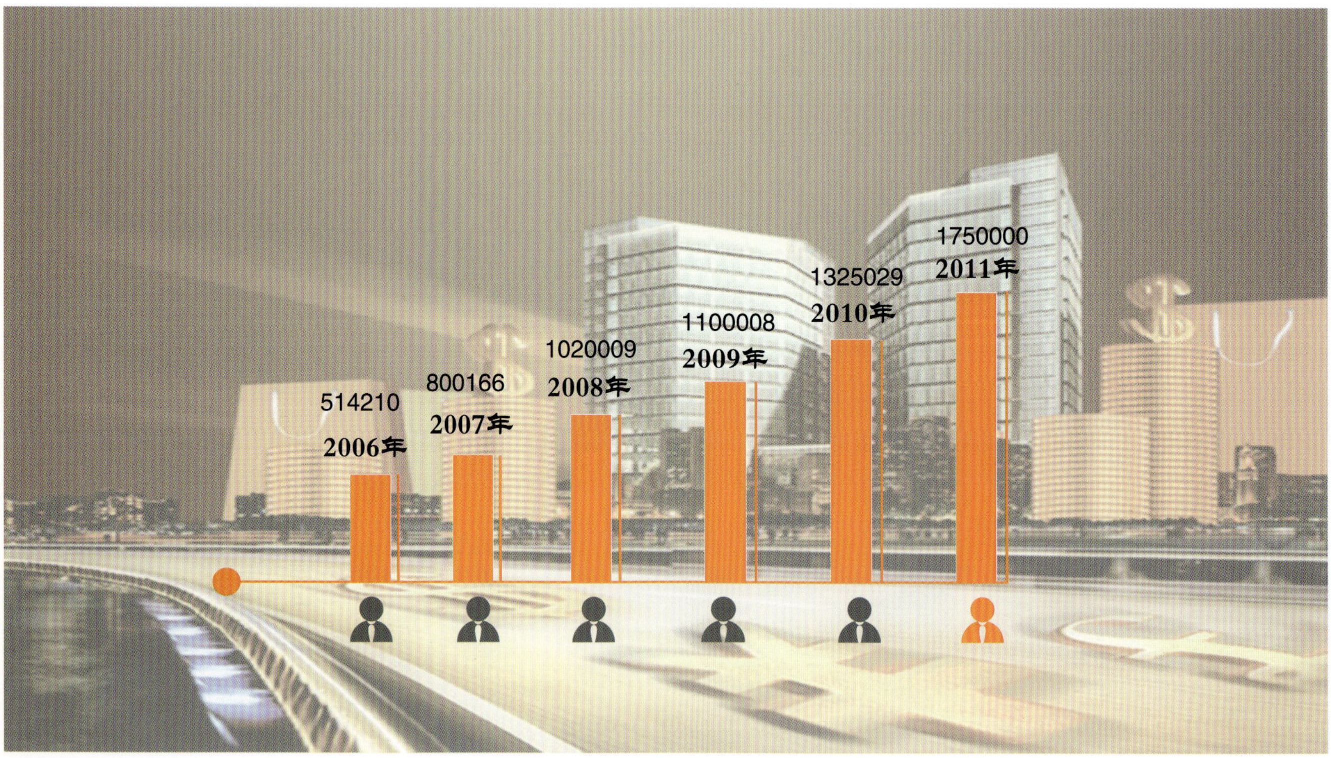

一般预算收入（万元）

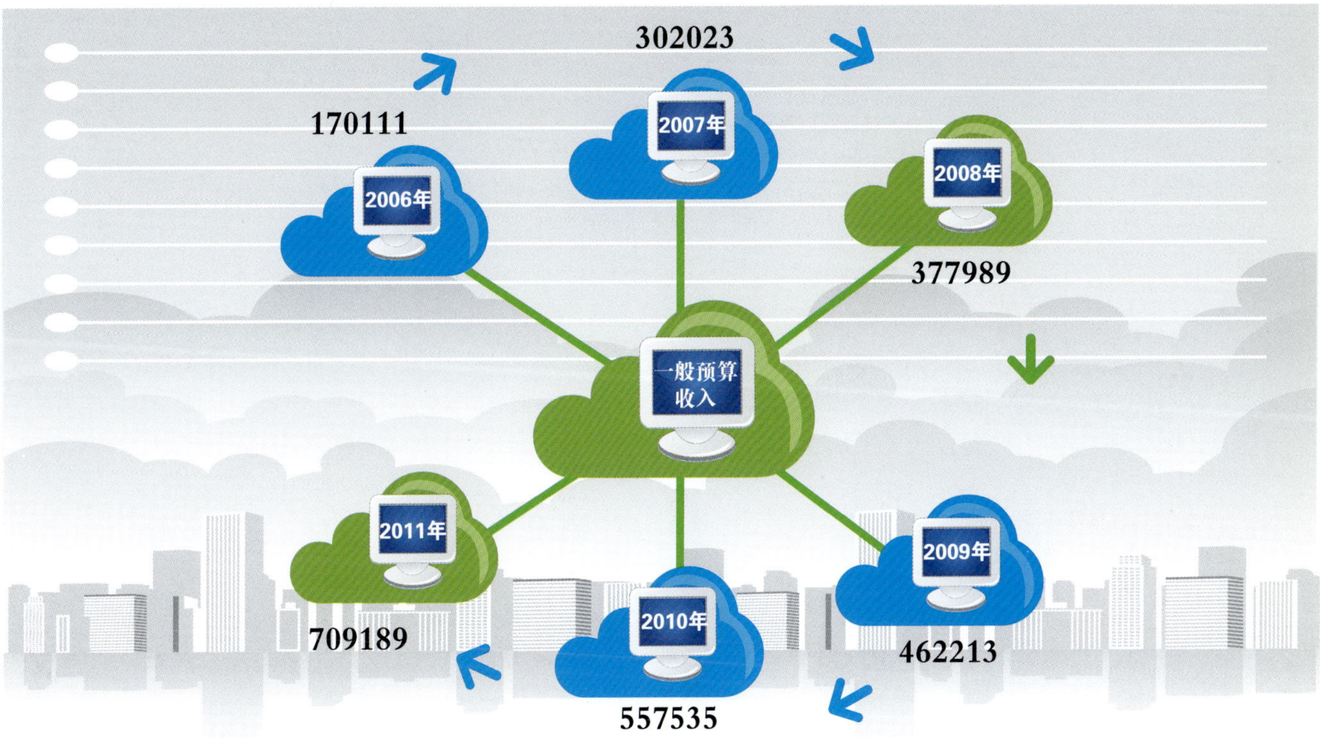

农民人均纯收入（元）

—— 城镇居民人均可支配收入（元）——

—— 城镇单位职工平均工资（元）——

目　　录

一、综　合

二、人口、从业人员和劳动报酬

三、固定资产投资

四、能源消费与库存

五、物价

六、人民生活

七、农村经济

八、工业经济

九、建筑业

十、交通运输业

十一、批发零售贸易和餐饮业

十二、财政、金融和保险业

十三、教育、科技

十四、文化、体育、旅游、卫生、环保、民政

十五、县区基本情况

十六、附录

01

综　合

2012
朔州统计年鉴
SHUOZHOU STATISTICAL YEARBOOK

资料整理人员

尹　权　武步雄　高文斌　张嘉琪　杜小平　高岐峰　白晓明

1-1 行政区划

<table>
<tr><td rowspan="2">县 区</td><td>乡镇总数(含街道办)</td><td>镇</td><td>乡</td><td>街道办事处</td><td>村民委员会</td><td>居民委员会</td></tr>
<tr><td>73</td><td>19</td><td>50</td><td>4</td><td>1688</td><td>100</td></tr>
<tr><td>朔城区</td><td colspan="6">北城街道办事处　南城街道办事处　神头街道办事处　北旺庄街道办事处　神头镇
利民镇　下团堡乡　小平易乡　滋润乡　福善庄乡　南榆林乡　贾庄乡　沙塄河乡
窑子头乡　张蔡庄乡</td></tr>
<tr><td>平鲁区</td><td colspan="6">井坪镇　凤凰城镇　白堂乡　陶村乡　下水头乡　双碾乡　阻虎乡　高石庄乡
西水界乡　下面高乡　下木角乡　向阳堡乡　榆岭乡</td></tr>
<tr><td>山阴县</td><td colspan="6">玉井镇　北周庄镇　古城镇　吴马营乡　马营乡　下喇叭乡　合盛堡乡　岱岳镇
安荣乡　薛 00 乡　后所乡　张家庄乡　马营庄乡</td></tr>
<tr><td>应 县</td><td colspan="6">金城镇　南河种镇　下社镇　镇子梁乡　义井乡　藏寨乡　大黄巍乡　杏寨乡
下马峪乡　南泉乡　大临河乡　白马石乡</td></tr>
<tr><td>右玉县</td><td colspan="6">新城镇　右卫镇　威远镇　元堡子镇　牛心堡乡　白头里乡　高家堡乡　丁家窑乡
杨千河乡　李达窑乡</td></tr>
<tr><td>怀仁县</td><td colspan="6">云中镇　吴家窑镇　金沙滩镇　毛家皂镇　何家堡乡　新家园乡　亲和乡　海北头乡
马辛庄乡　河头乡</td></tr>
</table>

1-2 自然资源

指　标	单　位	全　市	朔城区	平鲁区	山阴县	应　县	右玉县	怀仁县
国土面积	平方公里	10625.4	1779.7	2314.9	1644.6	1673	1979.2	1234
#平原;丘陵;山区		38:36:26	62:11:27	04:51:45	52:07:41	56:09:35	10:60:30	70:0:30
年末耕地保有量	万亩	548.28	99.14	113.35	89.51	85.33	88.19	72.76
含煤面积	平方公里	1711	612	432	366		199	102
煤炭储量	亿吨	422	185	119	68		31	19
石灰岩储量	亿吨	86.7	50	0.6	15	0.2	0.9	20
铁矿储量	万吨	280	30		30	200		20
本地水资源量	亿立方米	7.3878	1.4262	1.7297	1.2791	1.2863	0.9802	0.6863
#地下水	亿立方米	6.5309	1.3368	1.4701	1.2351	1.2063	0.6267	0.6559

1-3 气候条件

县　区	年均气温(摄氏度)	年无霜期(天)	年光照时间(小时)	年降水量(毫米)
朔城区	7.3	150	2381	374.7
平鲁区	5.5	146	2826	444.8
山阴县	7.8	148	2561	321.3
应　县	8.0	148	2514	376
右玉县	4.2	117	2582	356.1
怀仁县	8.2	147	2585	299.4

1-4 城市建设

指　标	单　位	全市	朔城区	平鲁区	山阴县	应　县	右玉县	怀仁县
城市建成区面积	平方公里	97.9	28	13.6	15	10.0	6.2	25
城市供水量(加自备井)	万立方米	4717	2150	455	365	530	233	984
城市供热面积	万立方米	2656.21	1352.22	288.19	220	236.9	66.6	492.3
城市集中供热普及率	%	86.23	89.02	78.1	88	81	73.67	88
液化石油气供应量	吨	3814	1300		660	248	500	1106
天然气供应量	万立方米	7243	3269	1470	100	290		2114
用气总户数(天然气)	户	106675	65089	12000	7286	11500		10800
城市气化率	%	83.76	95.96	76	74.39	95.5	50	74
城市人均公共绿地面积	平方米	7.77	7.77	12.25	9.22	8.46	9	10.5
城市建成区绿化覆盖率	%	41.75	44.75	32.94	41.73	38	42	39.7
万人拥有公交车辆数	标台	3.8	5.4	4.5	5.5			3

1-5　环境保护

县　区	建成区空气质量2级以上天数（天）	万元GDP主要污染物排放量(吨)		工业“三废”处理情况		
		SO_2	COD	废水排放达标率（%）	烟尘排放达标率（%）	固体废物处置率（%）
朔城区	349	0.0029	0.0035	100	100	94.9
平鲁区	334	0.0023	0.0009	100	100	93.91
山阴县	351	0.009	0.002	100	100	100
应　县	350	0.0054	0.016	100	100	95.55
右玉县	359	0.0034	0.0028	100	100	100
怀仁县	351	0.0043	0.0023	100	100	98.9

1-6 交通状况

县 区	公路通车里程（公里）	#高速公路（公里）	万人拥有公路量（公里）	百平方公里密度（公里）	村通水泥(油)路率(%)	村通客车率(%)
全市	9784.97	242.11	64.49	92.1	99.7	98.6
朔城区	1595.27	54.26	39.53	89.08	100	100
平鲁区	1830.27		100.67	79.42	98.6	95.4
山阴县	1510.01	50.12	66.96	91.44	100	100
应 县	1832.78	57.26	66.65	113.85	100	98.8
右玉县	1475.86	44.05	135.15	74.97	100	100
怀仁县	1540.84	36.42	51.86	127.19	100	97.5

1-7 社会保障

指标	单位	全市	朔城区	平鲁区	山阴县	应县	右玉县	怀仁县
各项保费征缴余额	万元	304917	34090	32812	27808	14651	15562	29663
农村低保人数	人	88298	20308	10310	15236	20900	7073	14471
农村低保发放标准	元/年		1380	1744	1372	1344	1344	1544
农村养老保险人数	人	528161	131196	77047	81682	110266	36918	91052
农村65岁居民生活补贴人数	人	125088	27874	14111	23900	30725	9678	18800
城市低保人数	人	67710	19880	4774	14763	10529	4775	12989
城市低保发放标准	元/月		303	303	277	264	264	277
失业保险人数	人	125000	22212	11389	13985	9600	5959	26155
失业保险发放标准	元/月		770	704	704	638	572	704
城镇职工医疗保险人数	人	133107	18510	17718	15213	11310	7408	16378
工伤保险人数	人	120246	23746	23500	23500	8875	7740	20150
机关事业单位养老保险人数	人	22849	2511	4465	1895	7194	1168	2504
企业养老保险人数	人	141620	24818	21774	19036	15045	5638	23535
生育保险人数	人	82686	12020	13183	10017	8197	5020	10086
城镇居民医疗保险人数	人	240499	55065	36414	32142	24927	11247	42475
城镇基本社会保障覆盖率	%	91.3	99.1	95	92	97	98	96.6

1-8 国民经济和社会发展总量指标

指　　标	总量指标				
	1990	2000	2005	2010	2011
一、年末常住人口 (万人)	**120.8**	**145.2**	**150.7**	**171.6**	**172.6**
二、全社会从业人员 (万人)	**55.4**	**67.3**	**70.5**	**82.3**	**87.8**
#城镇单位在岗职工人数	13.4	12.6	12.6	17.0	19.0
三、地区生产总值 (亿元)	**21.7**	**84.8**	**220.3**	**670.1**	**855.2**
第一产业	5.4	15.8	18.5	40.5	45.4
第二产业	11.0	36.7	105.4	379.0	498.8
第三产业	5.3	32.3	96.4	250.6	311.0
四、农业生产					
农林牧渔业总产值 (亿元)	7.7	27.8	34.9	72.0	88.4
主要农产品产量					
粮　食 (万吨)	59.5	65.6	66.7	86.4	97.1
# 谷　物 (万吨)	43.7	47.6	58.1	76.5	85.9
油　料 (万吨)	4.3	5.0	1.9	3.1	3.4
肉类总产量 (万吨)	1.6	5.0	6.1	5.2	5.0
奶类总产量 (万吨)	5.3	17.6	33.4	38.7	43.6
禽蛋产量 (万吨)	0.9	1.5	2.0	3.3	1.7
农业机械总动力 (万千瓦)	52.5	88.4	154.7	206.1	214.5
五、工业生产					
规模以上工业总产值 (亿元)	25.1	62.0	230.3	828.5	1169.9
主要工业产品产量					
原　煤 (万吨)	2857	2912	7949	15995	18583
发电量 (亿千瓦小时)	70.2	116.1	198.5	217.0	232.9
乳制品 (万吨)	0.6	1.2	26.1	17.0	21.1
白　酒 (吨)	2150	1157	600	4259	10342
水　泥 (万吨)	15.4	47.2	80.7	68.4	283.5
电　石 (吨)	8585	30215	94627	31309	32264

1-8 续表 1

指标	总量指标				
	1990	2000	2005	2010	2011
化　肥 (万吨)	4.4	7.3	9.8	6.4	6.5
铁合金 (吨)			44823	93100	181304
六、运输邮电					
公路货物运输量 (万吨)	1818	4378	8300	1827	1935
公路货物周转量 (亿吨公里)	6.3	16.1	29.3	34.8	36.6
公路旅客发送量 (万人)	436	1050	1530	2992	3074
公路旅客周转量 (百万人公里)	177	510	730	1172	1221
邮电业务总量 (亿元)	0.07	1.5	5.2	25.1	11.5
固定电话电话 (万户)	0.4	8.8	23.5	22.1	21.6
移动电话电话 (万户)		3.9	31.7	95.8	137.4
七、固定资产投资 (亿元)					
固定资产投资总额	6.3	20.5	72.7	356.0	474.6
#住宅	0.6	2.2	7.2	50.2	35.1
1.国　有	5.3	16.0	41.8	209.2	272.5
非国有	1.0	4.5	30.9	146.8	202.0
2.城　镇	5.7	17.5	69.0	343.1	461.9
农　村	0.7	3.0	3.7	12.9	12.7
3.第一产业	0.07	0.02	2.3	9.9	9.2
第二产业	5.2	13.0	42.2	232.2	303.6
第三产业	1.0	7.5	28.2	113.8	161.8

注：交通运输 2005 年以前数据为旧口径统计数据。

1-8 续表 2

指　　标	总量指标				
	1990	2000	2005	2010	2011
八、国内贸易　(亿元)					
社会消费品零售总额	6.8	33.3	54.1	139.6	164.1
九、对外贸易　(万美元)					
外贸进出口总额		872	2205	12502	13942
出　口		454	831	967	1481
进　口		418	1374	11535	12461
十、财　政　(亿元)					
财政总收入	1.8	6.5	35.1	132.5	175.0
一般预算收入	1.8	4.1	11.3	55.8	70.9
一般预算支出	2.3	6.4	20.3	90.1	115.4
十一、物价指数　(上年 =100)					
商品零售价格总指数	97.4	99.2	99.9	103.0	104.3
居民消费价格总指数	99.8	106.8	101.2	103.2	104.8
十二、工　资　(亿元)					
全部职工工资总额	2.8	8.7	19.1	55.2	72.9
全部职工平均工资　(元)	2092	6910	14775	32530	38136
国有单位职工工资总额	2.3	7.8	17.2	39.7	38.6
国有单位职工平均工资　(元)	2211	7191	15345	35602	35297
十三、教育、文化					
中等专业学校在校学生数　(万人)	0.28	0.30	0.38	0.32	0.48
职业中学在校学生数　(万人)	0.55	1.74	1.80	0.98	0.99
普通中学在校学生数　(万人)	5.94	9.40	14.01	16.00	16.17
小学在校学生数　(万人)	14.43	18.48	20.39	18.99	18.13
十四、城乡居民收入　(元)					
城镇居民人均可支配收入	1364	5055	8787	17558	20287
农民人均纯收入	521	2223	3081	5903	7024
十五、金融机构人民币各项存贷款余额　(亿元)					
金融机构人民币各项存款余额	7.0	84.6	234.4	764.1	911.8
# 居民储蓄存款余额	3.1	65.0	156.7	444.8	520
金融机构人民币各项贷款余额	18.3	88.8	89.2	197.7	262.5

1-9　社会经济主要指标人均水平

指　　标	2010	2011
一、地区生产总值　(元)	**41127**	**49692**
二、财政总收入　(元)	**8132**	**10168**
三、主要产品产量		
原　煤 （吨）	98	108
发电量　（千瓦/时）	13319	13533
粮　食 (公斤)	551	564
肉　类 (公斤)	40.97	29.1
牛　奶 (公斤)	247	253
四、社会消费品零售额　(元)	**8567**	**9537**
五、人民生活　(元)		
城镇居民人均可支配收入	17558	20287
城镇居民人均消费性支出	11713	13353
农民人均纯收入	5903	7024
农民人均生活费支出	3293	4809
人均储蓄存款	25937	30117

1-10 国民经济主要比例关系

单位:%

指　　标	2010	2011
一、地区生产总值中三次产业比例		
第一产业	6.0	5.3
第二产业	56.6	58.3
第三产业	37.4	36.4
二、农林牧渔业总产值内部比例		
农业产值	52.5	52.9
林业产值	3.2	6.1
牧业产值	41.3	38.3
渔业产值	0.2	0.2
农林牧渔服务业	2.8	2.5
三、全社会固定资产投资中		
中央项目	44.9	42.9
地方项目	55.1	57.1
四、财政总收入占 GDP 比例	19.8	20.5

1-11 人民物质文化生活提高情况

指　　标	2010	2011
一、城乡居民收入　(元)		
城镇居民人均可支配收入	17558	20287
农民人均纯收入	5903	7024
职工平均工资	32530	38136
二、平均每人住房面积　(平方米)		
城镇居民住房建筑面积	28	28
农村居民住房面积	21	28
三、生活、文化、教育、卫生		
每百户拥有　(抽　　样)		
彩色电视机　(台)		
城镇居民	110	109
农　民	88	109
洗衣机(台)		
城镇居民	107	102
农　民	57	77
移动电话　(部)		
城镇居民	187	207
农　民	66	166

1-12 主要年份地区生产总值

按当年价格计算

年 份	地区生产总值（万元）	第一产业	第二产业	工业	第三产业	人均地区生产总值（元/人）
1952	6243	4125	1132	551	986	95
1957	8837	4941	2502	1291	1394	122
1962	8066	3359	2882	923	1825	107
1965	11382	4837	3996	1474	2549	142
1970	17689	8571	5725	2493	3393	195
1975	27400	12140	10175	4755	5085	274
1978	34555	13033	13696	7571	7826	334
1980	42070	16411	15141	11213	10518	400
1985	86879	29873	33732	31850	23274	784
1990	217145	53477	110499	93264	53169	1818
1995	523569	112613	234867	204257	176089	4041
2000	847776	157846	367205	321930	322725	6192
2002	1028679	141886	473294	433986	413499	7319
2004	1642294	186236	763999	709000	692059	11013
2005	2203492	185160	1054172	988774	964160	14670
2006	2920560	211496	1523306	1428204	1185758	19313
2007	3926164	291325	2033303	1911924	1601536	25798
2008	5105240	278020	2604165	2450133	2223055	33154
2009	5613074	295090	2937997	2769972	2379987	36452
2010	6701476	405421	3790074	3640950	2505981	41107
2011	8552006	453949	4987631	4785456	3110426	49692

1-13 主要年份地区生产总值构成

单位:%

年份	地区生产总值	第一产业	第二产业	工业	第三产业
1952	100.0	66.1	18.1	8.8	15.8
1957	100.0	55.9	28.3	14.6	15.8
1962	100.0	41.7	35.7	11.4	22.6
1965	100.0	42.5	35.1	13.0	22.4
1970	100.0	48.4	32.4	14.1	19.2
1975	100.0	44.3	37.1	17.4	18.6
1978	100.0	37.7	39.6	21.9	22.7
1980	100.0	39.0	36.0	26.7	25.0
1985	100.0	34.4	38.8	36.7	26.8
1990	100.0	24.6	50.9	43.0	24.5
1995	100.0	21.5	44.9	39.0	33.6
2000	100.0	18.6	43.2	38.0	38.2
2002	100.0	13.8	46.0	42.2	40.2
2004	100.0	11.3	46.5	43.2	42.1
2005	100.0	8.4	47.8	44.9	43.8
2006	100.0	7.2	52.2	48.9	40.6
2007	100.0	7.4	51.8	48.7	40.8
2008	100.0	5.5	51.0	48.0	43.5
2009	100.0	5.3	52.3	49.3	42.4
2010	100.0	6.0	56.6	54.3	37.4
2011	100.0	5.3	58.3	56.0	36.4

1-14 主要年份地区生产总值指数

上年 =100

年 份	地区生产总值	第一产业	第二产业	工业	第三产业
1952	109.6	107.9	108.6	115.7	118.6
1957	99.1	88.9	122.7	112.0	103.4
1962	91.3	84.9	87.9	89.9	112.9
1965	101.7	85.6	129.3	129.3	107.4
1970	108.5	105.8	112.3	109.3	109.6
1975	104.6	97.4	114.0	112.5	106.8
1978	104.0	89.7	112.7	110.5	120.3
1980	108.1	109.6	105.0	137.4	110.3
1985	110.7	98.6	120.9	125.2	115.3
1990	111.6	111.5	115.5	115.6	104.7
1995	109.8	85.3	111.1	110.2	123.4
2000	108.3	123.7	104.8	106.1	108.4
2002	114.2	133.6	112.9	115.8	110.7
2004	116.9	106.0	121.4	121.8	114.8
2005	117.5	96.6	120.2	120.7	120.1
2006	118.3	105.5	124.7	125.6	113.8
2007	116.7	103.7	119.1	119.1	116.2
2008	113.8	102.6	110.5	108.9	119.7
2009	110.6	102.5	116.5	116.9	105.0
2010	113.8	108.0	116.0	117.4	111.9
2011	115.2	100.0	119.9	120.1	110.5

1-15 地区生产总值

单位:万元

指　标	2010	2011
地区生产总值	6701476	8552006
第一产业	405421	453949
第二产业	3790074	4987631
#工业	3640950	4785456
建筑业	149124	202175
第三产业	2505981	3110426
人均地区生产总值(元)	41107	49692

1-16 地区生产总值构成

单位:%

指　标	2010	2011
地区生产总值	100.0	100.0
第一产业	6.0	5.3
第二产业	56.6	58.3
#工业	54.3	56.0
建筑业	2.2	2.4
第三产业	37.4	36.4

1-17 地区生产总值指数

上年 =100

指　标	2010	2011
地区生产总值	113.8	115.2
第一产业	108.0	100.0
第二产业	116.0	119.9
#工业	117.4	120.1
第三产业	111.9	110.5

1-18 按三次产业、行业(门类)划分的法人单位数、产业活动单位数及从业人数(2011 年)

项　目	法人单位				产业活动单位		
	单位数(个)	单产业法人	多产业法人	从业人数(人)	单位数(个)	#多产业法人所属的产业活动单位	从业人数(人)
总　计	**10650**	**10277**	**373**	**327371**	**13358**	**3081**	**71440**
按三次产业划分							
第一产业	1549	1546	3	17159	1599	53	1768
第二产业	1269	1245	24	141261	1401	156	30582
第三产业	7832	7486	346	168951	10358	2872	39090
按行业(门类)划分							
农、林、牧、渔业	1549	1546	3	17159	1599	53	1768
采矿业	219	212	7	57458	232	20	21168
制造业	680	670	10	46721	708	38	4176
电力、燃气及水的生产和供应业	73	69	4	8601	157	88	3752
建筑业	297	294	3	28481	304	10	1486
交通运输、仓储和邮政业	336	330	6	9013	425	95	2296
信息传输、计算机服务和软件业	79	72	7	2291	213	141	1762
批发和零售业	2146	2105	41	37111	2352	247	4564
住宿和餐饮业	176	176		9880	179	3	88
金融业	95	74	21	6243	401	327	5638
房地产业	237	236	1	3710	242	6	86
租赁和商务服务业	281	276	5	5112	328	52	750
科学研究、技术服务和地质勘查业	193	190	3	1983	246	56	407
水利、环境和公共设施管理业	101	97	4	2577	128	31	226
居民服务和其他服务业	273	272	1	3919	285	13	2356
教　育	325	314	11	23441	1052	738	7818
卫生、社会保障和社会福利业	237	236	1	6681	311	75	623
文化、体育和娱乐业	103	103		1659	132	29	117
公共管理和社会组织	3250	3005	245	55331	4064	1059	12359
国际组织							

注：本表中交通运输、仓储和邮政业不包括铁路旅客运输和铁路货物运输单位。

1-19 按登记注册类型划分的法人单位数、产业活动单位数及从业人数(2011年)

项目	法人单位				产业活动单位		
	单位数(个)	单产业法人	多产业法人	从业人数(人)	单位数(个)	#多产业法人所属的产业活动单位	从业人数(人)
总计	**10650**	**10277**	**373**	**327371**	**13358**	**3081**	**71440**
一、内资	**10642**	**10270**	**372**	**323145**	**13324**	**3054**	**71194**
国有	2202	1930	272	114052	4250	2320	43236
集体	168	144	24	13725	406	262	4365
股份合作	32	32		1999	37	5	35
国有联营	6	6		1055	13	7	45
集体联营	5	5		275	5		
国有与集体联营							
其他联营	7	7		45	7		
国有独资公司	9	8	1	349	17	9	275
其他有限责任公司	984	968	16	45969	1029	61	12371
股份有限公司	101	86	15	6484	277	191	3983
私营独资	1121	1109	12	16762	1145	36	915
私营合伙	270	269	1	4969	273	4	45
私营有限责任公司	1738	1729	9	67619	1755	26	1724
私营股份有限公司	186	184	2	8602	185	1	52
其他	3813	3793	20	41240	3925	132	4148
二、港澳台商投资	**2**	**2**		**80**	**20**	**18**	**61**
与港澳台商合资经营	1	1		65	3	2	11
与港澳台商合作经营							
港澳台商独资	1	1		15	17	16	50
港澳台商投资股份有限公司							
三、外商投资	**6**	**5**	**1**	**4146**	**14**	**9**	**185**
中外合资经营	2	2		1987	2		
中外合作经营							
外资企业	4	3	1	2159	10	7	151
外商投资股份有限公司					2	2	34

1-20 按登记注册类型、从业人数

项 目	合计	7人及以下	8-19人	20-49人	50-99人
合 计	**10650**	**5319**	**2797**	**1329**	**581**
内 资	**10642**	**5319**	**2796**	**1329**	**579**
国有	2202	701	532	475	249
集体	168	36	48	31	23
股份合作	32	5	12	7	4
国有联营	6	1	1	1	1
集体联营	5		2	1	1
国有与集体联营					
其他联营	7	4	3		
国有独资公司	9	2	3	1	2
其他有限责任公司	984	491	281	123	36
股份有限公司	101	29	26	26	7
私营独资	1121	542	374	134	49
私营合伙	270	126	80	49	8
私营有限责任公司	1738	668	487	265	138
私营股份有限公司	186	58	58	33	16
其他内资	3813	2656	889	183	45
港澳台商投资	**2**		**1**		**1**
与港澳台商合资经营	1				1
与港澳台商合作经营					
港澳台商独资	1		1		
港澳台商投资股份有限公司					
外商投资	**6**				**1**
中外合资经营	2				
中外合作经营					
外资企业	4				1
外商投资股份有限公司					

组距划分的法人单位数(2011 年)

100–299 人	300–499 人	500–999 人	1000–4999 人	5000–9999 人	10000 人及以上
475	**77**	**49**	**20**	**2**	**1**
474	**77**	**47**	**18**	**2**	**1**
199	19	16	11		
20	4	4	2		
1	3				
1		1			
1					
1					
35	8	3	5	1	1
6	3	4			
21	1				
6		1			
137	30	13			
14	4	3			
32	5	2		1	
1		**2**	**2**		
		1	1		
1		1	1		

1-21 企业家信心指数(2011年)

指 标	一季度	二季度	三季度	四季度
总体状况	**121.52**	**123.41**	**128.69**	**129.76**
一、按行业门类分				
(一)工业	127.32	127.68	131.68	132.00
采矿业	172.86	174.00	186.50	187.50
制造业	100.00	108.33	108.33	116.67
电力、煤气及水的生产和供应业	120.00	100.00	100.00	80.00
(二)建筑业	80.00	120.00	80.00	120.00
房屋和土木工程建筑业	66.67	100.00	66.67	100.00
建筑安装业	100.00	100.00	100.00	100.00
建筑装饰业	100.00	200.00	100.00	200.00
其他建筑业	100.00	100.00	100.00	100.00
(三)交通运输、仓储和邮政业	125.00	100.00	125.00	100.00
铁路运输业	100.00	100.00	100.00	100.00
道路运输业	200.00	100.00	100.00	100.00
城市公共交通业	100.00	100.00	200.00	200.00
水上运输业	100.00	100.00	100.00	100.00
航空运输业	100.00	100.00	100.00	100.00
管道运输业	100.00	100.00	100.00	100.00
装卸搬运和其他运输服务业	100.00	100.00	100.00	100.00
仓储业	100.00	100.00	100.00	100.00
邮政业	100.00	100.00	100.00	50.00
(四)批发和零售业	125.84	125.00	113.34	162.50
批发业	134.46	150.00	134.46	183.33
零售业	100.00	50.00	50.00	100.00
(五)房地产业	50.00	50.00	150.00	100.00
(六)社会服务业	75.00	125.00	125.00	150.00
租赁业	100.00	100.00	100.00	100.00
商务服务业	100.00	166.67	166.67	166.67
环境管理业	100.00	100.00	100.00	100.00
公共设施管理业	100.00	100.00	100.00	100.00
居民服务业				100.00

1-21 续表

指　标	一季度	二季度	三季度	四季度
其他服务业	100.00	100.00	100.00	100.00
(七)信息传输、计算机服务和软件	150.00	150.00	150.00	150.00
信息传输业	150.00	150.00	150.00	150.00
计算机服务业	100.00	100.00	100.00	100.00
软件业	150.00	150.00	150.00	150.00
(八)住宿和餐饮业	100.00	200.00	150.00	100.00
住宿业	100.00	200.00	100.00	100.00
餐饮业	100.00	200.00	200.00	100.00
二、按企业登记注册类型分				
1.国有企业	101.59	114.09	114.09	125.00
2.集体企业	50.00	150.00	100.00	150.00
3.股份合作企业	100.00	100.00	100.00	100.00
4.联营企业	100.00	100.00	100.00	100.00
5.有限责任公司	125.53	129.03	132.26	141.94
6.股份有限公司	150.00	150.00	150.00	50.00
7.私营企业	50.00	50.00	50.00	100.00
8.港、澳、台投资企业	166.67	166.67	166.67	166.67
9.外商投资企业	100.00	100.00	100.00	100.00
三、按企业规模分				
大中型	136.91	135.28	148.11	139.29
#大型	192.60	198.64	194.13	200.00
中型	110.53	105.26	126.32	110.53
中小型	104.26	112.77	114.89	121.28
#小型	100.00	117.86	107.14	128.57
四、特殊分组				
国家重点企业	200.00	200.00	200.00	200.00
国家试点企业集团成员	161.21	191.04	161.21	200.00
出口企业	200.00	200.00	200.00	200.00
上市公司	200.00	200.00	200.00	200.00
国有控股企业	128.83	120.50	128.83	125.00

1-22 企业景气指数(2011年)

指　标	一季度	二季度	三季度	四季度
总体状况	**127.34**	**136.36**	**132.80**	**128.82**
一、按行业门类分				
(一)工业	126.95	146.95	135.27	135.64
采矿业	171.72	184.22	172.73	161.37
制造业	108.33	141.67	116.67	125.00
电力、煤气及水的生产和供应业	100.00	100.00	120.00	120.00
(二)建筑业	100.00	120.00	140.00	160.00
房屋和土木工程建筑业	100.00	133.33	133.33	166.67
建筑安装业	100.00	100.00	100.00	100.00
建筑装饰业	100.00	100.00	200.00	200.00
其他建筑业	100.00	100.00	100.00	100.00
(三)交通运输、仓储和邮政业	150.00	75.00	125.00	100.00
铁路运输业	100.00	100.00	100.00	100.00
道路运输业	200.00	100.00	100.00	100.00
城市公共交通业	200.00	100.00	200.00	100.00
水上运输业	100.00	100.00	100.00	100.00
航空运输业	100.00	100.00	100.00	100.00
管道运输业	100.00	100.00	100.00	100.00
装卸搬运和其他运输服务业	100.00	100.00	100.00	100.00
仓储业	100.00	100.00	100.00	100.00
邮政业	100.00	50.00	100.00	100.00
(四)批发和零售业	118.38	162.50	137.50	131.62
批发业	124.51	183.33	150.00	158.82
零售业	100.00	100.00	100.00	50.00
(五)房地产业	50.00	50.00	100.00	50.00
(六)社会服务业	125.00	150.00	100.00	125.00
租赁业	100.00	100.00	100.00	100.00
商务服务业	133.33	166.67	100.00	133.33
环境管理业	100.00	100.00	100.00	100.00
公共设施管理业	100.00	100.00	100.00	100.00
居民服务业	100.00	100.00	100.00	100.00

1-22 续表

指　标	一季度	二季度	三季度	四季度
其他服务业	100.00	100.00	100.00	100.00
（七）信息传输、计算机服务和软件	133.33	133.33	166.67	133.33
信息传输业	175.00	150.00	175.00	150.00
计算机服务业	100.00	100.00	100.00	100.00
软件业	50.00	100.00	150.00	100.00
（八）住宿和餐饮业	150.00	200.00	150.00	150.00
住宿业	100.00	200.00	100.00	100.00
餐饮业	200.00	200.00	200.00	200.00
二、按企业登记注册类型分				
1.国有企业	107.84	120.34	112.50	117.16
2.集体企业	100.00	150.00	100.00	150.00
3.股份合作企业	100.00	100.00	100.00	100.00
4.联营企业	100.00	100.00	100.00	100.00
5.有限责任公司	133.56	144.62	144.62	138.44
6.股份有限公司	100.00	150.00	150.00	50.00
7.私营企业	50.00	100.00	100.00	100.00
8.港、澳、台投资企业	200.00	166.67	200.00	166.67
9.外商投资企业	100.00	100.00	100.00	100.00
三、按企业规模分				
大中型	151.79	159.29	163.30	151.98
# 大型	183.33	195.58	196.93	195.06
中型	136.84	142.11	147.37	131.58
中小型	114.89	127.66	123.40	121.28
# 小型	100.00	117.86	107.14	114.29
四、特殊分组				
国家重点企业	200.00	200.00	200.00	200.00
国家试点企业集团成员	100.00	180.90	189.86	200.00
出口企业	200.00	200.00	200.00	200.00
上市公司	200.00	200.00	200.00	200.00
国有控股企业	130.74	132.63	128.79	128.61

1-23 “四化一体”东部新区主要经济指标

指　标	单　位	2010	2011
总人口	人	1273919	1282130
地区生产总值	万元	6807043	7258257
农林牧渔业总产值	万元	575204	705788
其中:农业产值	万元	301768	373361
林业产值	万元	18686	43225
牧业产值	万元	237325	270252
渔业产值	万元	1163	1276
农林牧渔服务业产值	万元	16261	17674
大牲畜年末头数	头	263493	222969
其中:奶牛	头	121515	143996
猪存栏数	头	204295	217118
羊存栏数	只	1197391	1377037
肉类总产量	吨	51980	50059
奶类总产量	吨	387342	436049
禽蛋总产量	吨	33391	16963
农作物总播种面积	公顷	33166	337725
其中:粮食作物播种面积	公顷	265860	269776
粮食产量	吨	864243	971210
其中:谷物	吨	765268	859408
玉米	吨	693427	780739
豆类	吨	29711	34123
薯类	吨	69264	77679
油料播种面积	公顷	30398	29099
油料产量	吨	31271	33878
蔬菜播种面积	公顷	18299	21678

1-23 续表

指　标	单　位	2010	2011
蔬菜产量	吨	723166	834766
瓜果播种面积	公顷	5249	4287
瓜果产量	吨	144222	110607
年末果园面积	公顷	587	1659
全年水果产量	吨	4785	6377
当年造林面积	公顷	14192	21344
全年水产品产量	吨	660	730
原煤产量	万吨	15444	17807
规模以上工业企业单位数	个	203	213
工业总产值	万元	7631239	10892112
工业销售产值	万元	7463338	10688503
工业增加值	万元	3460673	4704618
资产总计	万元	9686971	13211965
主营业务收入	万元	7466274	10370780
利税总额	万元	1980418	2702551
利润总额	万元	1091392	1571997
社会消费品零售总额	亿元	103.5	121.7
财政总收入	亿元	105.8	139.7
一般预算收入	亿元	42.9	54.6
固定资产投资额	亿元	256.7	342.2
农民人均纯收入	元	6713	7989
城镇居民人均可支配收入	元	16699	19387

主要统计指标解释

国内（地区）生产总值 指按市场价格计算的一个国家（或地区）所有常住单位在一定时期内生产活动的最终成果。国内生产总值有三种表现形态，即价值形态、收入形态和产品形态。从价值形态看，它是所有常住单位在一定时期内生产的全部货物和服务的价值超过同期投入的全部非固定资产货物和服务价值的差额；从收入形态看，它是所有常住单位在一定时期内创造并分配给常住单位和非常住单位的初次分配收入之和；从产品形态看，它等于最终使用的货物和服务减去进口的货物和服务。在核算中，国内生产总值的三种表现形态表现为三种计算方法，即生产法、收入法和支出法。三种方法从不同的方面反映国内生产总值及其构成。

三次产业 三次产业的划分是世界上较为通用的产业结构分类，但各国的划分不尽一致。我国的三次产业划分是：

第一产业：农业(包括种植业、林业、牧业、渔业和农林牧渔服务业)。

第二产业：工业(包括采掘业、制造业、电力、煤气及水的生产和供应业)和建筑业。

第三产业：除第一、二产业以外的其他各业。

总产出 指常住单位在核算期内生产的货物和服务的价值总和。总产出中既包括核算期内新增加的价值，也包括中间投入的转移价值，它反映了国民经济各个部门生产活动的总规模。

中间投入 指常住单位在生产货物和提供服务的过程中，消耗和使用的所有非固定资产货物和服务的价值。中间投入也称为中间消耗，一般按购买者价格计算。

增加值 指常住单位在生产过程中创造的新增价值和固定资产的转移价值。增加值可以按照生产法计算也可以按照收人法计算。按生产法计算，等于总产出价值扣除中间投入价值后的余额；按收入法计算，等于劳动者报酬、生产税净额、固定资产折旧和营业盈余之和。增加值反映生产单位或部门在一定时期内生产经营活动的最终成果，也是本单位或部门对国内(地区)生产总值的贡献。

支出法地区生产总值 指一个地区所有常住单位在一定时期内用于最终消费、资本形成总额及货物和服务净出口的总额，它反映本期生产的地区生产总值的使用情况。

最终消费 指常住单位在核算期内对于货物和服务的全部最终消费支出，也就是常住单位为满足物质、文化与精神生活的需要，从本国(地区)经济领土和国(地区)外购买的货物和服务的支出，不包括非常住单位在本国(地区)的消费支出。最终消费包括居民消费和政府消费。

居民消费 指常住住户在核算期内对于货物和服务的全部最终消费。居民消费除了居民直接以货币形式购买的货物和服务的消费以外，还包括以其他方式获得的货物和服务的消费，即政府或单位以实物报酬及实物转移的形式提供给劳动者的货物和服务；住户生产并由住户自己消费的货物和服务，其中的服务仅指住户的自有住房服务和保姆提供的有酬服务；金融机构提供的金融媒介服务；保险公司提供的保险服务。

政府消费 指政府部门为全社会提供公共服务的消费支出和免费或以较低的价格向居民住户提供的货物和服务的净支出。前者等于政府服务的产出价值减去政府单位所获得的经营收入后的价值，政府服务的产出价值等于它的经常性业务支出加上虚拟固定资产折旧；后者等于政府部门免费或以较低价格向居民住户提供的货物和服务的市场价值减去向居民住户收取的费用。

资本形成总额 指常住单位在核算期内获得的减处置的固定资产与存货的净变动的合计，包括固定资本形成总额和存货增加。

固定资本形成总额 指常住单位在一定时期内购置、转入和建造的固定资产，扣除旧固定资产的销售和转让后的价值。固定资产是通过生产活动生产出来的、使用期限在一年以上、单位价值在固定标准以上的资产，不包括自然资产。固定资本形成总额可分为有形固定资本形成总额和无形固定资本形成总额。

存货增加 指常住单位存货实物量变动的市场价值，等于存货的期末价值减期初价值，再扣除由于当期价格变动而产生的持有收益。存货包括生产单位从其他单位购买的原材料、燃料和储备物资以及生产单位生产的产成品、半成品和在制品等。

劳动者报酬 指劳动者因从事生产活动所获得的全部报酬。包括劳动者获得的各种形式的工资、奖金和津贴，既有货币形式的，也有实物形式的，还包括劳动所享受的公费医疗和医药卫生费、上下班交通补贴、单位支付的社会保险费、住房公积金等。对于个体经济来说，其所有获得的劳动报酬和经营利润不易区分，这两部分统一作为劳动者报酬处理。

生产税净额 指生产税减生产补贴后的差额。生产税指政府对生产单位从事生产、销售和经营活动以及因从事生产活动使用某些生产要素（如固定资产、土地、劳动力）所征收的各种税、附加费和规费。生产补贴与生产税相反，指政府对生产单位的单方面转移支付，因此视为负生产税，包括政策性亏损补贴、价格补贴等。

固定资产折旧 指一定时期内为弥补固定资产损耗按照规定的固定资产折旧率提取的固定资产折旧，或按国民经济核算统一规定的折旧率虚拟计算的固定资产折旧。它反映了固定资产在当期生产中的转移价值。各类企业和企业化管理的事业单位的固定资产折旧是指实际计提的折旧费；不计提折旧的政府机关、非企业化管理的事业单位和居民住房的固定资产折旧是按照统一规定的折旧率和固定资产原值计算的虚拟折旧。原则上，固定资产折旧应按固定资产的重置价值计算，但是目前我国尚不具备对全社会固定资产进行重估价的基础，所以暂时还不能采用这种办法。

营业盈余 指常住单位创造的增加值扣除劳动者报酬、生产税净额和固定资产折旧后的余额。它相当于企业的营业利润加上生产补贴，但要扣除从利润中开支的工资和福利等。

货物和服务净出口 指货物和服务出口减货物和服务进口的差额。出口包括常住单位向非常住单位出售或无偿转让的各种货物和服务的价值；进口包括常住单位从非常住单位购买或无偿得到的各种货物和服务的价值。由于服务活动的提供与使用同时发生，因此服务的进出口业务并不发生出入境现象，一般把常住单位从国外得到的服务作为进口，常住单位向国外提供的服务作为出口。

02

人口
从业人员
劳动报酬

2012
朔州统计年鉴
SHUOZHOU STATISTICAL YEARBOOK

资料整理人员

熊慧珍　王　丽　苏红平　秦　艳

2-1 总户数

单位：户

年份	全市	朔城区	平鲁区	山阴县	应县	右玉县	怀仁县
1989	309141	69083	40080	55301	64755	23674	56248
1990	316623	71107	41006	56358	67019	24190	56943
1991	326749	75006	42263	56696	70420	24717	57647
1992	333870	76597	45053	57546	70004	24134	60536
1993	357066	87100	45514	63946	71256	24743	64507
1994	376459	100539	48935	59928	72991	26232	67834
1995	394104	105809	51532	63655	73571	26897	72667
1996	404340	109619	52394	65375	74188	27125	75639
1997	408953	111376	52538	65876	75341	27290	76532
1998	415801	115392	53184	66317	75941	27412	77555
1999	427248	123818	53889	66767	76373	27560	78841
2000	389578	104568	44436	58539	74672	28576	78787
2001	431521	123628	54465	66752	76891	28539	81246
2002	442075	130195	56882	66756	76891	28591	82760
2003	447465	119780	54032	66932	86085	32429	88204
2004	450850	120625	54467	67294	86748	32698	88865
2005	455355	121925	54933	68137	87614	32982	89761
2006	458389	122759	55313	68597	88190	33167	90360
2007	462592	123932	55841	69216	88997	33444	91160
2008	466752	141886	56332	69849	89792	33744	91966
2009	469317	125785	56620	70231	90266	33927	92485
2010	485725	143869	53189	69156	92102	34235	93174
2011	499151	147866	55872	65656	97851	35690	96216

注：1990、2000、2010年为人口普查数据。

2-2 总人口

单位：人

年　份	全　市	朔城区	平鲁区	山阴县	应　县	右玉县	怀仁县
1989	1181091	284851	158828	186277	255942	97001	198192
1990	1207593	285462	164032	189956	261138	97806	209199
1991	1229748	290731	166431	191403	261777	98589	220817
1992	1237372	295717	169622	192452	265146	97996	216439
1993	1257755	309462	171921	191899	265253	97077	222143
1994	1284678	324530	174264	194482	266846	97079	227477
1995	1305491	331712	178659	198649	267051	97079	232341
1996	1317518	337502	179698	200306	266291	96920	236801
1997	1325894	341528	181115	201670	265685	97003	238893
1998	1335944	346309	181887	204136	265812	96921	240879
1999	1348940	352992	182626	206267	265983	96748	244324
2000	1452078	388688	175336	217298	279511	105145	286100
2001	1463595	391943	176728	218958	281553	106029	288384
2002	1474650	394973	178068	220558	283565	106890	290596
2003	1485586	397672	179389	222216	285805	107665	292839
2004	1496824	400477	180833	223419	288006	108559	295035
2005	1507227	403575	181831	225534	290004	109171	297112
2006	1517268	406333	183088	227057	291912	109784	299094
2007	1526556	408976	184278	228413	293691	110368	300830
2008	1535616	411470	185333	229806	295417	111019	302571
2009	1544054	413835	186281	231062	296978	111622	304276
2010	1714857	505294	203793	238885	327973	112063	326849
2011	1725617	508661	205052	240302	329761	112782	329059

注：1990、2000、2010年为人口普查数据。

2-3 男性人口

单位：人

年 份	全 市	朔城区	平鲁区	山阴县	应 县	右玉县	怀仁县
1989	642030	153486	86939	102584	138405	52102	108514
1990	654188	152219	90343	104584	140263	52355	114424
1991	664034	154687	90934	104617	140532	52609	120655
1992	659932	156692	91614	106562	141616	52864	110584
1993	677915	164727	92458	105428	142071	51610	121621
1994	690356	172174	93799	105888	143130	51809	123556
1995	697343	176048	95433	105985	143238	51448	125191
1996	704169	179334	95737	106634	142891	51445	128128
1997	707843	181294	96068	107169	143035	51577	128700
1998	711534	182971	96569	108185	142454	51575	129780
1999	719157	186392	96946	109226	142382	51433	132778
2000	753293	199769	90977	112360	145136	54534	150517
2001	759245	201447	91702	113225	146194	54977	151700
2002	764817	202941	92364	114034	147217	55427	152834
2003	768218	203903	93175	114738	147845	55638	152919
2004	770861	205653	92392	115602	149109	55462	152643
2005	777654	206683	93858	116267	150006	56127	154713
2006	786567	207644	94215	118580	153066	56685	156377
2007	789763	209463	93274	118639	153547	57518	157322
2008	792822	210598	96835	117895	154664	56655	156175
2009	795936	212301	96992	118771	153607	57424	156841
2010	895412	261976	107223	124647	170234	60185	171147
2011	901090	261677	107166	125070	171669	62711	172797

注：1990、2000、2010年为人口普查数据。

2-4 女性人口

单位：人

年 份	全 市	朔城区	平鲁区	山阴县	应 县	右玉县	怀仁县
1989	539061	131365	71889	83693	117537	44899	89678
1990	553405	133243	73689	85372	120875	45451	94775
1991	565714	136044	75497	86786	121245	45980	100162
1992	577440	139025	78008	85890	123530	45132	105855
1993	579840	144735	79463	86471	123182	45467	100522
1994	594322	152356	80465	88594	123716	45270	103921
1995	608148	155664	83226	92664	123813	45631	107150
1996	613349	158168	83961	93672	123400	45475	108673
1997	618051	160234	85047	94501	122650	45426	110193
1998	624410	163338	85318	95951	123358	45346	111099
1999	629783	166600	85680	97041	123601	45315	111546
2000	698785	188919	84359	104938	134375	50611	135583
2001	704350	190496	85026	105733	135359	51052	136684
2002	709833	192032	85704	106524	136348	51463	137762
2003	717368	193769	86214	107478	137960	52027	139920
2004	725963	194824	88441	108312	138897	53097	142392
2005	729573	196892	87973	109267	139998	53044	142339
2006	730701	198689	88873	108477	138846	53099	142717
2007	736793	199513	91004	109774	140144	52850	143508
2008	742794	200872	88498	111911	140753	54364	146396
2009	748118	201534	89289	112291	143371	54198	147435
2010	819445	243318	96570	114238	157739	51878	155702
2011	824527	246984	97886	115232	158092	50071	156262

注：1990、2000、2010年为人口普查数据。

2-5 人口性别比

（女=100）

年份	全市	朔城区	平鲁区	山阴县	应县	右玉县	怀仁县
1989	119.10	116.84	120.94	122.57	117.75	116.04	121.00
1990	118.21	114.24	122.60	122.50	116.04	115.19	120.73
1991	117.38	113.70	120.45	120.55	115.91	114.41	120.46
1992	114.29	112.71	117.44	124.07	114.64	117.13	104.47
1993	116.91	113.81	116.35	121.92	115.33	113.51	120.99
1994	116.16	113.01	116.57	119.52	115.70	114.44	118.89
1995	114.67	113.09	114.67	114.38	115.69	112.75	116.84
1996	114.81	113.38	114.03	113.84	115.79	113.13	117.90
1997	114.53	113.14	112.96	113.41	116.62	113.54	116.80
1998	113.95	112.02	113.19	112.75	115.48	113.74	116.81
1999	114.19	111.88	113.15	112.56	115.19	113.50	119.03
2000	107.80	105.74	107.85	107.07	108.01	107.75	111.01
2001	107.79	105.75	107.85	107.09	108.00	107.69	110.99
2002	107.75	105.68	107.77	107.05	107.97	107.70	110.94
2003	107.09	105.23	108.08	106.76	107.17	106.94	109.29
2004	106.18	105.56	104.47	106.73	107.35	104.45	107.20
2005	106.59	104.97	106.69	106.41	107.15	105.81	108.65
2006	107.65	104.65	106.51	109.31	110.24	106.75	109.57
2007	107.19	104.99	102.49	108.08	109.56	108.83	109.63
2008	106.74	104.84	109.42	105.35	109.88	104.21	106.68
2009	106.39	105.34	108.63	105.77	107.14	105.95	106.38
2010	109.27	107.67	111.03	109.11	107.92	116.01	109.92
2011	109.29	105.95	109.48	108.54	108.59	125.24	110.58

2-6 城镇人口

单位：人

年 份	全 市	朔城区	平鲁区	山阴县	应 县	右玉县	怀仁县
1989	159181	58109	16878	20584	16857	9671	37082
1990	159433	53714	18637	21790	17051	9579	38662
1991	165160	56092	19291	22765	17247	9456	40309
1992	175236	60430	20088	23461	18273	9788	43196
1993	189331	64802	21304	24215	20092	10406	48512
1994	227706	85880	24284	29522	22530	11550	53940
1995	248689	93467	26175	31822	23774	12540	60911
1996	260093	98334	26691	32522	24392	12820	65334
1997	269394	102912	27594	32924	24786	13235	67943
1998	277298	106692	27953	33887	25897	13283	69586
1999	287670	111538	28320	34738	27507	13363	72204
2000	516600	185274	65669	50251	61837	30130	123439
2001	518540	186097	65938	50359	62092	30279	123775
2002	543664	183663	69857	83813	47271	41281	117779
2003	558345	187781	71667	86043	49702	42355	120797
2004	576949	192745	74082	88892	52802	43952	124477
2005	632532	210970	76817	91046	62296	47919	143484
2006	650460	215397	79662	92231	68337	48217	146616
2007	668889	220970	81138	95112	74098	48539	149032
2008	689449	226761	83604	98174	77724	50024	153162
2009	698535	231127	84087	99370	79342	50341	154268
2010	793560	288052	93514	103523	91041	51199	166231
2011	826051	297616	97174	107750	97996	53221	172294

注：1999年及以上年份城镇、乡村人口为非农业、农业人口。

2-7 乡村人口

单位：人

年份	全市	朔城区	平鲁区	山阴县	应县	右玉县	怀仁县
1989	1021910	226742	141950	165693	239085	87330	161110
1990	1048160	231748	145395	168166	244087	88227	170537
1991	1064588	234639	147140	168638	244530	89133	180508
1992	1062136	235287	149534	168991	246873	88208	173243
1993	1068424	244660	150617	167684	245161	86671	173631
1994	1056972	238650	149980	164960	244316	85529	173537
1995	1056802	238245	152484	166827	243277	84539	171430
1996	1057425	239168	153007	167784	241899	84100	171467
1997	1056500	238616	153521	168746	240899	83768	170950
1998	1058646	239617	153934	170249	239915	83638	171293
1999	1061270	241454	154306	171529	238476	83385	172120
2000	935478	203414	109667	167047	217674	75015	162661
2001	945055	205846	110790	168599	219461	75750	164609
2002	930986	211310	108211	136745	236294	65609	172817
2003	927241	209891	107722	136173	236103	65310	172042
2004	919875	207732	106751	135022	235204	64607	170558
2005	874695	192605	105014	134488	227708	61252	153628
2006	866808	190936	103426	134826	223575	61567	152478
2007	857667	188006	103140	133301	219593	61829	151798
2008	846167	184709	101729	131632	217693	60995	149409
2009	845519	182708	102194	131692	217636	61281	150008
2010	921297	217242	110279	135362	236932	60864	160618
2011	899566	211045	107878	132552	231765	59561	156765

注：1999年及以上年份城镇、乡村人口为非农业、农业人口。

2-8 城镇化率

单位：%

年 份	全 市	朔城区	平鲁区	山阴县	应 县	右玉县	怀仁县
1989	13.48	20.40	10.63	11.05	6.59	9.97	18.71
1990	13.20	18.82	11.36	11.47	6.53	9.79	18.48
1991	13.43	19.29	11.59	11.89	6.59	9.59	18.25
1992	14.16	20.44	11.84	12.19	6.89	9.99	19.96
1993	15.05	20.94	12.39	12.62	7.57	10.72	21.84
1994	17.72	26.46	13.94	15.18	8.44	11.90	23.71
1995	19.05	28.18	14.65	16.02	8.90	12.92	26.22
1996	19.74	29.14	14.85	16.24	9.16	13.23	27.59
1997	20.32	30.13	15.24	16.33	9.33	13.64	28.44
1998	20.76	30.81	15.37	16.60	9.74	13.70	28.89
1999	21.33	31.60	15.51	16.84	10.34	13.81	29.55
2000	35.58	47.67	37.45	23.13	22.12	28.66	43.15
2001	35.43	47.48	37.31	23.00	22.05	28.56	42.92
2002	36.87	46.50	39.23	38.00	16.67	38.62	40.53
2003	37.58	47.22	39.95	38.72	17.39	39.34	41.25
2004	38.54	48.13	40.97	39.70	18.33	40.49	42.19
2005	41.97	52.28	42.25	40.37	21.48	43.89	48.29
2006	42.87	53.01	43.15	40.62	23.41	43.92	49.02
2007	43.82	54.03	44.03	41.64	25.23	43.98	49.54
2008	44.90	55.11	45.11	42.72	26.31	45.06	50.62
2009	45.24	55.85	45.14	43.01	26.72	45.10	50.07
2010	46.28	57.01	45.89	43.34	27.76	45.69	50.86
2011	47.87	58.51	47.39	44.84	29.72	47.19	52.36

注：1999年及以上年份城镇、乡村人口为非农业、农业人口。

2-9 人口出生率

单位：‰

年 份	全 市	朔城区	平鲁区	山阴县	应 县	右玉县	怀仁县
1989	16.04	15.51	16.00	12.44	16.65	17.07	18.96
1990	22.76	21.49	16.72	15.95	26.10	21.31	32.08
1991	15.85	13.75	15.27	13.32	16.69	15.21	20.64
1992	16.05	13.43	22.25	12.92	15.71	12.46	19.60
1993	14.48	12.96	12.96	13.82	16.29	9.45	18.36
1994	14.12	13.33	12.29	13.20	16.92	9.34	16.18
1995	14.22	13.01	12.24	14.25	14.15	10.20	19.24
1996	12.74	13.40	12.56	13.86	10.86	9.24	14.55
1997	13.03	13.01	13.26	14.59	11.83	11.59	13.48
1998	11.36	13.54	11.81	14.20	9.80	3.52	10.36
1999	13.78	16.71	13.64	14.33	12.97	7.43	12.63
2000	14.06	13.75	14.13	14.00	14.05	14.56	14.10
2001	14.12	14.02	14.29	14.16	14.13	14.06	14.10
2002	13.97	13.66	14.14	14.06	14.01	14.46	14.03
2003	14.12	13.45	14.14	14.03	14.58	14.50	14.49
2004	13.90	12.65	13.67	13.82	14.68	14.97	13.82
2005	13.19	13.20	13.28	13.25	13.13	12.93	13.22
2006	12.67	12.07	13.07	12.86	12.83	12.72	12.93
2007	11.93	12.00	11.84	11.87	11.96	11.78	11.93
2008	11.86	11.75	11.92	11.89	11.95	11.74	11.90
2009	11.55	11.57	11.36	11.32	11.83	11.69	11.49
2010	10.27	10.37	10.41	9.99	9.80	10.58	10.58
2011	10.23	10.32	10.32	9.90	9.74	10.34	10.70

注：1990、2000、2010年为人口普查数据。

2-10 出生人口

单位：人

年 份	全 市	朔城区	平鲁区	山阴县	应 县	右玉县	怀仁县
1989	18810	4363	2519	2312	4244	1647	3725
1990	27185	6128	2699	3000	6747	2076	6535
1991	19320	3962	2523	2539	4364	1494	4438
1992	19804	3938	3739	2479	4138	1225	4285
1993	18060	3923	2213	2656	4320	922	4026
1994	17949	4224	2128	2551	4502	907	3637
1995	18478	4296	2160	2818	3778	988	4438
1996	16704	4483	2250	2764	2897	896	3414
1997	17217	4417	2392	2932	3147	1124	3205
1998	15115	4658	2144	2881	2605	341	2486
1999	18502	5842	2486	2941	3449	719	3065
2000	20341	5396	2467	3032	3903	1525	4018
2001	20654	5495	2525	3100	3978	1490	4066
2002	20607	5395	2517	3101	3972	1545	4077
2003	20976	5348	2536	3117	4161	1561	4243
2004	20567	5066	2485	3087	4227	1625	4077
2005	19880	5327	2416	2992	3807	1411	3927
2006	19165	4889	2385	2910	3733	1393	3855
2007	18211	4907	2181	2715	3512	1308	3588
2008	18159	4822	2203	2723	3520	1300	3591
2009	17785	4774	2111	2609	3504	1301	3486
2010	17573	5228	2117	2383	3210	1184	3451
2011	17596	5236	2110	2373	3203	1163	3511

注：1990、2000、2010年为人口普查数据。

2-11 人口死亡率

单位：‰

年 份	全 市	朔城区	平鲁区	山阴县	应 县	右玉县	怀仁县
1989	5.14	4.69	4.91	5.43	5.56	7.12	5.13
1990	5.81	4.98	5.55	6.53	6.08	17.59	5.68
1991	4.82	4.33	5.02	5.43	5.18	10.55	4.21
1992	5.18	4.63	3.97	5.96	5.64	11.62	5.94
1993	5.26	4.40	4.35	6.01	6.07	14.98	5.11
1994	5.17	4.56	4.98	5.38	5.94	13.08	4.61
1995	5.06	3.77	5.21	5.69	5.85	15.39	4.80
1996	4.93	3.86	4.23	6.19	6.45	10.24	4.20
1997	4.87	4.04	4.36	6.49	6.00	6.40	3.93
1998	4.71	4.40	4.58	6.00	5.83	8.45	4.14
1999	5.11	4.20	5.85	6.62	5.58	4.39	4.34
2000	6.26	5.81	6.23	6.67	6.61	6.21	6.24
2001	6.22	5.68	6.38	6.55	6.85	6.23	6.15
2002	6.45	5.96	6.60	6.78	6.89	6.38	6.40
2003	6.75	6.67	6.75	6.54	6.75	7.38	6.80
2004	6.36	5.62	5.65	6.21	7.01	6.70	6.35
2005	6.23	5.48	7.75	6.02	6.20	7.27	6.19
2006	6.03	5.26	6.18	6.13	6.27	7.12	6.28
2007	5.87	5.58	5.38	5.93	5.89	6.50	6.15
2008	5.94	5.82	5.98	5.99	6.06	5.86	5.96
2009	6.07	5.84	6.26	5.87	6.56	6.27	5.87
2010	5.03	5.05	5.08	5.64	4.09	5.48	5.31
2011	5.22	4.98	5.35	5.23	5.51	5.18	5.23

注：1990、2000、2010年为人口普查数据。

2-12 死亡人口

单位：人

年 份	全 市	朔城区	平鲁区	山阴县	应 县	右玉县	怀仁县
1989	6032	1318	773	1010	1418	504	1009
1990	6937	1419	896	1227	1572	665	1158
1991	5876	1249	830	1035	1354	503	905
1992	6633	1358	908	1143	1485	441	1298
1993	6554	1334	743	1156	1609	592	1120
1994	6571	1444	863	1040	1581	606	1037
1995	6573	1246	920	1124	1561	615	1107
1996	6467	1290	757	1234	1722	478	986
1997	6430	1370	787	1304	1597	438	934
1998	6266	1516	832	1217	1550	156	995
1999	6854	1468	1066	1358	1483	425	1054
2000	9054	2251	1088	1447	1841	650	1777
2001	9148	2226	1127	1434	1928	660	1773
2002	9517	2354	1175	1495	1953	681	1859
2003	10027	2652	1210	1453	1927	794	1991
2004	9276	2250	1021	1387	2018	727	1873
2005	9390	2211	1392	1357	1798	793	1839
2006	9123	2131	1128	1378	1824	780	1873
2007	8960	2282	1011	1354	1729	727	1857
2008	9098	2388	1106	1372	1784	649	1799
2009	9347	2410	1163	1352	1943	698	1781
2010	8609	2547	1033	1345	1340	613	1731
2011	8982	2523	1093	1254	1813	582	1717

注：1990、2000、2010年为人口普查数据。

2-13 人口自然增长率

单位：‰

年 份	全 市	朔城区	平鲁区	山阴县	应 县	右玉县	怀仁县
1989	10.90	10.82	11.09	7.01	11.09	11.84	13.83
1990	16.95	16.51	11.17	9.42	20.02	14.49	26.40
1991	11.03	9.42	10.25	7.89	11.51	10.09	16.43
1992	10.87	8.80	18.28	6.96	10.07	7.98	13.66
1993	9.22	8.56	8.61	7.81	10.22	3.38	13.25
1994	8.95	8.77	7.31	7.82	10.98	3.10	11.57
1995	9.16	9.24	7.03	8.56	8.30	3.85	14.44
1996	7.81	9.54	8.33	7.67	4.41	4.31	10.35
1997	8.16	8.97	8.90	8.10	5.83	7.08	9.55
1998	6.65	9.14	7.23	8.20	3.97	1.91	6.22
1999	8.67	12.51	7.79	7.71	7.39	3.04	8.29
2000	7.80	7.94	7.90	7.33	7.44	8.35	7.86
2001	7.90	8.34	7.91	7.61	7.28	8.37	7.95
2002	7.52	7.70	7.54	7.28	7.12	8.08	7.63
2003	7.37	6.78	7.39	7.49	7.83	7.12	7.69
2004	7.54	7.03	8.02	7.61	7.67	8.27	7.47
2005	6.96	7.72	5.53	7.23	6.93	5.66	7.03
2006	6.64	6.81	6.89	6.73	6.56	5.60	6.65
2007	6.06	6.42	6.46	5.93	6.06	5.28	5.78
2008	5.92	5.93	5.94	5.90	5.89	5.88	5.94
2009	5.48	5.73	5.10	5.45	5.27	5.42	5.62
2010	5.24	5.32	5.33	4.35	5.71	5.10	5.27
2011	5.01	5.35	4.97	4.64	4.23	5.17	5.47

注：1990、2000、2010年为人口普查数据。

2–14 人口主要指标（2011年）

指　标	全　市	朔城区	平鲁区	山阴县	应　县	右玉县	怀仁县
总户数（户）	499151	147866	55872	65656	97851	35690	96216
总人口（人）	1725617	508661	205052	240302	329761	112782	329059
男性人口（人）	901090	261677	107166	125070	171669	62711	172797
女性人口（人）	824527	246984	97886	115232	158092	50071	156262
性别比（女=100）	109.29	105.95	109.48	108.54	108.59	125.24	110.58
城镇人口（人）	826051	297616	97174	107750	97996	53221	172294
乡村人口（人）	899566	211045	107878	132552	231765	59561	156765
城镇化率（%）	47.87	58.51	47.39	44.84	29.72	47.19	52.36
出生人口（人）	17596	5236	2110	2373	3203	1163	3511
死亡人口（人）	8982	2523	1093	1254	1813	582	1717
出生率（‰）	10.23	10.32	10.32	9.90	9.74	10.34	10.70
死亡率（‰）	5.22	4.98	5.35	5.23	5.51	5.18	5.23
人口自然增长率（‰）	5.01	5.35	4.97	4.64	4.23	5.17	5.47

2-15 各年龄组受教育程度人口占6岁及以上人口比重（2011年）

单位：%

年龄组	未上过学	小学	初中	高中	大学专科及以上
合计	4.91	24.92	44.95	19.18	6.04
6—9岁	0.40	3.92			
10—14岁	0.16	4.20	4.38	0.33	0.01
15—19岁	0.08	0.42	5.44	6.54	0.31
20—24岁	0.07	0.47	4.03	2.64	1.38
25—29岁	0.02	0.44	4.79	1.85	1.24
30—34岁	0.05	0.58	3.90	1.44	0.70
35—39岁	0.07	1.10	5.64	1.77	0.69
40—44岁	0.12	1.61	5.30	1.66	0.64
45—49岁	0.16	1.94	4.49	1.18	0.46
50—54岁	0.22	2.08	2.75	0.84	0.28
55—59岁	0.35	2.39	2.12	0.52	0.19
60—64岁	0.43	2.07	1.12	0.20	0.06
65岁及以上	2.75	3.67	0.91	0.20	0.08

注：本表根据人口抽样调查数据计算。

2-16 城镇单位从业人员

单位：人

项 目	2010	2011
总 计	**178984**	**196979**
一、按企业、事业、机关分组		
1.企业	113938	129472
2.事业	39794	41475
3.机关	24358	25833
4.其他	894	199
二、按国民经济行业分组		
1.农、林、牧、渔业	8713	9157
2.采矿业	38796	47675
3.制造业	13633	13680
4.电力、燃气及水的生产和供应业	8011	8164
5.建筑业	13783	15020
6.交通运输、仓储和邮政业	3135	3392
7.信息传输、计算机服务和软件业	2273	2315
8.批发和零售业	12139	13412
9.住宿和餐饮业	1733	3423
10. 金融业	5620	6522
11. 房地产业	1229	1357
12. 租赁和商务服务业	5533	5873
13. 科学研究、技术服务和地质勘查业	982	1004
14. 水利、环境和公共设施管理业	1972	2129
15. 居民服务和其他服务业	809	591
16. 教育	19442	19442
17. 卫生、社会保障和社会福利业	5105	5521
18. 文化、体育和娱乐业	1075	958
19. 公共管理和社会组织	35001	37344

2-17 城镇单位女性从业人员

单位：人

项　　目	2010	2011
总　计	**57249**	**60440**
一、按企业、事业、机关分组		
1.企业	30788	34018
2.事业	19464	19207
3.机关	6759	7150
4.其他	238	65
二、按国民经济行业分组		
1. 农、林、牧、渔业	2796	2380
2. 采矿业	7764	8457
3. 制造业	4292	4105
4. 电力、燃气及水的生产和供应业	2283	2404
5. 建筑业	2577	2632
6. 交通运输、仓储和邮政业	1092	1194
7. 信息传输、计算机服务和软件业	1223	1043
8. 批发和零售业	3653	4913
9. 住宿和餐饮业	963	1959
10. 金融业	2599	2788
11. 房地产业	407	574
12. 租赁和商务服务业	1277	1579
13. 科学研究、技术服务和地质勘查业	357	343
14. 水利、环境和公共设施管理业	905	934
15. 居民服务和其他服务业	272	236
16. 教育	11496	11060
17. 卫生、社会保障和社会福利业	2814	2664
18. 文化、体育和娱乐业	463	429
19. 公共管理和社会组织	10016	10746

2-18 城镇单位在岗职工（含劳务派遣人员）

单位：人

项　　目	2010	2011
总　计	**169966**	**189542**
一、按企业、事业、机关分组		
1.企业	106908	125440
2.事业	38490	39538
3.机关	23680	24370
4.其他	888	194
二、按国民经济行业分组		
1. 农、林、牧、渔业	6346	6989
2. 采矿业	36346	47173
3. 制造业	13484	13173
4. 电力、燃气及水的生产和供应业	7918	8057
5. 建筑业	13384	14488
6. 交通运输、仓储和邮政业	2998	3361
7. 信息传输、计算机服务和软件业	1504	2212
8. 批发和零售业	12017	13349
9. 住宿和餐饮业	1733	3323
10. 金融业	5181	6522
11. 房地产业	1220	1350
12. 租赁和商务服务业	5500	5850
13. 科学研究、技术服务和地质勘查业	974	972
14. 水利、环境和公共设施管理业	1945	2077
15. 居民服务和其他服务业	673	591
16. 教育	18930	19103
17. 卫生、社会保障和社会福利业	4968	5307
18. 文化、体育和娱乐业	900	894
19. 公共管理和社会组织	33945	34751

2-19 城镇单位其他从业人员

单位：人

项　　目	2010	2011
总　计	**9018**	**7437**
一、按企业、事业、机关分组		
1.企业	7030	4032
2.事业	1304	1937
3.机关	678	1463
4.其他	6	5
二、按国民经济行业分组		
1. 农、林、牧、渔业	2367	2168
2. 采矿业	2450	502
3. 制造业	149	507
4. 电力、燃气及水的生产和供应业	93	107
5. 建筑业	399	532
6. 交通运输、仓储和邮政业	137	31
7. 信息传输、计算机服务和软件业	769	103
8. 批发和零售业	122	63
9. 住宿和餐饮业		100
10. 金融业	439	
11. 房地产业	9	7
12. 租赁和商务服务业	33	23
13. 科学研究、技术服务和地质勘查业	8	32
14. 水利、环境和公共设施管理业	27	52
15. 居民服务和其他服务业	136	*
16. 教育	512	339
17. 卫生、社会保障和社会福利业	137	214
18. 文化、体育和娱乐业	175	64
19. 公共管理和社会组织	1056	2593

2-20 城镇单位从业人员劳动报酬

单位：千元

项　　目	2010	2011
总　计	**5766215**	**7418281**
一、按企业、事业、机关分组		
1.企业	3946570	5394468
2.事业	1059877	1210056
3.机关	745120	809453
4.其他	14648	4304
二、按国民经济行业分组		
1. 农、林、牧、渔业	166431	169934
2. 采矿业	1927334	2859653
3. 制造业	341953	414037
4. 电力、燃气及水的生产和供应业	373861	488392
5. 建筑业	390729	434512
6. 交通运输、仓储和邮政业	62227	84024
7. 信息传输、计算机服务和软件业	59458	66241
8. 批发和零售业	253113	321490
9. 住宿和餐饮业	24749	66023
10. 金融业	211513	328076
11. 房地产业	20601	27714
12. 租赁和商务服务业	139735	168734
13. 科学研究、技术服务和地质勘查业	21440	23708
14. 水利、环境和公共设施管理业	34936	44690
15. 居民服务和其他服务业	18544	9391
16. 教育	580785	638573
17. 卫生、社会保障和社会福利业	124152	146582
18. 文化、体育和娱乐业	21889	20523
19. 公共管理和社会组织	992765	1105984

2-21 城镇单位在岗职工工资总额（含劳务派遣人员工资）

单位：千元

项　　目	2010	2011
总　计	**5520833**	**7291007**
一、按企业、事业、机关分组		
1.企业	3724681	5301819
2.事业	1047729	1194273
3.机关	733893	790661
4.其他	14530	4254
二、按国民经济行业分组		
1. 农、林、牧、渔业	111132	115027
2. 采矿业	1813713	2854933
3. 制造业	338572	400984
4. 电力、燃气及水的生产和供应业	372626	487174
5. 建筑业	369937	420669
6. 交通运输、仓储和邮政业	60429	83584
7. 信息传输、计算机服务和软件业	52459	64822
8. 批发和零售业	251327	319654
9. 住宿和餐饮业	24749	64473
10. 金融业	197618	328076
11. 房地产业	20501	27590
12. 租赁和商务服务业	139382	168521
13. 科学研究、技术服务和地质勘查业	21252	23268
14. 水利、环境和公共设施管理业	34482	44204
15. 居民服务和其他服务业	14034	9391
16. 教育	578926	635178
17. 卫生、社会保障和社会福利业	122714	145162
18. 文化、体育和娱乐业	19671	19951
19. 公共管理和社会组织	977309	1078346

2-22 城镇单位其他从业人员劳动报酬

单位：千元

项　目	2010	2011
总　计	**245382**	**127274**
一、按企业、事业、机关分组		
1.企业	221889	92649
2.事业	12148	15783
3.机关	11227	18792
4.其他	118	50
二、按国民经济 行业分组		
1. 农、林、牧、渔业	55299	54907
2. 采矿业	113621	4720
3. 制造业	3381	13053
4. 电力、燃气及水的生产和供应业	1235	1218
5. 建筑业	20792	13843
6. 交通运输、仓储和邮政业	1798	440
7. 信息传输、计算机服务和软件业	6999	1419
8. 批发和零售业	1786	1836
9. 住宿和餐饮业		1550
10. 金融业	13895	
11. 房地产业	100	124
12. 租赁和商务服务业	353	213
13. 科学研究、技术服务和地质勘查业	188	440
14. 水利、环境和公共设施管理业	454	486
15. 居民服务和其他服务业	4510	
16. 教育	1859	3395
17. 卫生、社会保障和社会福利业	1438	1420
18. 文化、体育和娱乐业	2218	572
19. 公共管理和社会组织	15456	27638

2-23 城镇单位在岗职工平均工资（含劳务派遣人员工资）

单位：元

项　　目	2010	2011
总　计	**32530**	**38136**
一、按企业、事业、机关分组		
1.企业	34829	41670
2.事业	27394	30276
3.机关	31008	32520
4.其他	16954	21928
二、按国民经济行业分组		
1. 农、林、牧、渔业	17422	16489
2. 采矿业	50429	61511
3. 制造业	25503	30505
4. 电力、燃气及水的生产和供应业	47180	60093
5. 建筑业	26125	23926
6. 交通运输、仓储和邮政业	20237	25093
7. 信息传输、计算机服务和软件业	35302	29265
8. 批发和零售业	21220	23980
9. 住宿和餐饮业	14298	19747
10. 金融业	38268	54067
11. 房地产业	16749	20698
12. 租赁和商务服务业	25282	28689
13. 科学研究、技术服务和地质勘查业	21752	23938
14. 水利、环境和公共设施管理业	17719	21324
15. 居民服务和其他服务业	20853	15890
16. 教育	30954	33337
17. 卫生、社会保障和社会福利业	24846	27488
18. 文化、体育和娱乐业	21881	22467
19. 公共管理和社会组织	28786	31087

2-24 国有单位从业人员

单位：人

项　　目	2010	2011
总　　计	**116191**	**111656**
一、按隶属关系分组		
1.中央	7933	14804
2.省、自治区、直辖市	12288	13679
3.地区	31380	20093
4.县及县以下	64091	62547
5.其他	499	533
二、按企业、事业、机关分组		
1.企业	52834	44895
其中:地方	46000	31343
2.事业	38686	40742
其中:地方	38583	40616
3.机关	24342	25833
其中:地方	23346	24707
4.其他	329	186
三、按国民经济行业分组		
1. 农、林、牧、渔业	2612	1207
2. 采矿业	26332	16224
3. 制造业	1079	1462
4. 电力、燃气及水的生产和供应业	5432	5959
5. 建筑业	6244	9085
6. 交通运输、仓储和邮政业	1998	2425
7. 信息传输、计算机服务和软件业	560	386
8. 批发和零售业	4737	5012
9. 住宿和餐饮业	650	403
10. 金融业	2598	1847
11. 房地产业	232	259
12. 租赁和商务服务业	1556	1988
13. 科学研究、技术服务和地质勘查业	672	810
14. 水利、环境和公共设施管理业	1914	2057
15. 居民服务和其他服务业	275	108
16. 教育	18669	18727
17. 卫生、社会保障和社会福利业	4639	5446
18. 文化、体育和娱乐业	1043	925
19. 公共管理和社会组织	34949	37326

2-25 国有单位女性从业人员

单位：人

项　　目	2010	2011
总　计	**40020**	**36800**
一、按隶属关系分组		
1.中央	2603	2407
2.省、自治区、直辖市	3780	4098
3.地区	9948	6879
4.县及县以下	23493	23259
5.其他	196	157
二、按企业、事业、机关分组		
1.企业	14357	10710
其中:地方	12037	8617
2.事业	18873	18877
其中:地方	18850	18845
3.机关	6754	7150
其中:地方	6494	6868
4.其他	36	63
三、按国民经济行业分组		
1. 农、林、牧、渔业	799	329
2. 采矿业	6191	2560
3. 制造业	225	284
4. 电力、燃气及水的生产和供应业	1196	1762
5. 建筑业	1598	1567
6. 交通运输、仓储和邮政业	839	968
7. 信息传输、计算机服务和软件业	286	178
8. 批发和零售业	1469	1846
9. 住宿和餐饮业	400	288
10. 金融业	1240	778
11. 房地产业	121	141
12. 租赁和商务服务业	305	347
13. 科学研究、技术服务和地质勘查业	251	284
14. 水利、环境和公共设施管理业	892	919
15. 居民服务和其他服务业	76	34
16. 教育	11159	10724
17. 卫生、社会保障和社会福利业	2526	2635
18. 文化、体育和娱乐业	454	415
19. 公共管理和社会组织	9993	10741

2-26 国有单位在岗职工（含劳务派遣人员）

单位：人

项　　目	2010	2011
总　　计	**111566**	**107312**
一、按隶属关系分组		
1.中央	7698	14453
2.省、自治区、直辖市	12072	13490
3.地区	28769	19119
4.县及县以下	62530	59723
5.其他	497	527
二、按企业、事业、机关分组		
1.企业	50185	43949
其中:地方	43533	30672
2.事业	37390	38812
其中:地方	37287	38688
3.机关	23664	24370
其中:地方	22721	23318
4.其他	327	181
三、按国民经济行业分组		
1. 农、林、牧、渔业	2153	985
2. 采矿业	24637	16042
3. 制造业	1051	1330
4. 电力、燃气及水的生产和供应业	5402	5874
5. 建筑业	6155	8807
6. 交通运输、仓储和邮政业	1877	2415
7. 信息传输、计算机服务和 软件业	560	283
8. 批发和零售业	4695	4983
9. 住宿和餐饮业	650	403
10. 金融业	2491	1847
11. 房地产业	227	259
12. 租赁和商务服务业	1550	1972
13. 科学研究、技术服务和地质勘查业	664	778
14. 水利、环境和公共设施管理业	1895	2012
15. 居民服务和其他服务业	139	108
16. 教育	18157	18388
17. 卫生、社会保障和社会福利业	4502	5232
18. 文化、体育和娱乐业	868	861
19. 公共管理和社会组织	33893	34733

2–27 国有单位其他从业人员

单位：人

项　　目	2010	2011
总　　计	**4625**	**4344**
一、按隶属关系分组		
1.中央	235	351
2.省、自治区、直辖市	216	189
3.地区	2611	974
4.县及县以下	1561	2824
5.其他	2	6
二、按企业、事业、机关分组		
1.企业	2649	946
其中:地方	2467	671
2.事业	1296	1930
其中:地方	1296	1928
3.机关	678	1463
其中:地方	625	1389
4.其他	2	5
三、按国民经济行业分组		
1. 农、林、牧、渔业		
2. 采矿业	459	222
3. 制造业	1695	182
4. 电力、燃气及水的生产和供应业	28	132
5. 建筑业	30	85
6. 交通运输、仓储和邮政业	89	278
7. 信息传输、计算机服务和软件业	121	10 103
8. 批发和零售业	42	29
9. 住宿和餐饮业		
10. 金融业	107	
11. 房地产业	5	
12. 租赁和商务服务业	6	16
13. 科学研究、技术服务和地质勘查业	8	32
14. 水利、环境和公共设施管理业	19	45
15. 居民服务和其他服务业	136	
16. 教育	512	339
17. 卫生、社会保障和社会福利业	137	214
18. 文化、体育和娱乐业	175	64
19. 公共管理和社会组织	1056	2593

2-28 国有单位从业人员劳动报酬

单位：千元

项　　目	2010	2011
总　　计	**4107374**	**3918241**
一、按隶属关系分组		
1.中央	402598	818274
2.省、自治区、直辖市	440961	684479
3.地区	1517714	519524
4.县及县以下	1735775	1882450
5.其他	10326	13514
二、按企业、事业、机关分组		
1.企业	2320951	1914941
其中:地方	1956496	1141215
2.事业	1035184	1189925
其中:地方	1032504	1185040
3.机关	744780	809453
其中:地方	709317	769790
4.其他	6459	3922
三、按国民经济行业分组		
1. 农、林、牧、渔业	29205	20079
2. 采矿业	1506375	883306
3. 制造业	28919	44458
4. 电力、燃气及水的生产和供应业	270781	363591
5. 建筑业	194339	268209
6. 交通运输、仓储和邮政业	45231	67332
7. 信息传输、计算机服务和软件业	14353	13496
8. 批发和零售业	119013	145180
9. 住宿和餐饮业	8328	7402
10. 金融业	98896	91253
11. 房地产业	5627	6347
12. 租赁和商务服务业	34763	52221
13. 科学研究、技术服务和地质勘查业	16887	20289
14. 水利、环境和公共设施管理业	34047	43235
15. 居民服务和其他服务业	9300	1716
16. 教育	563870	619683
17. 卫生、社会保障和社会福利业	114834	145212
18. 文化、体育和娱乐业	21272	19804
19. 公共管理和社会组织	991334	1105428

2-29 国有单位在岗职工工资总额（含劳务派遣人员工资）

单位：千元

项　　目	2010	2011
总　计	**3966199**	**3864851**
一、按隶属关系分组		
1.中央	395530	815161
2.省、自治区、直辖市	437635	682557
3.地区	1407329	505677
4.县及县以下	1715381	1847999
5.其他	10324	13457
二、按企业、事业、机关分组		
1.企业	2203072	1896099
其中:地方	1845256	1124906
2.事业	1023163	1174219
其中:地方	1020483	1169358
3.机关	733553	790661
其中:地方	698519	751554
4.其他	6411	3872
三、按国民经济行业分组		
1.农、林、牧、渔业	25114	16885
2.采矿业	1405517	882092
3.制造业	27669	37906
4.电力、燃气及水的生产和供应业	269928	363131
5.建筑业	191978	263107
6.交通运输、仓储和邮政业	43519	67216
7.信息传输、计算机服务和软件业	14353	12077
8.批发和零售业	118007	143859
9.住宿和餐饮业	8328	7402
10.金融业	95937	91253
11.房地产业	5567	6347
12.租赁和商务服务业	34734	52083
13.科学研究、技术服务和地质勘查业	16699	19849
14.水利、环境和公共设施管理业	33720	42826
15.居民服务和其他服务业	4790	1716
16.教育	562011	616288
17.卫生、社会保障和社会福利业	113396	143792
18.文化、体育和娱乐业	19054	19232
19.公共管理和社会组织	975878	1077790

2-30 国有单位其他从业人员劳动报酬

单位：千元

项　　目	2010	2011
总　　计	**141175**	**53390**
一、按隶属关系分组		
1.中央	7068	3113
2.省、自治区、直辖市	3326	1922
3.地区	110385	13847
4.县及县以下	20394	34451
5.其他	2	57
二、按企业、事业、机关分组		
1.企业	117879	18842
其中:地方	111240	16309
2.事业	12021	15706
其中:地方	12021	15682
3.机关	11227	18792
其中:地方	10798	18236
4.其他	48	50
三、按国民经济行业分组		
1. 农、林、牧、渔业	4091	3194
2. 采矿业	100858	1214
3. 制造业	1250	6552
4. 电力、燃气及水的生产和供应业	853	460
5. 建筑业	2361	5102
6. 交通运输、仓储和邮政业	1712	116
7. 信息传输、计算机服务和软件业		1419
8. 批发和零售业	1006	1321
9. 住宿和餐饮业		
10. 金融业	2959	
11. 房地产业	60	
12. 租赁和商务服务业	29	138
13. 科学研究、技术服务和地质勘查业	188	440
14. 水利、环境和公共设施管理业	327	409
15. 居民服务和其他服务业	4510	
16. 教育	1859	3395
17. 卫生、社会保障和社会福利业	1438	1420
18. 文化、体育和娱乐业	2218	572
19. 公共管理和社会组织	15456	27638

2-31 国有单位在岗职工平均工资（含劳务派遣人员工资）

单位：元

项　　目	2010	2011
总　　计	**35602**	**35297**
一、按隶属关系分组		
1.中央	51368	56222
2.省、自治区、直辖市	36804	50620
3.地区	49662	26729
4.县及县以下	27240	29778
5.其他	20607	25295
二、按企业、事业、机关分组		
1.企业	43866	40970
其中:地方	42349	34133
2.事业	27503	30326
其中:地方	27507	30297
3.机关	31014	32520
其中:地方	30765	32311
4.其他	19606	21392
三、按国民经济行业分组		
1. 农、林、牧、渔业	11746	17038
2. 采矿业	57862	54904
3. 制造业	26326	29707
4. 电力、燃气及水的生产和供应业	50154	61360
5. 建筑业	28366	23212
6. 交通运输、仓储和邮政业	23335	28183
7. 信息传输、计算机服务和软件业	25722	43599
8. 批发和零售业	26114	29431
9. 住宿和餐饮业	12812	17966
10. 金融业	38684	51614
11. 房地产业	24100	25287
12. 租赁和商务服务业	22482	26559
13. 科学研究、技术服务和地质勘查业	25036	25513
14. 水利、环境和公共设施管理业	17785	21328
15. 居民服务和其他服务业	34460	15889
16. 教育	31301	33607
17. 卫生、社会保障和社会福利业	25182	27620
18. 文化、体育和娱乐业	21977	22415
19. 公共管理和社会组织	28788	31087

2-32 集体单位从业人员

单位：人

项　目	2010	2011
总　计	**12499**	**12654**
一、按企业、事业、机关分组		
1.企业	12452	12569
2.事业		85
3.机关		
4.其他	47	
二、按国民经济行业分组		
1.农、林、牧、渔业	232	241
2.采矿业	1155	
3.制造业	2401	2563
4.电力、燃气及水的生产和供应业	14	10
5. 建筑业	1145	792
6. 交通运输、仓储和邮政业	625	507
7.信息传输、计算机服务和软件业	56	56
8. 批发和零售业	2510	3355
9. 住宿和餐饮业	72	169
10. 金融业	1171	1944
11. 房地产业		
12. 租赁和商务服务业	2862	2737
13.科学研究、技术服务和地质勘查业	52	52
14. 水利、环境和公共设施管理业		
15. 居民服务和其他服务业	198	198
16. 教育	6	6
17. 卫生、社会保障和社会福利业		12
18. 文化、体育和娱乐业		
19. 公共管理和社会组织		12

2-33 集体单位女性从业人员

单位：人

项　　目	2010	2011
总　　计	**3310**	**3712**
一、按企业、事业、机关分组		
1.企业	3291	3697
2.事业		15
3.机关		
4.其他	19	
二、按国民经济行业分组		
1. 农、林、牧、渔业	9	10
2. 采矿业	71	
3. 制造业	1111	952
4. 电力、燃气及水的生产和供应业		4
5. 建筑业	170	125
6. 交通运输、仓储和邮政业	146	138
7. 信息传输、计算机服务和软件业	30	36
8. 批发和零售业	552	776
9. 住宿和餐饮业	50	91
10. 金融业	499	715
11. 房地产业		
12. 租赁和商务服务业	569	758
13.科学研究、技术服务和地质勘查业	19	19
14. 水利、环境和公共设施管理业		
15. 居民服务和其他服务业	81	76
16. 教育	3	4
17. 卫生、社会保障和社会福利业		5
18. 文化、体育和娱乐业		
19. 公共管理和社会组织		3

2-34 集体单位在岗职工（含劳务派遣人员）

单位：人

项　　目	2010	2011
总　计	**12319**	**12486**
一、按企业、事业、机关分组		
1.企业	12272	12401
2.事业		85
3.机关	47	
4.其他		
二、按国民经济行业分组		
1.农、林、牧、渔业	232	241
2.采矿业	1155	
3.制造业	2401	2554
4.电力、燃气及水的生产和供应业	14	10
5.建筑业	1076	749
6.交通运输、仓储和邮政业	614	507
7.信息传输、计算机服务和软件业	56	56
8.批发和零售业	2443	3346
9.住宿和餐饮业	72	69
10.金融业	1165	1944
11.房地产业		
12.租赁和商务服务业	2835	2730
13.科学研究、技术服务和地质勘查业	52	52
14.水利、环境和公共设施管理业		
15.居民服务和其他服务业	198	198
16.教育	6	6
17.卫生、社会保障和社会福利业		12
18.文化、体育和娱乐业		
19公共管理和社会组织		12

2-35 集体单位其他从业人员

单位：人

项　　目	2010	2011
总　计	**180**	**168**
一、按企业、事业、机关分组		
1.企业	180	168
2.事业		
3.机关		
4.其他		
二、按国民经济行业分组		
1.农、林、牧、渔业		
2.采矿业		
3.制造业		9
4.电力、燃气及水的生产和供应业		
5.建筑业	69	43
6.交通运输、仓储和邮政业	11	
7.信息传输、计算机服务和软件业		
8.批发和零售业	67	9
9.住宿和餐饮业		100
10.金融业	6	
11.房地产业		
12.租赁和商务服务业	27	7
13.科学研究、技术服务和地质勘查业		
14.水利、环境和公共设施管理业		
15.居民服务和其他服务业		
16.教育		
17.卫生、社会保障和社会福利业		
18.文化、体育和娱乐业		
19.公共管理和社会组织		

2-36 集体单位从业人员劳动报酬

单位：千元

项 目	2010	2011
总 计	**347798**	**391791**
一、按企业、事业、机关分组		
1.企业	346935	390145
2.事业		1646
3.机关		
4.其他	863	
二、按国民经济行业分组		
1.农、林、牧、渔业	3818	4255
2.采矿业	28467	
3.制造业	96465	127446
4.电力、燃气及水的生产和供应业	175	356
5.建筑业	32829	27882
6.交通运输、仓储和邮政业	7966	7914
7.信息传输、计算机服务和软件业	920	1008
8.批发和零售业	58498	78620
9.住宿和餐饮业	901	2437
10.金融业	49504	68006
11.房地产业		
12.租赁和商务服务业	64292	69338
13.科学研究、技术服务和地质勘查业	777	958
14.水利、环境和公共设施管理业		
15.居民服务和其他服务业	3097	2885
16.教育	89	112
17.卫生、社会保障和社会福利业		216
18.文化、体育和娱乐业		
19.公共管理和社会组织		358

2-37 集体单位在岗职工工资总额（含劳务派遣人员工资）

单位：千元

项　　目	2010	2011
总　　计	**333096**	**385316**
一、按企业、事业、机关分组		
1.企业	332233	383670
2.事业		1646
3.机关		
4.其他	863	
二、按国民经济行业分组		
1.农、林、牧、渔业	3818	4255
2.采矿业	28467	
3.制造业	96465	127216
4.电力、燃气及水的生产和供应业	175	356
5.建筑业	19257	23198
6.交通运输、仓储和邮政业	7938	7914
7.信息传输、计算机服务和软件业	920	1008
8.批发和零售业	57858	78454
9.住宿和餐饮业	901	1117
10.金融业	49366	68006
11.房地产业		
12.租赁和商务服务业	63968	69263
13.科学研究、技术服务和地质勘查业	777	958
14.水利、环境和公共设施管理业		
15.居民服务和其他服务业	3097	2885
16.教育	89	112
17.卫生、社会保障和社会福利业		216
18.文化、体育和娱乐业		
19.公共管理和社会组织		358

2-38 集体单位其他从业人员劳动报酬

单位：千元

项　　目	2010	2011
总　计	**14702**	**6475**
一、按企业、事业、机关分组		
1.企业	14702	6475
2.事业		
3.机关		
4.其他		
二、按国民经济行业分组		
1.农、林、牧、渔业		
2. 采矿业		
3.制造业		230
4.电力、燃气及水的生产和供应业		
5.建筑业	13572	4684
6.交通运输、仓储和邮政业	28	
7.信息传输、计算机服务和软件业		
8.批发和零售业	640	166
9.住宿和餐饮业		1320
10. 金融业	138	
11. 房地产业		
12. 租赁和商务服务业	324	75
13.科学研究、技术服务和地质勘查业		
14. 水利、环境和公共设施管理业		
15. 居民服务和其他服务业		
16. 教育		
17. 卫生、社会保障和社会福利业		
18. 文化、体育和娱乐业		
19. 公共管理和社会组织		

2-39 集体单位在岗职工平均工资（含劳务派遣人员工资）

单位：元

项　　目	2010	2011
总　　计	**27059**	**30197**
一、按企业、事业、机关分组		
1.企业	27092	30270
2.事业		19365
3.机关		
4.其他	18362	
二、按国民经济行业分组		
1.农、林、牧、渔业	16457	17656
2.采矿业	24647	
3.制造业	40480	46599
4.电力、燃气及水的生产和供应业	12500	35600
5.建筑业	17748	23432
6.交通运输、仓储和邮政业	12928	15609
7.信息传输、计算机服务和软件业	16429	18000
8.批发和零售业	23683	22642
9.住宿和餐饮业	12514	16188
10.金融业	42374	41166
11.房地产业		
12.租赁和商务服务业	22564	25095
13.科学研究、技术服务和地质勘查业	14942	18423
14.水利、环境和公共设施管理业		
15.居民服务和其他服务业	15641	14571
16.教育	14833	18667
17.卫生、社会保障和社会福利业		18000
18.文化、体育和娱乐业		
19.公共管理和社会组织		29833

2-40 其他单位从业人员

单位：人

项　　目	2010	2011
总　计	**50294**	**72669**
一、按登记注册类型分组		
(一) 内资	46120	68676
1.股份合作	1472	376
2.联营	613	675
其中:国有联营	96	645
3.有限责任公司	30054	49525
其中:国有独资	128	16
4.股份有限公司	6197	6226
5.其他	7784	11874
(二)港、澳、台商投资	88	158
(三)外商投资	4086	3835
二、按企业、事业、机关分组		
1.企业	48652	72008
2.事业	1108	648
3.机关	16	
4.其他	518	13
三、按国民经济行业分组		
(一)农、林、牧、渔业		7709
(二)采矿业	11309	31451
(三)制造业	10153	9655
(四)电力、燃气及水的生产和供应业	2565	2195
(五)建筑业	6394	5143
(六)交通运输、仓储和邮政业	512	460
(七)信息传输、计算机服务和软件业	1657	1873
(八)批发和零售业	4892	5045
(九)住宿和餐饮业	1011	2851
(十)金融业	1851	2731
(十一)房地产业	997	1098
(十二)租赁和商务服务业	1115	1148
(十三)科学研究、技术服务和地质勘查业	258	142
(十四)水利、环境和公共设施管理业	58	72
(十五)居民服务和其他服务业	336	285
(十六)教育	767	709
(十七)卫生、社会保障和社会福利业	466	63
(十八)文化、体育和娱乐业	32	33
(十九)公共管理和社会组织	52	6

2-41 其他单位女性从业人员

单位：人

项　　目	2010	2011
总　计	**13919**	**19928**
一、按登记注册类型分组		
(一) 内资	12616	18478
1.股份合作	412	105
2.联营	119	46
其中:国有联营	11	30
3.有限责任公司	7154	11778
其中:国有独资	65	3
4.股份有限公司	2229	2704
5.其他	2702	3845
(二)港、澳、台商投资	32	35
(三)外商投资	1271	1415
二、按企业、事业、机关分组		
1.企业	13140	19611
2.事业	591	315
3.机关	5	
4.其他	183	2
三、按国民经济行业分组		
(一)农、林、牧、渔业		2041
(二)采矿业	1502	5897
(三)制造业	2956	2869
(四)电力、燃气及水的生产和供应业	685	638
(五)建筑业	1211	940
(六)交通运输、仓储和邮政业	107	88
(七)信息传输、计算机服务和软件业	907	829
(八)批发和零售业	1632	2291
(九)住宿和餐饮业	513	1580
(十)金融业	860	1295
(十一)房地产业	286	433
(十二)租赁和商务服务业	403	474
(十三)科学研究、技术服务和地质勘查业	87	40
(十四)水利、环境和公共设施管理业	13	15
(十五)居民服务和其他服务业	115	126
(十六)教育	334	332
(十七)卫生、社会保障和社会福利业	288	24
(十八)文化、体育和娱乐业	9	14
(十九)公共管理和社会组织	23	2

2-42 其他单位在岗职工（含劳务派遣人员）

单位：人

项　　目	2010	2011
总　计	**46081**	**69744**
一、按登记注册类型分组		
(一) 内资	41907	65809
1.股份合作	1472	360
2.联营	613	675
其中:国有联营	96	645
3.有限责任公司	28943	48720
其中:国有独资	124	16
4.股份有限公司	5023	6133
5.其他	5856	9921
(二)港、澳、台商投资	88	150
(三)外商投资	4086	3785
二、按企业、事业、机关分组		
1.企业	44451	69090
2.事业	1100	641
3.机关	16	
4.其他	514	13
三、按国民经济行业分组		
(一)农、林、牧、渔业		5763
(二)采矿业	10554	31131
(三)制造业	10032	9289
(四)电力、燃气及水的生产和供应业	2502	2173
(五)建筑业	6153	4932
(六)交通运输、仓储和邮政业	507	439
(七)信息传输、计算机服务和软件业	888	1873
(八)批发和零售业	4879	5020
(九)住宿和餐饮业	1011	2851
(十)金融业	1525	2731
(十一)房地产业	993	1091
(十二)租赁和商务服务业	1115	1148
(十三)科学研究、技术服务和地质勘查业	258	142
(十四)水利、环境和公共设施管理业	50	65
(十五)居民服务和其他服务业	336	285
(十六)教育	767	709
(十七)卫生、社会保障和社会福利业	466	63
(十八)文化、体育和娱乐业	32	33
(十九)公共管理和社会组织	52	6

2-43 其他单位其他从业人员

单位：人

项　　目	2010	2011
总　计	**4213**	**2925**
一、按登记注册类型分组		
(一) 内资	4213	2867
1.股份合作		16
2.联营		
其中:国有联营		
3.有限责任公司	1111	805
其中:国有独资	4	
4.股份有限公司	1174	93
5.其他	1928	1953
(二)港、澳、台商投资		8
(三)外商投资		50
二、按企业、事业、机关分组		
1.企业	4201	2918
2.事业	8	7
3.机关		
4.其他	4	
三、按国民经济行业分组		
(一)农、林、牧、渔业		1946
(二)采矿业	755	320
(三)制造业	121	366
(四)电力、燃气及水的生产和供应业	63	22
(五)建筑业	241	211
(六)交通运输、仓储和邮政业	5	21
(七)信息传输、计算机服务和软件业	769	
(八)批发和零售业	13	25
(九)住宿和餐饮业		
(十)金融业	326	
(十一)房地产业	4	7
(十二)租赁和商务服务业		
(十三)科学研究、技术服务和地质勘查业		
(十四)水利、环境和公共设施管理业	8	7
(十五)居民服务和其他服务业		
(十六)教育		
(十七)卫生、社会保障和社会福利业		
(十八)文化、体育和娱乐业		
(十九)公共管理和社会组织		

2-44 其他单位从业人员劳动报酬

单位：千元

项　　目	2010	2011
总　计	**1311043**	**3108249**
一、按登记注册类型分组		
(一) 内资	1132665	2910499
1.股份合作	41825	7995
2.联营	13892	32682
其中:国有联营	3456	32108
3.有限责任公司	742194	2371216
其中:国有独资	1950	459
4.股份有限公司	162898	259225
5.其他	171856	239381
(二)港、澳、台商投资	2320	10831
(三)外商投资	176058	186919
二、按企业、事业、机关分组		
1.企业	1278684	3089382
2.事业	24693	18485
3.机关	340	
4.其他	7326	382
三、按国民经济行业分组		
(一)农、林、牧、渔业		145600
(二)采矿业	392492	1976347
(三)制造业	216569	242133
(四)电力、燃气及水的生产和供应业	102905	124445
(五)建筑业	163561	138421
(六)交通运输、仓储和邮政业	9030	8778
(七)信息传输、计算机服务和软件业	44185	51737
(八)批发和零售业	75602	97690
(九)住宿和餐饮业	15520	56184
(十)金融业	63113	168817
(十一)房地产业	14974	21367
(十二)租赁和商务服务业	40680	47175
(十三)科学研究、技术服务和地质勘查业	3776	2461
(十四)水利、环境和公共设施管理业	889	1455
(十五)居民服务和其他服务业	6147	4790
(十六)教育	16826	18778
(十七)卫生、社会保障和社会福利业	9318	1154
(十八)文化、体育和娱乐业	617	719
(十九)公共管理和社会组织	1431	198

2-45 其他单位在岗职工工资总额（含劳务派遣人员工资）

单位：千元

项　　目	2010	2011
总　计	**1221538**	**3040840**
一、按登记注册类型分组		
(一) 内资	1043160	2844466
1.股份合作	41825	7729
2.联营	13892	32682
其中:国有联营	3456	32108
3.有限责任公司	722437	2358317
其中:国有独资	1880	459
4.股份有限公司	144628	258154
5.其他	120378	187584
(二)港、澳、台商投资	2320	10271
(三)外商投资	176058	186103
二、按企业、事业、机关分组		
1.企业	1189376	3022050
2.事业	24566	18408
3.机关	340	
4.其他	7256	382
三、按国民经济行业分组		
(一)农、林、牧、渔业		93887
(二)采矿业	379729	1972841
(三)制造业	214438	235862
(四)电力、燃气及水的生产和供应业	102523	123687
(五)建筑业	158702	134364
(六)交通运输、仓储和邮政业	8972	8454
(七)信息传输、计算机服务和软件业	37186	51737
(八)批发和零售业	75462	97341
(九)住宿和餐饮业	15520	55954
(十)金融业	52315	168817
(十一)房地产业	14934	21243
(十二)租赁和商务服务业	40680	47175
(十三)科学研究、技术服务和地质勘查业	3776	2461
(十四)水利、环境和公共设施管理业	762	1378
(十五)居民服务和其他服务业	6147	4790
(十六)教育	16826	18778
(十七)卫生、社会保障和社会福利业	9318	1154
(十八)文化、体育和娱乐业	617	719
(十九)公共管理和社会组织	1431	198

2-46 其他单位其他从业人员劳动报酬

单位：千元

项　　目	2010	2011
总　计	**89505**	**67409**
一、按登记注册类型分组		
(一) 内资	89505	66033
1.股份合作		266
2.联营		
其中:国有联营		
3.有限责任公司	19757	12899
其中:国有独资	70	
4.股份有限公司	18270	1071
5.其他	51478	51797
(二)港、澳、台商投资		560
(三)外商投资		816
二、按企业、事业、机关分组		
1.企业	89308	67332
2.事业	127	77
3.机关		
4.其他	70	
三、按国民经济行业分组		
(一)农、林、牧、渔业		51713
(二)采矿业	12763	3506
(三)制造业	2131	6271
(四)电力、燃气及水的生产和供应业	382	758
(五)建筑业	4859	4057
(六)交通运输、仓储和邮政业	58	324
(七)信息传输、计算机服务和软件业	6999	
(八)批发和零售业	140	349
(九)住宿和餐饮业		230
(十)金融业	10798	
(十一)房地产业	40	124
(十二)租赁和商务服务业		
(十三)科学研究、技术服务和地质勘查业		
(十四)水利、环境和公共设施管理业	127	77
(十五)居民服务和其他服务业		
(十六)教育		
(十七)卫生、社会保障和社会福利业		
(十八)文化、体育和娱乐业		
(十九)公共管理和社会组织		

2-47 其他单位在岗职工平均工资（含劳务派遣人员工资）

单位：元

项目	2010	2011
总计	**26555**	**44114**
一、按登记注册类型分组		
(一) 内资	24961	43695
1.股份合作	29392	23350
2.联营	22370	48346
其中:国有联营	36000	49703
3.有限责任公司	24981	48933
其中:国有独资	15161	30600
4.股份有限公司	29130	42501
5.其他	20532	19098
(二)港、澳、台商投资	26364	68473
(三)外商投资	42712	50530
二、按企业、事业、机关分组		
1.企业	26753	44262
2.事业	23508	28718
3.机关	21250	
4.其他	15023	29385
三、按国民经济行业分组		
(一)农、林、牧、渔业		16345
(二)采矿业	36096	65009
(三)制造业	21788	25808
(四)电力、燃气及水的生产和供应业	40976	56763
(五)建筑业	25163	25559
(六)交通运输、仓储和邮政业	17696	19257
(七)信息传输、计算机服务和软件业	42644	27490
(八)批发和零售业	15457	19558
(九)住宿和餐饮业	15382	20098
(十)金融业	34440	63753
(十一)房地产业	15039	19633
(十二)租赁和商务服务业	35905	40915
(十三)科学研究、技术服务和地质勘查业	14636	17331
(十四)水利、环境和公共设施管理业	15240	21200
(十五)居民服务和其他服务业	18295	16807
(十六)教育	22677	26485
(十七)卫生、社会保障和社会福利业	21372	18317
(十八)文化、体育和娱乐业	19281	23967
(十九)公共管理和社会组织	27519	33000

2-48 主要年份城镇单位在岗职工平均工资

单位：元

年份	全部职工平均工资	国有职工平均工资	集体职工平均工资	其他职工平均工资
1989	1829	1944	1407	
1990	2092	2211	1685	
1995	4168	4335	3428	2923
2000	6910	7191	5273	5191
2005	14775	15345	11408	10336
2006	18456	19229	15748	13075
2007	23458	24049	19635	21758
2008	27042	27645	25002	24283
2009	27924	30518	25324	22060
2010	32530	35602	27059	26555
2011	38136	35297	30197	44114

主要统计指标解释

总人口 指一定时点、一定地区范围内有生命的个人总和。

年度统计的年末人口数指每年 12 月 31 日 24 时的常住人口数。

人口变动抽样调查的对象包括:1、在抽中调查小区居住并且户口在本乡(镇、街道)的人口;2、在抽中调查小区居住半年以上,户口在外乡(镇、街道)的人口;3、在抽中调查小区居住不满半年,离开户口登记地半年以上的人口;4、在抽中调查小区居住,户口待定的人口。

城镇人口和乡村人口 城镇人口指居住在城镇范围内的全部常住人口;乡村人口是除上述人口以外的全部人口。

城镇包括城区和镇区。城区指在市辖区和不设区的市中,街道办事处所辖的居民委员会地域;城市公共设施、居住设施等连接到的其他居民委员会地域和村民委员会地域。

镇区指在城区以外的镇和其他区域,其包括镇所辖的居民委员会地域;镇的公共设施、居住设施等连接到的村民委员会地域。

出生人数 指胎儿脱离母体时(不管怀孕月数),有过呼吸或其他生命现象的活产婴儿数。

出生率 指在一年内平均每千人中所在地出生的人数,用千分率表示。计算公式:

出生率 = 年出生人数 / 年平均人数 ×1000‰。

年平均人数 指年初、年末人口的平均数。

死亡人数 指无论何种原因造成停止呼吸人数,包括出生后随即死亡的婴儿数。

死亡率 指在一年内平均每千人中所在地死亡的人数。用千分率表示。计算公式:

死亡率 = 年死亡人数 / 年平均人数 × 1000‰。

人口自然增长率 指在一年内自然增加的人数(出生人数减死亡人数)与年平均人数之比。用千分率表示。计算公式:

人口自然增长率 = (本年出生人数 - 本年死亡人数) / 年平均人数 × 1000‰。

劳动力资源总数 指在劳动年龄内,具有劳动能力,在正常情况下,可能或实际参加社会劳动的人口数。劳动力资源的范围为:劳动年龄内(16 周岁以上),有劳动能力,实际参加社会劳动和未参加社会劳动的人员。劳动力资源也可划分为:经济活动人口和非经济活动人口。劳动力资源不包括下列人员:(1)在押犯人;(2)劳动年龄内丧失劳动能力的人员;(3)16 岁以下实际参加社会劳动的人员。

从业人员 指从事一定社会劳动并取得劳动报酬或经营收入的人员。从业人员按就业身份分组包括:职工;再就业的离退休人员;私营业主;个体户主;私营企业和个体从业人员;乡镇企业从业人员;农村从业人员;其他从业人员。其他从业人员中包括现役军人。

单位从业人员 指在各级国家机关、政党机关、社会团体及企业、事业单位中工作,取得工资或其他形式的劳动报酬的全部人员。包括:在岗职工、再就业的离退休人员、民办教师以及在各单位中工作的外方人员和港澳台方人员、兼职人员、借用的外单位人员和第二职业者。不包括离开本单位仍保留劳动关系的职工。

职工 指在国有经济、城镇集体经济、联营经济、股份制经济、外商和港、澳、台投资经济、其他经济单位及其附属机构工作,并由其支付工资的各类人员,不包括返聘的离退休人员、民办教师、在国有经济单位工作的外方人员和港、澳、台人员(1998 年以后的数据均为在岗职工数据,其他相关指标如职工工资总额、职工平均工资等指标也从 1998 年按此口径进行了相应调整)。

在岗职工 指在本单位工作并由单位支付工资的人员,以及有工作岗位,但由于学习、病伤产假等原因暂未工作仍由单位支付工资的人员。

离开本单位仍保留劳动关系的职工 指由于各种原因,已经离开本人的生产或工作岗位,并已不在本单位从事其他工作，但仍与用人单位保留劳动关系的职工。

下岗职工　指实行劳动合同制以前参加工作的正式职工(不含从农村招收的临时合同工)，以及实行劳动合同制以后参加工作且合同期未满的职工，由于企业的生产和经营状况等原因，已经离开本人的生产和工作岗位，并已不在本企业从事其他工作，但尚未与企业解除劳动关系，没有在社会找到其它工作的人员。

职工平均工资　指企业、事业、机关等单位的职工在一定时期内平均每人所得的货币工资额。它表明一定时期职工工资收入的高低程度，是反映职工工资水平的主要指标。计算公式为：

职工平均工资＝报告期实际支付的全部职工工资总额／报告期全部职工平均人数

职工平均实际工资　指扣除的物价变动因素后的职工平均工资。计算公式为：

职工平均实际工资＝报告期职工平均工资／报告期职工生活费价格指数×100%

职工平均工资指数　指报告期平均工资与基期平均工资的比率，是反映不同时期职工货币工资水平变动情况的相对数。它表明报告期平均工资比基期平均工资提高或降低程度。计算公式为：

职工平均工资指数＝报告期职工平均工资／基期职工平均工资×100%

城镇登记失业人员　指有非农业户口，在一定的劳动年龄内(16 周岁至退休年龄)，有劳动能力，无业而要求就业，并在当地劳动保障部门进行失业登记的人员。

城镇登记失业率　指城镇登记失业人数同城镇从业人数与城镇登记失业人数之和的比。计算公式为：城镇登记失业率＝城镇登记失业人数／(城镇从业人数＋城镇登记失业人数)×100%。

03

固定资产投资

2012

朔州统计年鉴

SHUOZHOU STATISTICAL YEARBOOK

资料整理人员

贾　龙　王　甫　刘　翔

3-1 全社会固定资产投资

单位：万元

指标	2010	2011
一、投资总额	**3559688**	**4745733**
#住宅	502343	351441
按登记注册类型分		
国有	2091551	2725482
非国有	1468137	2020251
按城乡分		
城镇	3233026	4376339
农村	18570	127217
按构成分		
建筑工程	1717614	2162501
安装工程	187439	512114
设备工器具购置	1004544	1235937
其他费用	650091	835181
按三次产业分	3559688	4745733
第一产业	99283	92035
第二产业	2322083	3035806
第三产业	1138322	1617892
二、新增固定资产	1575614	1628053
三、房屋建筑面积(万平方米)		
本年施工房屋面积	5079597	9096365
#住宅	3385633	6391822
本年竣工房屋面积	924949	1923154
#住宅	147999	1370400
本年竣工房屋价值(万元)	88894	236418
#住宅	429161	148708
四、本年资金来源小计	3838309	5222318
国家预算内资金	69293	97291
国内贷款	410557	518092
利用外资	29654	
自筹资金	2812897	4415709
#企事业单位自有资金	71024	178830
其他	388653	105327

3-2 按三次产业分全社会固定资产投资

单位：万元

年 份	总 计	第一产业	第二产业	第三产业	住 宅
1988	51009	169	36443	14397	3803
1989	46682	277	39243	7162	4013
1990	63210	702	51779	4334	6395
1991	81996	128	72661	3643	5894
1992	95601	267	78489	16845	7675
1993	97012	106	61925	34981	16330
1994	57296	387	30927	17581	8401
1995	44270	737	11632	31901	10535
1996	52159	1085	16011	35063	10254
1997	75143	1141	26563	47439	15896
1998	201878	841	86446	114591	26614
1999	175373	291	102182	72900	39347
2000	204861	177	129966	53039	21679
2001	253132	3315	166505	83312	39875
2002	314016	5668	178454	129897	37039
2003	506444	12111	372401	121932	40904
2004	620316	13440	437803	169037	42110
2005	727001	23240	421665	282096	72004
2006	950962	37130	500605	413227	132204
2007	1529396	39154	937413	552829	165425
2008	2218804	76394	1401103	741307	257622
2009	3015248	124508	1744580	1146160	127467
2010	3559528	99283	2309623	1150782	255953
2011	4745733	92035	3035806	1617892	502343

3-3 按登记注册类型分全社会固定资产投资

单位：万元

指　　标	2010		2011	
	总计	城　镇	总计	城　镇
总　　计	**3559688**	**3233306**	**4745733**	**4376339**
内　资	**3527155**	**3200773**	**4708595**	**4343991**
国　有	1805860	1724788	2488578	2440046
集　体	3763	3713	36862	16935
股份合作			19149	19149
国有联营	259121	259121	202411	202411
集体联营				
国有与集体联营			42180	42180
其他联营	3440	3440	8183	1883
国有独资公司	26570	17570	34493	32752
其他有限责任公司	922935	816803	976033	929689
股份有限公司	237484	237484	559961	499566
私　营	257762	131044	332901	155900
个体户			4790	
个人合伙				
其　他				
港澳台投资	**20960**	**20960**	**21300**	**21300**
港澳台合资经营	15230	15230	21300	21300
港澳台合作经营				
港澳台独资				
港澳台股份有限				
外商投资	**11573**	**11573**	**11048**	**11048**
外商合资经营	2734	2734	1589	1589
外商合作经营				
外商独资	4839	4839	5459	5459
外商股份有限	4000	4000	4000	4000

3-4 按国民经济行业分全社会固定资产投资

单位：万元

指　标	2010	2011
总　计	**3559688**	**4745733**
农、林、牧、渔业	99283	92035
采矿业	1313430	1505849
制造业	421923	484420
电力、燃气及水的生产和供应业	586730	1041537
建筑业		4000
交通运输、仓储和邮政业	310651	432761
信息传输、计算机服务和软件业		2600
批发和零售业	22235	61862
住宿和餐饮业	22638	16332
金融业	2500	
房地产业	437495	702339
租赁和商务服务业	3800	1360
科学研究、技术服务和地质勘查业	8000	4300
水利、环境和公共设施管理业	236590	267830
居民服务和其他服务业		2079
教　育	67770	79819
卫生、社会保障和社会福利业	5275	18257
文化、体育和娱乐业	7703	14769
公共管理和社会组织	15147	13584

3-5 全社会固定资产投资新增生产能力(2011年)

单位：万元

指　标	单　位	总　计	城　镇
原煤开采	万吨/年	2885	2885
洗　煤	万吨/年	1360	1360
发电机组容量	万千瓦		
风力发电	万千瓦	26.45	26.45
火力发电	万千瓦	130	130
其他发电	万千瓦	8	8
水　泥	万吨/年	260	260
石墨及炭素制品	吨/年	55000	55000
酒	万吨/年	4	4
#啤　酒	万吨/年	4	4
新建铁路投产里程	公里	6	6
新建公路	公里	45.20	45.20
高速公路	公里	20	20
一级公路	公里	2	2
二级公路	公里	23.20	23.20
改建公路	公里	34	34
一级公路	公里		
二级公路	公里	34	34
城市自来水供水能力	万吨/日	2	2
城市污水处理能力	万吨/日	3.32	3.32

3-6 按国民经济行业分城镇固定资产投资

单位：万元

指　　标	2010	2011
总　计	**3233306**	**4376339**
农、林、牧、渔业	58231	43767
农　业	1900	5950
林　业	40931	25838
畜牧业	15400	4417
渔　业		
农、林、牧、渔服务业		7562
采矿业	1288935	1497692
煤炭开采和洗选业	1280485	1487342
石油和天然气开采业		
黑色金属矿采选业		
有色金属矿采选业		
非金属矿采选业	8450	10350
制造业	398339	447710
农副食品加工业	10294	6394
食品制造业	16759	15800
饮料制造业	18209	5540
烟草制品业		
纺织业	7134	2189
纺织服装、鞋、帽制造业		4900
皮革、毛皮、羽毛(绒)及其制品业	6582	
木材加工及木、竹、藤、棕、草制品业		
家具制造业		
造纸及纸制品业		
印刷业和记录媒介的复制	400	
文教体育用品制造业		
石油加工、炼焦及核燃料加工业		3500
化学原料及化学制品制造业	45832	12029
医药制造业	19865	25881
化学纤维制造业		
橡胶制品业	2522	2877
塑料制品业		
非金属矿物制品业	150527	196310
黑色金属冶炼及压延加工业	9998	
有色金属冶炼及压延加工业	7000	18586
金属制品业		

3-6 续表1

单位：万元

指 标	2010	2011
通用设备制造业	12950	2264
专用设备制造业	16699	31880
交通运输设备制造业	7840	10200
电气机械及器材制造业	65728	109360
通信设备、计算机及其他电子设备制造业		
仪器仪表及文化、办公用机械制造业		
工艺品及其他制造业		
废弃资源和废旧材料回收加工业		
电力、燃气及水的生产和供应业	583298	1028822
电力、热力的生产和供应业	556936	968525
燃气生产和供应业	15842	5900
水的生产和供应业	10520	54397
建筑业		4000
房屋和土木工程建筑业		
建筑安装业		
建筑装饰业		4000
其他建筑业		
交通运输、仓储和邮政业	294301	429611
铁路运输业	23229	28591
道路运输业	232383	381820
城市公共交通业		
水上运输业		
航空运输业		
管道运输业		
装卸运输和其他运输服务业	9817	17100
仓储业	28872	2100
邮政业		
信息传输、计算机服务和软件业		2600
电信和其他信息传输服务业		2600
计算机服务业		
软件业		
批发和零售业	27805	54692
批发业	6570	15100
零售业	21235	39592
住宿和餐饮业	22638	16332
住宿业	20138	16332
餐饮业	2500	
金融业	18	
银行业		
保险业		
其他金融活动	18	

3-6 续表2

单位：万元

指　　标	2010	2011
房地产业	247573	452835
房地产业	247573	452835
租赁和商务服务业	3800	1360
租赁业		
商务服务业	3800	1360
科学研究、技术服务和地质勘查业	8000	4300
研究与试验发展	6000	
专业技术服务业		
科技交流和推广服务业	2000	4300
地质勘查业		
水利、环境和公共设施管理业	204619	264110
水利管理业	3770	42525
环境管理业	11488	18804
公共设施管理业	189361	202781
居民服务和其他服务业		2079
居民服务业		
其他服务业		2079
教　育	67770	79819
教　育	67770	79819
卫生、社会保障和社会福利业	5275	18257
卫　生	4901	15097
社会保障业	374	2060
社会福利业		1100
文化、体育和娱乐业	7557	14769
新闻出版业		
广播、电视、电影和音像业	2778	130
文化艺术业	3700	13039
体　育	1079	1600
娱乐业		
公共管理和社会组织	15147	13584
中国共产党机关		
国家机构	15147	13584
人民政协和民主党派		
群众团体、社会团体和宗教组织		
群众基层自治组织		

3-7 城镇固定资产投资主要指标

单位：万元

指　　标	2010	2011
一、投资总额	**3233306**	**4376339**
#国有经济控股	2308012	3117812
#住　宅	162256	351441
按隶属关系分		
中　央	537158	862782
地　方	2696148	3513557
按登记注册类型分		
国　有	2001479	2675209
非国有	1231827	1701130
按构成分		
建筑工程	1547504	1958503
安装工程	157803	471258
设备工器具购置	972073	1215425
其他费用	555926	731153
按建设性质分(不含房地产投资)		
新　建	1952637	2690518
扩　建	369622	764882
改建和技术改造	753759	621304
其　他	157288	299695
按三次产业分		
第一产业	58231	43767
第二产业	2270572	2974224
第三产业	904503	1358348
二、新增固定资产	1428896	1391390
中　央	72911	97325
地　方	1355985	1294065
三、建设项目(个)		
施工项目	342	415
中　央	17	28
地　方	325	387
施工项目中本年新开工	170	188
全部建成投产项目	155	211
四、房屋建筑面积(万平方米)		
本年施工房屋面积	2143598.0	5050753.0
#住　宅	1096822.0	3306724.0
本年竣工房屋面积	576311.0	1397147.0
#住　宅	294431.0	941910.0
本年竣工房屋价值(万元)		
#住　宅		
五、投资资金来源合计	3435695	5043764
上年结余资金	125369	82469
本年资金来源小计	3310326	4961295
国家预算内资金	64671	97291
国内贷款	368159	507849
利用外资	29654	
自筹资金	2567406	4250828
#企事业单位自有资金	67088	178830
其　他	280436	105327

3-8 固定资产投

指　标	计划总投资	自开始建设至本年底累计完成投资	本年完成投资
总　计	**11656473**	**7578215**	**4503556**
#本年新开工项目	2858650	1481065	1481065
#本年投产项目	2021603	2007226	1315600
按隶属关系分			
中　央	2491950	1527457	862782
地　方	9164523	6050758	3640774
按登记注册类型分			
国　有	8544661	5481481	3157703
非国有	3111812	2096734	1345853
按建设性质分			
新　建	7798585	4939294	2777738
扩　建	1813863	1257085	791185
改建和技术改造	1412050	990000	634998
单纯建造生活设施	595225	372060	280971
其　他	36750	19776	18664
按三次产业分			
第一产业	168869	149199	92035
第二产业	8050353	5449856	3035806
第三产业	3437251	1979160	1375715
按投资总规模分			
500－1000万元	4816	4819	3034
1000－3000万元	189007	164174	133977
3000－5000万元	260467	233706	195923
5000万元－1亿元	1053053	904365	688128
1亿元－5亿元	3261426	2224504	1336569
5亿元－10亿元	1683364	1087164	644817
10亿元以上	5204340	2959483	1501108

注：本表不含房地产开发投资。

资规模(2011年)

单位：万元

本年新增固定资产	施工项目(个)	本年新开工	本年投产项目(个)
1491254	**451**	**212**	**232**
675110	212	212	114
1411439	232	114	232
97325	28	8	7
1393929	423	204	225
757038	267	123	122
734216	184	89	110
751748	235	124	124
364167	91	35	47
205081	70	28	38
166538	51	24	22
3720	4	1	1
91271	22	16	16
905059	200	77	102
494924	229	119	114
3566	6	2	6
108156	91	55	60
141288	70	46	41
532749	132	75	85
517379	116	28	36
188116	23	3	4
	13	3	

3-9 按登记注册类型分固

指　　标	总　计	内　资	国　有	集　体
总　计	**4745733**	**4708595**	**2488578**	**36862**
农、林、牧、渔业	92035	92035	42154	19500
农　业	5950	5950		3500
林　业	51723	51723	35723	16000
畜牧业	22545	22545	6431	
渔　业				
农、林、牧、渔服务业	11817	11817		
采矿业	1505849	1505849	873801	
煤炭开采和洗选业	1495499	1495499	872751	
石油和天然气开采业				
黑色金属矿采选业				
有色金属矿采选业				
非金属矿采选业	10350	10350	1050	
制造业	484420	477372	44493	
农副食品加工业	20456	20456		
食品制造业	16735	16735		
饮料制造业	5540	5540		
烟草制品业				
纺织业				
纺织服装、鞋、帽制造业	2189	600		
皮革、毛皮、羽毛(绒)及其制品业	4900	4900		
木材加工及木、竹、藤、棕、				
家具制造业	9310	9310		
造纸及纸制品业				
印刷业和记录媒介的复制				
文教体育用品制造业				
石油加工、炼焦及	3500	3500		
化学原料及化学制品制造业	12029	12029	4835	
医药制造业	33338	33338		
化学纤维制造业				
橡胶制品业	2877	2877	2577	
塑料制品业				
非金属矿物制品业	199280	199280	14195	
黑色金属冶炼及压延加工业				
有色金属冶炼及压延加工业	20562	20562	15086	
金属制品业				

定资产投资(2011年)

单位：万元

联营企业	国有联营	集体联营	国有与集体联营	其他联营
252774	**202411**		**42180**	**8183**
6300				6300
6300				6300
214591	202411		12180	
214591	202411		12180	

3-9 续

指 标	总 计	内 资	国 有	集 体
通用设备制造业	2264	2264		
专用设备制造业	31880	26421	3800	
交通运输设备制造业	10200	10200	4000	
电气机械及器材制造业	109360	109360		
通信设备、计算机及其电子设备制造业				
仪器仪表及文化、办公用机械制造业				
工艺品及其他制造业				
废弃资源和废旧材料回收加工业				
电力、燃气及 水的生产和供应业	1041537	1041537	528967	
电力、热力的生产和供应业	968525	968525	469246	
燃气生产和供应业	6750	6750	6750	
水的生产和供应业	66262	66262	52971	
建筑业	4000	4000		
房屋和土木工程建筑业				
建筑安装业				
建筑装饰业	4000	4000		
其他建筑业				
交通运输、仓储和邮政业	432761	432761	397214	
铁路运输业	28591	28591	14444	
道路运输业	384970	384970	381670	
城市公共交通业				
水上运输业				
航空运输业				
装卸搬运和其他运输服务业	17100	17100		
仓储业	2100	2100	1100	
邮政业				
信息传输、计算机 服务和软件业	2600	2600	2600	
电信和其他信息传输服务业	2600	2600	2600	
计算机服务业				
软件业				
批发和零售业	61862	53072	520	2800
批发业	17480	17480		2800
零售业	44382	35592	520	
住宿和餐饮业	16332	16332	6000	
住宿业	16332	16332	6000	
餐饮业				
金融业				
银行业				
保险业				
其他金融活动				

表1

单位：万元

联营企业	国有联营	集体联营	国有与集体联　　营	其他联营
1883				1883
1883				1883

3-9 续

指 标	总 计	内 资	国 有	集 体
房地产业	460162	438862	204443	14562
房地产业	460162	438862	204443	14562
租赁和商务服务业	1360	1360		
租赁业				
商务服务业	1360	1360		
科学研究、技术服务和地质勘查业	4300	4300	1400	
研究与试验发展				
专业技术服务业				
科技交流和推广服务业	4300	4300	1400	
地质勘查业				
水利、环境和公共设施管理业	267830	267830	267830	
水利管理业	42525	42525	42525	
环境管理业	18804	18804	18804	
公共设施管理业	206501	206501	206501	
居民服务和其他服务业	2079	2079		
居民服务业				
其他服务业	2079	2079		
教 育	79819	79819	65005	
教 育	79819	79819	65005	
卫生、社会保障和社会福利业	18257	18257	17157	
卫 生	15097	15097	15097	
社会保障业	2060	2060	2060	
社会福利业	1100	1100		
文化、体育和娱乐业	14769	14769	14769	
新闻出版业				
广播、电视、电影和音像业	130	130	130	
文化艺术业	13039	13039	13039	
体 育	1600	1600	1600	
娱乐业				
公共管理和社会组织	13584	13584	13584	
中国共产党机关				
国家机构	13584	13584	13584	
人民政协和民主党派				
群众团体、社会团体和宗教组织				
基层群众自治组织				

表2

单位：万元

联营企业	国有联营	集体联营	国有与集体联营	其他联营
30000			30000	
30000			30000	

3-9 续

指　　标	国有独资公　司	其他有限责任公司	股份有限公　　司	私　营
总　计	**34493**	**956704**	**517566**	**162930**
农、林、牧、渔业	7562	1917	7788	2450
农　业				2450
林　业				
畜牧业			5450	
渔　业				
农、林、牧、渔服务业	7562	1917	2338	
采矿业		266777	126981	4550
煤炭开采和洗选业		262027	126981	
石油和天然气开采业				
黑色金属矿采选业				
有色金属矿采选业				
非金属矿采选业		4750		4550
制造业		253279		30244
农副食品加工业		13018	149356	
食品制造业		1600	7438	
饮料制造业		5540	15135	
烟草制品业				
纺织业			600	
纺织服装、鞋、帽制造业				4900
皮革、毛皮、羽毛(绒)及其制品业				
木材加工及木、竹、藤、棕、草制品业				
家具制造业			9310	
造纸及纸制品业				
印刷业和记录媒介的复制				
文教体育用品制造业				
石油加工、炼焦及核燃料加工业			3500	
化学原料及化学制品制造业		6150	1044	
医药制造业		4520	28818	
化学纤维制造业				
橡胶制品业		300		
塑料制品业				
非金属矿物制品业		84557	73084	27444
黑色金属冶炼及压延加工业				
有色金属冶炼及压延加工业			4276	1200
金属制品业				

表3

单位：万元

个体户	其他	个体合伙	港澳台商投资	外商投资
4790			**21300**	**11048**
				7048

3-9 续

指　标	国有独资公　司	其他有限责任公司	股份有限公　　司	私　营
通用设备制造业		2264		
专用设备制造业		16060	4961	1600
交通运输设备制造业			6200	
电气机械及器材制造业		109360		
通信设备、计算机及其电子设备制造业				
仪器仪表及文化、办公用机械制造业				
工艺品及其他制造业				
废弃资源和废旧材料回收加工业				
电力、燃气及水的生产和供应业	8090	338651	144511	21318
电力、热力的生产和供应业	8090	325360	144511	21318
燃气生产和供应业				
水的生产和供应业		13291		
建筑业		4000		
房屋和土木工程建筑业				
建筑安装业				
建筑装饰业		4000		
其他建筑业				
交通运输、仓储和邮政业	17100	14297	1000	3150
铁路运输业		14147		
道路运输业		150		3150
城市公共交通业				
航空运输业				
装卸搬运和其他运输服务业	17100			
仓储业			1000	
邮政业				
信息传输、计算机服务和软件业				
电信和其他信息传输服务业				
计算机服务业				
软件业				
批发和零售业		22333	23152	2384
批发业		5000	8500	1180
零售业		17333	14652	1204
住宿和餐饮业				10332
住宿业				10332
餐饮业				
金融业				
银行业				
保险业				

表4

单位：万元

个体户	其他	个体合伙	港澳台商投资	外商投资
				5459
4790				
4790				

3-9 **续**

指　　标	国有独资公　司	其他有限责任公司	股份有限公　　司	私　营
房地产业		53271	56561	80025
房地产业		53271	56561	80025
租赁和商务服务业				1360
租赁业				
商务服务业				1360
科学研究、技术服务和地质勘查业				2900
研究与试验发展				
专业技术服务业				2900
科技交流和推广服务业				
地质勘查业				
水利、环境和公共设施管理业				
水利管理业				
环境管理业				
公共设施管理业				
居民服务和其他服务业		2079		
居民服务业				
其他服务业		2079		
教　育				
教　育			8217	3117
卫生、社会保障和社会福利业			8217	3117
卫　生				1100
社会保障业				
社会福利业				1100
文化、体育和娱乐业				
新闻出版业				
广播、电视、电影和音像业				
文化艺术业				
体　育				
娱乐业				
公共管理和社会组织				
中国共产党机关				
国家机构				
人民政协和民主党派				
群众团体、社会团体和宗教组织				
基层群众自治组织				

表5

单位：万元

个体户	其他	个体合伙	港澳台商投资	外商投资
			21300	
			21300	

3-10 按构成分

指　　标	本年完成投资	住　宅
总　计	**4745733**	**502344**
农、林、牧、渔业	92035	
农　业		
林　业	5950	
畜牧业	51723	
渔　业	22545	
农、林、牧、渔服务业	11817	
采矿业	1505849	
煤炭开采和洗选业	1495499	
石油和天然气开采业		
黑色金属矿采选业		
有色金属矿采选业		
非金属矿采选业	10350	
制造业	484420	
农副食品加工业	20456	
食品制造业	16735	
饮料制造业	5540	
烟草制品业		
纺织业	2189	
纺织服装、鞋、帽制造业	4900	
皮革、毛皮、羽毛(绒)及其制品业		
木材加工及木、竹、藤、棕、草制品业		
家具制造业	9310	
造纸及纸制品业		
印刷业和记录媒介的复制		
文教体育用品制造业		
石油加工、炼焦及核燃料加工业	3500	
化学原料及化学制品制造业	12029	
医药制造业	33338	
化学纤维制造业		
橡胶制品业	2877	
塑料制品业		
非金属矿物制品业	199280	
黑色金属冶炼及压延加工业		
有色金属冶炼及压延加工业	20562	
金属制品业		
通用设备制造业	2264	
专用设备制造业	31880	
交通运输设备制造业	10200	
电气机械及器材制造业	109360	

全社会固定资产投资(2011年)

单位：万元

建筑工程	安装工程	设备工器具购置	其他费用
2162171	**512214**	**1235937**	**835411**
49317	4156	1023	37539
5130	320		500
15505			36218
20607	1712	226	
8075	2124	797	821
520643	157084	585840	242282
514682	155734	584410	240673
5961	1350	1430	1609
251258	43388	139953	49821
11993	1872	5579	1012
16184	25	526	
1500		2940	1100
		1589	600
4100		800	
6111	1311	1888	
3500			
3100	1030	3464	4435
22502	2259	8577	
1224		1593	60
102135	12409	77583	7153
10216		2189	8157
2264			
20029	2103	6255	3493
10200			
36200	22379	26970	23811

3-10 续

指　　标	本年完成投资	住　宅
通信设备、计算机及其电子设备制造业		
仪器仪表及文化、办公用机械制造业		
工艺品及其他制造业		
废弃资源和废旧材料回收加工业		
电力、燃气及水的生产和供应业	1041537	
电力、热力的生产和供应业	968525	
燃气生产和供应业	6750	
水的生产和供应业	66262	
建筑业	4000	
房屋和土木工程建筑业		
建筑安装业		
建筑装饰业	4000	
其他建筑业		
交通运输、仓储和邮政业	432761	943
铁路运输业	28591	
道路运输业	384970	943
城市公共交通业		
水上运输业		
航空运输业		
装卸搬运和其他运输服务业	17100	
仓储业	2100	
邮政业		
信息传输、计算机服务和软件业	2600	
电信和其他信息传输服务业	2600	
计算机服务业		
软件业		
批发和零售业	61862	
批发业	17480	
零售业	44382	
住宿和餐饮业	16332	4800
住宿业	16332	4800
餐饮业		
金融业		
银行业		
保险业		
其他金融活动		

表1

单位：万元

建筑工程	安装工程	设备工器具购置	其他费用
239237	218932	460851	122517
180611	214127	455661	118126
1700	1850	1200	2000
56926	2955	3990	2391
1648	200		2152
1648	200		2152
335205	1110	13700	82746
22733			5858
307258		2624	75088
4714	1110	10476	800
500		600	1000
2600			
2600			
36869	1968	5952	17073
8528		568	8384
28341	1968	5384	8689
14132	2000		200
14132	2000		200

3-10 续

指　　标	本年完成投资	住　宅
房地产业	460162	344586
房地产业	460162	344586
租赁和商务服务业	1360	
租赁业		
商务服务业	1360	
科学研究、技术服务和地质勘查业	4300	
研究与试验发展		
专业技术服务业		
科技交流和推广服务业	4300	
水利、环境和公共设施管理业		
水利管理业	267830	452
环境管理业	42525	452
公共设施管理业	18804	
地质勘查业	206501	
居民服务和其他服务业	2079	
居民服务业		
其他服务业	2079	
教　育	79819	
教　育	79819	
卫生、社会保障和社会福利业	18257	660
卫　生	15097	
社会保障业	2060	660
社会福利业	1100	
文化、体育和娱乐业	14769	
新闻出版业		
广播、电视、电影和音像业	130	
文化艺术业	13039	
体　育	1600	
娱乐业		
公共管理和社会组织	13584	
中国共产党机关		
国家机构	13584	
人民政协和民主党派		
群众团体、社会团体和宗教组织		
基层群众自治组织		

表2

单位：万元

建筑工程	安装工程	设备工器具购置	其他费用
342084	12583	5385	100110
342084	12583	5385	100110
1360			
1360			
3942			358
3942			358
150050	24891	12592	80297
13801	14100	8436	6188
14750	1488	2251	315
121499	9303	1905	73794
1079		1000	
1079		1000	
50198	11955	3574	14092
50198	11955	3574	14092
13547	1850	2660	200
10967	1270	2660	200
2060			
520	580		
13682		559	528
60			70
12022		559	458
1600			
12552	240		792
12552	240		792

3-11 按建设性质分城镇固定

指 标	新 建	扩 建	改建和技术改造
总 计	**4503556**	**2777738**	**791185**
农、林、牧、渔业	92035	55395	31903
农 业	5950	5950	
林 业	51723	16000	31903
畜牧业	22545	22545	
渔 业			
农、林、牧、渔服务业	11817	10900	
采矿业	1505849	565709	483970
煤炭开采和洗选业	1495499	556409	482920
石油和天然气开采业			
黑色金属矿采选业			
有色金属矿采选业			
非金属矿采选业	10350	9300	1050
制造业	484420	321029	100761
农副食品加工业	20456	7438	13018
食品制造业	16735	8535	8200
饮料制造业	5540		2600
烟草制品业			
纺织业	2189		600
纺织服装、鞋、帽制造业	4900	4900	
皮革、毛皮、羽毛(绒)及其制品业			
木材加工及木、竹、藤、棕、草制品业			
家具制造业	9310	9310	
造纸及纸制品业			
印刷业和记录媒介的复制			
文教体育用品制造业			
石油加工、炼焦及核燃料加工业	3500	3500	
化学原料及化学制品制造业	12029	9179	
医药制造业	33338	33338	
化学纤维制造业			
橡胶制品业	2877	2577	
塑料制品业			
非金属矿物制品业	199280	84889	64140
黑色金属冶炼及压延加工业			
有色金属冶炼及压延加工业	20562	17062	
金属制品业			

注：本表不含房地产开发投资。

资产投资(2011年)

单位：万元

单纯建造生活设施	迁　建	恢　复	单纯购置
634998	**280971**	**17664**	
4737			
3820			
917			
456170			
456170			
61630			
2940			
1589			
2850			
300			
49251			
3500			

3-11 续

指　　标	新　建	扩　建	改建和技术改造
通用设备制造业	2264		2264
专用设备制造业	31880	21941	9939
交通运输设备制造业	10200	9000	
电气机械及器材制造业	109360	109360	
通信设备、计算机及其电子设备制造业			
仪器仪表及文化、办公用机械制造业			
工艺品及其他制造业			
废弃资源和废旧材料回收加工业			
电力、燃气及水的生产和供应业	1041537	971376	60682
电力、热力的生产和供应业	968525	900827	58219
燃气生产和供应业	6750	6750	
水的生产和供应业	66262	63799	2463
建筑业	4000	4000	
房屋和土木工程建筑业			
建筑安装业			
建筑装饰业	4000	4000	
其他建筑业			
交通运输、仓储和邮政业	432761	403155	26284
铁路运输业	28591	21591	7000
道路运输业	384970	363464	18184
城市公共交通业			
水上运输业			
航空运输业			
装卸搬运和其他运输服务业	17100	17100	
仓储业	2100	1000	1100
邮政业			
信息传输、计算机服务和软件业	2600	2600	
电信和其他信息传输服务业	2600	2600	
计算机服务业			
软件业			
批发和零售业	61862	48479	1883
批发业	17480	5980	
零售业	44382	42499	1883
住宿和餐饮业	16332	10332	6000
住宿业	16332	10332	6000
餐饮业			
金融业			
银行业			
保险业			
其他金融活动			

表1

单位：万元

单纯建造生活设施	迁　建	恢　复	单纯购置
1200			
9479			
9479			
3322			
3322			
3000		8500	
3000		8500	

3-11 续

指标	新建	扩建	改建和技术改造
房地产业	460162	154795	7735
房地产业	460162	154795	7735
租赁和商务服务业	1360		1360
租赁业			
商务服务业	1360		1360
科学研究、技术服务和地质勘查业	4300	4300	
研究与试验发展			
专业技术服务业			
科技交流和推广服务业	4300	4300	
地质勘查业			
水利、环境和公共设施管理业	267830	145137	51624
水利管理业	42525	42195	
环境管理业	18804	12047	5287
公共设施管理业	206501	90895	46337
居民服务和其他服务业	2079	2079	
居民服务业			
其他服务业	2079	2079	
教　育	79819	54072	8613
教　育	79819	54072	8613
卫生、社会保障和社会福利业	18257	14727	2870
卫　生	15097	12227	2870
社会保障业	2060	1400	
社会福利业	1100	1100	
文化、体育和娱乐业	14769	8969	5500
新闻出版业			
广播、电视、电影和音像业	130	130	
文化艺术业	13039	7239	5500
体　育	1600	1600	
娱乐业			
公共管理和社会组织	13584	11584	2000
中国共产党机关			
国家机构	13584	11584	2000
人民政协和民主党派			
群众团体、社会团体和宗教组织			
基层群众自治组织			

表2

单位：万元

单纯建造生活设施	迁　建	恢　复	单纯购置
22288	272966	2378	
22288	272966	2378	
64855	6214		
330			
1470			
63055	6214		
9517	1131	6486	
9517	1131	6486	
	660		
	660		
		300	
		300	

3-12 按资金来源分城

指　　标	本年资金来源小计	国家预算内资金	国内贷款
总　计	**5403633**	**97291**	**541885**
农、林、牧、渔业	97532	3800	1764
农　业	5900		
林　业	52153	200	
畜牧业	28581		1764
渔　业			
农、林、牧、渔服务业	10898	3600	
采矿业	1728855		86839
煤炭开采和洗选业	1716505		86839
石油和天然气开采业			
黑色金属矿采选业			
有色金属矿采选业			
非金属矿采选业	12350		
制造业	596566		13206
农副食品加工业	67982		6476
食品制造业	21800		
饮料制造业	4222		
烟草制品业			
纺织业	2189		
纺织服装、鞋、帽制造业	4900		
皮革、毛皮、羽毛(绒)及其制品业			
木材加工及木、竹、藤、棕、草制品业			
家具制造业	9310		
造纸及纸制品业			
印刷业和记录媒介的复制			
文教体育用品制造业			
石油加工、炼焦及核燃料加工业	3500		
化学原料及化学制品制造业	12179		
医药制造业	56191		5000
化学纤维制造业			
橡胶制品业	7706		
塑料制品业			
非金属矿物制品业	212246		
黑色金属冶炼及压延加工业			
有色金属冶炼及压延加工业	30476		
金属制品业			

镇固定资产投资(2011年)

单位：万元

利用外资	自筹资金	企事业单位自有资金	其他资金
	4599900	**291869**	**164557**
	91968		
	5900		
	51953		
	26817		
	7298		
	1577568	64661	64448
	1565218	64661	64448
	12350		
	576455	3000	6905
	61506		
	21800		
	4222		
	2189		
	4900		
	9310		
	3500		
	7344	3000	4835
	50591		600
	7706		
	212246		
	30476		

3-12 续

指　标	本年资金来源小计	国家预算内资金	国内贷款
通用设备制造业	2264		
专用设备制造业	35285		1730
交通运输设备制造业	16956		
电气机械及器材制造业	109360		
通信设备、计算机及其电子设备制造业			
仪器仪表及文化、办公用机械制造业			
工艺品及其他制造业			
废弃资源和废旧材料回收加工业			
电力、燃气及水的生产和供应业	1129273	1200	323921
电力、热力的生产和供应业	1052809		323601
燃气生产和供应业	6472	400	
水的生产和供应业	69992	800	320
建筑业	4000		
房屋和土木工程建筑业			
建筑安装业			
建筑装饰业	4000		
其他建筑业			
交通运输、仓储和邮政业	471281	13720	51121
铁路运输业	29444	4480	
道路运输业	413706	9240	43670
城市公共交通业			
水上运输业			
航空运输业			
装卸搬运和其他运输服务业	18711		4951
仓储业	9420		2500
邮政业			
信息传输、计算机服务和软件业	2600		
电信和其他信息传输服务业	2600		
计算机服务业			
软件业			
批发和零售业	92481		
批发业	11773		
零售业	80708		
住宿和餐饮业	30093		
住宿业	30093		
餐饮业			
金融业			
银行业			
保险业			
其他金融活动			

表1

单位：万元

利用外资	自筹资金	企事业单位自有资金	其他资金
	2264		
	32085		1470
	16956		
	109360		
	804042	110939	110
	729208	96924	
	6072		
	68762	14015	110
	4000		
	4000		
	402440		4000
	22964		2000
	360796		
	13760		
	4920		2000
	2600		
	2600		
	92181		300
	11473		300
	80708		
	30093		
	30093		

3-12 续

指　　标	本年资金来源小计	国家预算内资金	国内贷款
房地产业	794737	20421	23793
房地产业	794737	20421	23793
租赁和商务服务业	1360		
租赁业			
商务服务业	1360		
科学研究、技术服务和地质勘查业	4400	1400	1500
研究与试验发展			
专业技术服务业			
科技交流和推广服务业	4400	1400	1500
地质勘查业			
水利、环境和公共设施管理业	279274	10033	21113
水利管理业	49060	1770	19110
环境管理业	26997	5710	
公共设施管理业	203217	2553	2003
居民服务和其他服务业	2079		
居民服务业			
其他服务业	2079		
教　育	111975	17099	18628
教　育	111975	17099	18628
卫生、社会保障和社会福利业	21734	13237	
卫　生	18057	11837	
社会保障业	2467	1400	
社会福利业	1210		
文化、体育和娱乐业	19597	13569	
新闻出版业			
广播、电视、电影和音像业	130		
文化艺术业	17867	13569	
体　育	1600		
娱乐业			
公共管理和社会组织	15796	2812	
中国共产党机关			
国家机构	15796	2812	
人民政协和民主党派			
群众团体、社会团体和宗教组织			
基层群众自治组织			

表2

单位：万元

利用外资	自筹资金	企事业单位自有资金	其他资金
	689093	113039	61430
	689093	113039	61430
	1360		
	1360		
	1500		
	1500		
	239605	230	8523
	28180		
	20104	230	1183
	191321		7340
	2079		
	2079		
	57557		18691
	57557		18691
	8347		150
	6070		150
	1067		
	1210		
	6028		
	130		
	4298		
	1600		
	12984		
	12984		

3-13 城镇固定资产投资规模及

指　　标	单位	建设规模	本年施工规模
原煤开采	万吨/年	9230	4541
洗　煤	万吨/年	2360	1860
焦　炭	万吨/年		
发电机组容量	万千瓦		
风力发电	万千瓦	129.15	103.70
火力发电	万千瓦	280	280
其　他	万千瓦	12.40	10.00
水　泥	万吨/年	790	290
平板玻璃	万重量箱/年		
石墨及炭素制品	吨/年	110000	55000
酒	万吨/年		
#啤　酒	万吨/年	4	4
白　酒	万吨/年		
其他酒	万吨/年		
新建铁路投产里程	公里	6	6
新建公路	公里	213.50	155.00
#高速公路	公里	172.40	128.00
一级公路	公里	7	2
二级公路	公里	31.7	23.2
改建公路	公里	78	34
一级公路	公里		
二级公路	公里	78	34
城市自来水供水能力	万吨/日	8	2
城市公共交通车辆购置	辆		
城市污水处理能力	万吨/日	8.20	3.32

新增生产能力(2011年)

单位：万元

本年新开工	累计新增生产能力	本年新增
2450	6945	2885
960	1860	1360
37.85	31.85	26.45
	130	130
9.00	8.00	8.00
200	320	260
55000	55000	55000
	4	4
6	6	6
136.80	69.80	45.20
128.00	36.10	20.00
2	2	2
5.8	31.7	23.2
34	64	34
34	64	34
2	8	2
3.32	8.20	3.32

3-14 城镇固定资产投资总规模及

指　　标	计划总投资	自开始建设至本年底累计完成投资	本年完成投资
总　计	**11434348**	**7414413**	**4376339**
农、林、牧、渔业	104254	90599	43767
农　业	6930	5950	5950
林　业	63100	50470	25838
畜牧业	26617	26617	4417
渔　业			
农、林、牧、渔服务业	7607	7562	7562
采矿业	4244321	2876641	1497692
煤炭开采和洗选业	4220331	2857441	1487342
石油和天然气开采业			
黑色金属矿采选业			
有色金属矿采选业			
非金属矿采选业	23990	19200	10350
制造业	1266417	835619	447710
农副食品加工业	35900	11259	6394
食品制造业	21200	21200	15800
饮料制造业	18400	18400	5540
烟草制品业			
纺织业	9323	9323	2189
纺织服装、鞋、帽制造业	4900	4900	4900
皮革、毛皮、羽毛(绒)及其制品业			
木材加工及木、竹、藤、棕、			
家具制造业			
造纸及纸制品业			
印刷业和记录媒介的复制			
文教体育用品制造业			
石油加工、炼焦及核燃料加工业	3500	3500	3500
化学原料及化学制品制造业	72344	26329	12029
医药制造业	79534	40281	25881
化学纤维制造业			
橡胶制品业	10417	5460	2877
塑料制品业			
非金属矿物制品业	532989	430850	196310
黑色金属冶炼及压延加工业			
有色金属冶炼及压延加工业	98402	25586	18586
金属制品业			

注：本表项目个数不含房地产开发投资。

新增固定资产(2011年)

单位：万元

施工项目(个)	本年新开工	本年投产项目(个)	本年新增固定资产
415	188	212	1391890
9	6	6	41035
2	2	1	3500
5	3	3	25518
1		1	4417
1	1	1	7600
71	18	30	340410
68	17	28	334610
3	1	2	5800
67	28	42	183426
3		2	10216
3	2	3	15800
2	2	2	5540
2	1	2	4923
1		1	4900
1	1	1	3500
4	2	2	4344
5	3	2	10095
2		1	300
29	10	21	102516
2	1		6527

3-14 **续**

指　　标	计划总投资	自开始建设至本年底累计完成投资	本年完成投资
通用设备制造业	7264	7264	2264
专用设备制造业	48124	37239	31880
交通运输设备制造业	21700	17940	10200
电气机械及器材制造业	302420	176088	109360
通信设备、计算机及其电子设备制造业			
仪器仪表及文化、办公用机械制造业			
工艺品及其他制造业			
废弃资源和废旧材料回收加工业			
电力、燃气及水的生产和供应业	2404030	1652328	1028822
电力、热力的生产和供应业	2284847	1560184	968525
燃气生产和供应业	30100	28600	5900
水的生产和供应业	89083	63544	54397
建筑业	4010	4010	4000
房屋和土木工程建筑业			
建筑安装业			
建筑装饰业	4010	4010	4000
其他建筑业			
交通运输、仓储和邮政业	1254467	587880	429611
铁路运输业	28641	28591	28591
道路运输业	1174834	528306	381820
城市公共交通业			
水上运输业			
航空运输业			
装卸搬运和其他运输服务业	33000	20311	17100
仓储业	17992	10672	2100
邮政业			
信息传输、计算机服务和软件业	2600	2600	2600
电信和其他信息传输服务业	2600	2600	2600
计算机服务业			
软件业			
批发和零售业	225051	74118	54692
批发业	19588	15210	15100
零售业	205463	58908	39592
住宿和餐饮业	36623	16332	16332
住宿业	36623	16332	16332
餐饮业			
金融业			
银行业			
保险业			
其他金融活动			

表1

单位：万元

施工项目(个)	本年新开工	本年投产项目(个)	本年新增固定资产
1		1	2264
7	5	2	5941
3	1	1	6200
2		1	360
45	21	22	338012
33	13	16	305165
2		1	400
10	8	5	32447
1		1	4000
1		1	4000
24	16	14	76737
4	4	4	28591
18	12	9	47046
1			
1		1	1100
1	1	1	2600
1	1	1	2600
14	5	7	21099
4	2	2	5000
10	3	5	16099
3	3	1	6982
3	3	1	6982

3-14 续

指　　标	计划总投资	自开始建设至本年底累计完成投资	本年完成投资
房地产业	962158	564671	452835
房地产业	962158	564671	452835
租赁和商务服务业	15000	15000	1360
租赁业			
商务服务业	15000	15000	1360
科学研究、技术服务和地质勘查业	4400	4300	4300
研究与试验发展			
专业技术服务业			
科技交流和推广服务业	4400	4300	4300
地质勘查业			
水利、环境和公共设施管理业	551583	466713	264110
水利管理业	71150	45599	42525
环境管理业	36135	35284	18804
公共设施管理业	444298	385830	202781
居民服务和其他服务业	3000	3000	2079
居民服务业			
其他服务业	3000	3000	2079
教　育	280749	158876	79819
教　育	280749	158876	79819
卫生、社会保障和社会福利业	31337	25954	18257
卫　生	25769	21509	15097
社会保障业	4168	3135	2060
社会福利业	1400	1310	1100
文化、体育和娱乐业	23583	17019	14769
新闻出版业			
广播、电视、电影和音像业	2340	1230	130
文化艺术业	19643	14189	13039
体　育	1600	1600	1600
娱乐业			
公共管理和社会组织	20765	18753	13584
中国共产党机关			
国家机构	20765	18753	13584
人民政协和民主党派			
群众团体、社会团体和宗教组织			
基层群众自治组织			

表2

单位：万元

施工项目(个)	本年新开工	本年投产项目(个)	本年新增固定资产
69	40	30	200014
69	40	30	200014
1		1	1360
1		1	1360
2	2	1	1400
2	2	1	1400
61	27	38	128926
4	1		
7	2	5	16164
50	24	33	112762
1		1	2079
1		1	2079
23	10	7	24717
23	10	7	24717
8	3	1	1570
5	3		1070
2		1	500
1			
8	5	4	6339
1			
6	4	3	4739
1	1	1	1600
7	3	5	11184
7	3	5	11184

3-15 农村固定资产投资主要指标

单位：万元

指　　标	2010		2011	
	总计	非农户	总计	非农户
投资总额				
#住　宅	128570	128570	127217	127217
按登记类型分				
国　有	50121	50121	39891	39891
非国有	78449	78449	87326	87326
按构成分				
建筑工程	64536	64536	80900	80900
安装工程	18073	18073	9099	9099
设备工器具购置	21315	21315	17664	17664
其他费用	24646	24646	19554	19554
按三次产业分				
第一产业	41052	41052	48268	48268
第二产业	39051	39051	57042	57042
第三产业	48467	48467	21907	21907
新增固定资产	112023	112023	99364	99364
房屋建筑面积(万平方米)				
本年施工房屋面积	24300	24300	100540	100540
#住　宅				
本年竣工房屋面积	5600	5600	2140	2140
#住　宅				
本年竣工房屋价值(万元)				
#住　宅				
本年资金来源小计	138138	138138	178554	178554
国家预算内资金	4568	4568		
国内贷款	25460	25460	10243	10243
利用外资				
自筹资金	102445	102445	164881	164881
#企事业单位自有资金				
其他资金	5665	5665		

3-16 按行业分农村固定资产投资

单位：万元

指　标	2010		2011	
	总计	非农户	总计	非农户
总　计	**128570**	**128570**	**127217**	**127217**
农、林、牧、渔业	41052	41052	48268	48268
采矿业	12035	12035	8157	8157
制造业	23584	23584	36710	36710
电力、燃气及水的生产和供应业	3432	3432	12715	12715
建筑业				
交通运输、仓储和邮政业	16350	16350	3150	3150
信息传输、计算机服务和软件业				
批发和零售业			7170	7170
住宿和餐饮业				
金融业				
房地产业			7327	7327
租赁和商务服务业				
科学研究、技术服务和地质勘查业				
水利、环境和公共设施管理业	31971	31971	3720	3720
居民服务和其他服务业				
教　育				
卫生、社会保障和社会福利业				
文化、体育和娱乐业	146	146		
公共管理和社会组织				

3-17 房地产开发施工、

指　　标		合　计	住　宅	90平方米及以下住房	140平方米以上住房
房屋施工面积	(平方米)	3879848	3019875	584107	267061
#本年新开工		1800584	1406634	113474	83133
房屋竣工面积	(平方米)	542567	453490	29900	106442
#不可销售					
商品住宅竣工套数	(套)		3991	519	551
竣工房屋价值	(万元)	89752	71145	5328	19003
出租房屋面积	(平方米)	22141	2461		
商品房销售面积	(平方米)	774571	679242	128238	121819
现　房		280304	232759	48675	38848
期　房		494267	446483	79563	82971
商品房销售额	(万元)	160090	133729	27685	27348
现　房		56980	44428	11553	9603
期　房		103110	89301	16132	17745
商品住宅销售套数	(套)		5838	1502	751
现　房			2015	575	234
期　房			3823	927	517
待售面积	(平方米)	732390	613826	97754	170716
#待售1-3年面积		412252	364429	93834	109620
待售3年以上面积		245611	188189	3920	61096

销售和空置情况(2011年)

单位：万元

经济适用房	别墅、高档公寓	办公楼	商业营业用房	其　他
	7816		660590	199383
			357202	36748
	7816		84524	4553
	171			
	2283		18107	500
			19680	
			88682	6647
			45452	2093
			43230	4554
			25052	1309
			12342	210
			12710	1099
	7816		106829	11735
			47223	600
	7816		46787	10635

3-18 房地产开发企业

指标	固定资产原价	固定资产累计折旧	本年折旧
总计	**194442**	**33674**	**5623**
按登记注册类型			
内资	187289	33459	5623
国有	6922	3655	457
集体			
股份合作			
国有联营			
集体联营			
国有与集体联营			
其他联营			
国有独资公司			
其他有限责任公司	16456	4335	2100
股份有限公司	4927	451	271
私营独资		796	
私营合伙			
私营有限责任公司	158984	24222	2795
私营股份有限公司			
其他			
港澳台投资	7153	215	
合资经营			
合作经营			
独资	7153	215	
股份有限			
外商投资			
合资经营			
合作经营			
独资			
股份有限			
按隶属关系			
中央	1117	18	18
省			
地区	5698	2106	1931
县	3150	240	60
乡镇			
其他	184477	31310	3614

财务状况(2011年)

单位：万元

资产总计	负债合计	所有者权益合计
5539401	4247245	1292156
5520355	4238199	1282156
715321	644392	70929
862377	549097	313280
655678	586553	69125
6000	1000	5000
2393330	2457157	823822
19046	9046	10000
19046	9046	10000
3196	296	2900
322817	242006	80811
134679	80431	54248
5078709	3924512	1154197

3-18 续

指　　标	主营业务收　　入	土地转让收　　入
总　　计	1588769	4180
按登记注册类型		
内　资	1585854	4180
国　有		
集　体		
股份合作		
国有联营		
集体联营		
国有与集体联营		
其他联营		
国有独资公司		
其他有限责任公司	269581	
股份有限公司	577361	
私营独资		
私营合伙		
私营有限责任公司	738708	4180
私营股份有限公司		
其　他		
港澳台投资	3119	
合资经营		
合作经营		
独　资	3119	
股份有限		
外商投资		
合资经营		
合作经营		
独　资		
股份有限		
按隶属关系		
中　央		
省		
地　区	18376	
县	35770	
乡　镇		
其　他	1534623	4180

表1

单位：万元

商品房屋销售收入	房屋出租收入	其他收入
1571831	12433	325
1568712	12433	325
269491	90	
577361		
721860	12343	325
3119		
3119		
18376		
35770		
1517685	12433	325

3-18 续

指　　标	主营业务成　　本	主营业务税金及附加
总　　计	**1563442**	**88702**
按登记注册类型		
内　资	1558476	88577
国　有		
集　体		
股份合作		
国有联营		
集体联营		
国有与集体联营		
其他联营		
国有独资公司		
其他有限责任公司	368820	7486
股份有限公司	510592	36308
私营独资		
私营合伙		
私营有限责任公司	679064	44783
私营股份有限公司		
其　他		
港澳台投资	4966	125
合资经营		
合作经营		
独　资	4966	125
股份有限		
外商投资		
合资经营		
合作经营		
独　资		
股份有限		
按隶属关系		
中　央		
省		
地　区	13539	1025
县	25977	1999
乡　镇		
其　他	1523926	85678

表2

单位：万元

主营业务利润	利润总额	应缴所得税
-172705	**-175098**	**11074**
-167478	-170471	11074
-5345	-5553	
-131374	-131569	2000
-12336	-12775	
-194	-194	
-18229	-20380	9074
-4627	-4627	
-4627	-4627	
-14	-14	
1729	1729	957
7244	7244	
-181064	-184057	10117

3-19 房地产开发完成情况

项　目	2010	2011
本年完成投资 (万元)	197812	242177
#商品住宅	103741	150903
本年新增固定资产 (万元)	149122	137299
本年商品房屋销售额 (万元)	123096	160090
#商品住宅	88647	133729
本年销售面积 (平方米)	599574	774571
#商品住宅	445399	679242
本年施工房屋面积 (平方米)	2916163	3879848
#商品住宅	2360176	3019875
#新开工房屋面积 (平方米)	1767912	1800584
#商品住宅	1464815	1406634
本年竣工房屋面积 (平方米)	969671	542567
#商品住宅	693265	453490
本年竣工房屋价值 (万元)	139920	89752
#商品住宅	93344	71145

主要统计指标解释

本年完成投资 指从本年1月1日起至本年最后一天止完成的全部投资额。实际完成投资额是以货币表示的工作量指标，包括实际完成的建筑安装工程价值，设备、工具、器具的购置费，以及实际发生的其他费用。

没用到工程实体的建筑材料、工程预付款和没有进行安装的需要安装的设备等，都不计算投资完成额。

计算投资额所依据的价格：建筑安装工程投资额一般按预算价格计算。实行招标的工程，按中标价格计算。凡经建设单位与施工单位双方协商同意的工程价差、量差，且经建设银行同意拨款的，应视同修改预算价格。建筑安装工程应按修改后的预算价格计算投资完成额。设备、工具、器具购置投资额一律按实际价格，即支出的全部金额计算。外购设备、工具、器具除设备本身的价格外，还应包括运杂费、仓库保管费等。自制的设备、工具、器具，按实际发生的全部支出计算。其他费用的价格：一般按财务部门实际支付的金额计算。

住宅 指专供居住使用的房屋，包括职工家属宿舍、职工单身宿舍、学生宿舍等。建设单位填自己建造的住宅，不包括购置的商品住宅。

本年新增固定资产 指报告期内交付使用的固定资产价值。包括本年内建成投入生产或交付使用的工程投资和达到固定资产标准的设备、工具、器具的投资及有关应摊入的费用。属于增加固定资产价值的其他建设费用，应随同交付使用的工程一并计入新增固定资产。

本年施工房屋面积 指报告期内施工的全部房屋建筑面积。包括本期新开工的面积和上期开工跨入本期继续施工的房屋面积，以及上期已停建在本期复工的房屋面积。本期竣工和本期施工后又停缓建的房屋，其建筑面积仍计入本期施工房屋面积中。

本年竣工房屋面积 指在报告期内房屋建筑按照设计要求已全部完工，达到住人和使用条件，经验收鉴定合格(或达到竣工验收标准)，可正式移交使用的各栋房屋建筑面积的总和。

本年新增生产能力 指在本年度内按照新增生产能力（或工程效益）的计算条件和标准，实际建成投入生产或交付使用的生产能力（或工程效益）。新增生产能力（或工程效益），指通过固定资产投资活动而增加的设计能力。计算新增生产能力（或工程效益）是以能独立发挥生产能力（或工程效益）的工程为对象，如一座矿井、一座转炉、一套化工装置、一条铁路专用线等。当工程建成，经有关部门验收鉴定合格，正式移交投入生产，即应计算新增生产能力（或效益）。

下列情况不能计算新增生产能力：

（1）主体工程虽已建成，但设备尚不配套或缺乏正常生产所必需的附属辅助工程，因而不具备正常生产条件的工程；

（2）生产作业线尚未建成，采取临时措施(如厂房尚未建成，临时安装部分设备，或缺乏主体配套设备，临时利用代用设备等)进行生产，虽能生产设计规定的产品，但不能保持正常生产的工程。

计划总投资 指房地产开发企业(单位)在建的房屋建设工程或正在开发的土地开发工程，按照总体设计规定的内容全部建成计划（或按设计概算或预算）需要的总投资。

本年计划投资 指经计划部门同意安排的当年计划投资额（以立项报告为准）。

本年完成投资 指从本年1月1日起至本年最后一天止完成的全部用于房屋建设工程、土地开发工程的投资额以及公益性建筑和土地购置费等的投资。其中土地购置费在实际统计工作中如难以区分，计入“商品房建设投资额”中。

商品房建设投资额 指房地产开发企业（单位）开发建设的供出售、出租用的商品住宅、厂房、仓库、饭店、度假村、写字楼、办公楼等房屋工程及其配套的服务设施所完成的投资额（含拆迁、回迁还建用房)。

土地开发投资额 指房地产开发企业完成的前期工程投资,即路通、水通、电通、场地平整等(也称七通一平)所完成的投资。一般指生地开发成熟地的投资。在旧城区(老区拆迁)的开发中,如果有统一的规划,如政府有关部门批准的小区建设的前期工程中,有场地平整,原有建筑物、构筑物拆除,供水供电工程等工作量也可计算。未进行开发工程、只进行单纯的土地交易活动不作为土地开发投资统计。土地开发投资额在房屋用途分组中能分摊的部分就分摊,不能分摊的全部计入其他。

建筑工程 指各种房屋、建筑物的建造工程,又称建筑工作量。这部分投资额必须兴工动料,通过施工活动才能实现。

安装工程 指各种设备、装置的安装工程,又称安装工作量。

设备、工器具购置 指工业企业生产的产品转化为固定资产的购置活动,包括建设单位或企、事业单位购置或自制的,达到固定资产标准的设备、工具、器具的价值。

其他费用 指在固定资产建造和购置过程中发生的,除建筑安装工程和设备、工器具购置投资完成额以外的费用,不指经营中财务上的其他费用。包括土地出让金、大市政费、四源费(煤、热、自来水、污水)、不可预见费、旧房屋购置,基本畜禽支出,林木支出,退耕退牧还林还草、土壤改良、城市绿化,办公生活用家具、器具购置,建设单位管理费,土地征用、购置及迁移补偿费,政府收费,勘察设计费,研究实验费,可行性研究费,临时设施费,施工机械转移费,设备检验费,负荷联合试车费,土地占用、使用费,建设期应付利息,包干结余,企业债券发行费,合同公证费及工程质量监测费,国外借款手续费及承诺费,汇兑损益,调整器材调拨价格折价,坏帐损失,固定资产亏损及损失等。

土地购置费 指房地产开发企业为取得土地使用权而支付的费用。土地购置费按当期发生数计入投资,如土地购置费为分期付款的,可分期计入投资,不计入新增固定资产。土地购置费支出包括:①通过划拨方式取得的土地使用权所支付的土地补偿费、附着物和青苗补偿费、安置补偿费及土地征收管理费等;②通过出让方式取得土地使用权所支付的出让金。

投资额按房屋工程用途分组 指投资额中用于各类房屋建设的投资。

(1)住宅:指专供居住的房屋,包括别墅、公寓、职工家属宿舍和集体宿舍(包括职工单身宿舍和学生宿舍)等。但不包括住宅楼中作为人防用、不住人的地下室等。

(2)办公楼:指企业、事业、机关、团体、学校、医院等单位使用的各类办公用房(又称写字楼)。

(3)商业营业用房:指商业、粮食、供销、饮食服务业等部门对外营业的用房,如度假村、饭店、商店、门市部、粮店、书店、供销店、饮食店、菜店、加油站、日杂等房屋。

(4)其他:凡不属于上述各项用途的房屋建筑物,如中小学教学用房、托儿所、幼儿园、图书馆、体育馆等。

本年新增固定资产 指房地产开发公司进行开发经营活动的最终成果,即为社会提供的固定资产,而且是在报告期内新增加的。不是反映房地产开发企业本身固定资产的增加。

本年购置土地面积 指在本年内通过各种方式获得土地使用权的土地面积。

本年土地成交价款 指进行土地使用权交易活动的最终金额。在土地一级市场,是指土地最后的划拨款和出让价;在土地二级市场是指土地转让、出租、抵押等最后确定的合同价格。土地成交价款与土地购置面积同口径,目的是正确计算平均土地购置价格。

本年完成开发土地面积 指报告期内对土地进行开发并已完成七通一平等前期开发工程,具备进行房屋建筑物施工或出让条件的土地面积。

房屋施工面积 指报告期内施工的全部房屋建筑面积。包括本期新开工的面积和上年开工跨入本期继续施工的房屋面积,以及上期已停建在本期恢复施工的房屋面积。本期竣工和本期施工后又停建缓建的房屋面积仍包括在施工面积中,多层建筑应填各层建筑面积之和。

房屋新开工面积 指在报告期内新开工建设的房屋面积。不包括上期跨入报告期继续施工房屋面积和上期停缓建而在本期恢复施工的房屋面积。

房屋竣工面积　指报告期内房屋建筑按照设计要求已全部完工,达到住人和使用条件,经验收鉴定合格或达到竣工验收标准（实行房地产开发小区综合验收的城市,应经小区综合验收合格）,可正式移交使用的各栋房屋建筑面积的总和。

竣工房屋价值　指在报告期内竣工房屋本身的建造价值。竣工房屋的价值一般按房屋设计和预算规定的内容计算。包括竣工房屋本身的基础、结构、屋面、装修以及水、电、卫等附属工程的建筑价值,也包括作为房屋建筑组成部分而列入房屋建筑工程预算内的设备(如电梯、通风设备等)的购置和安装费用;不包括厂房内的工艺设备、工艺管线的购置和安装,工艺设备基础的建造;办公和生活用家具的购置等费用;购置土地的费用;迁移补偿费和场地平整的费用及城市建设配套投资。竣工房屋价值一般按结算价格计算。

商品房销售面积　指报告期内出售商品房屋的合同总面积（即双方签署的正式买卖合同中所确定的建筑面积）。由现房销售面积和期房销售建筑面积两部分组成。2004 年以前指实际销售面积。

实际销售面积　指报告期已竣工的房屋面积中已正式交付给购房者或已签订(正式)销售合同的商品房屋面积。不包括已签订预售合同正在建设的商品房屋面积，但包括报告期或报告期以前签订了预售合同,在报告期又竣工的商品房屋面积。

空置面积　指报告期末已竣工的可供销售或出租的商品房屋建筑面积中，尚未销售或出租的商品房屋建筑面积，包括以前年度竣工和本期竣工的房屋面积,但不包括报告期已竣工的拆迁还建、统建代建、公共配套建筑、房地产公司自用及周转房等不可销售或出租的房屋面积。注意:未竣工的烂尾楼不能算空置面积。

资产总计　指企业拥有或控制的能以货币计量的经济资源,包括各种财产、债权和其他权利。资产按其流动性（即资产的变现能力和支付能力）划分为:流动资产、长期投资、固定资产、无形资产、递延资产和其他资产。根据会计“资产负债表”中“资产总计”项的年末数填列。

负债合计　指企业所承担的能以货币计量,将以资产或劳务偿付的债务,偿还形式包括货币、资产或提供劳务。负债一般按偿还期长短分为流动负债和长期负债。根据会计“资产负债表”中“负债合计”的年末数填列。

所有者权益合计　指企业投资人对企业净资产的所有权。企业净资产为企业全部资产与企业全部负债的差额,包括实收资本、资本公积、盈余公积、未分配利润等。根据会计“资产负债表”中“所有者权益”项的年末数填列。

利润总额　指企业在生产经营过程中各种收入扣除各种耗费后的盈余，反映企业在报告期内实现的盈亏总额,包括营业利润、补贴收入、投资净收益和营业外收支净额。根据会计“利润表”中的对应指标年末数填列。

04

能源消费与库存

2012
朔州统计年鉴
SHUOZHOU STATISTICAL YEARBOOK

资料整理人员

张东生　武　钰　韩宝峰

4-1 主要耗能工业企业单位产品能源消耗

指 标	单 位	2010	2011
吨原煤生产综合能耗	千克标准煤/吨	3.19	3.06
吨原煤生产耗电	千瓦时/吨	4.63	4.70
选煤电力单耗	千瓦时/吨	4.41	4.18
单位电石生产综合能耗	千克标准煤/吨	730.42	748.85
单位电石生产电力消耗	千瓦时/吨	3394.63	3396.29
单位合成氨生产综合能耗	千克标准煤/吨	1665.95	1439.46
单位合成氨耗电	千瓦时/吨	1542.44	1298.73
吨水泥综合能耗	千克标准煤/吨	121.98	111.29
吨水泥综合电耗	千瓦时/吨	113.96	105.56
硅锰合金工序单位能耗	千克标准煤/标准吨	1041.47	827.05
硅锰合金单位电耗	千瓦时/标准吨	4089.72	3851.53
单位电解铝综合能耗	千克标准煤/吨		1847.30
电厂火力发电标准煤耗	克标准煤/千瓦时	313.66	317.04
电厂火力供电标准煤耗	克标准煤/千瓦时	340.41	344.32

4-2 规模以上工业企业能源购进、

指 标	单 位	年初库存量	购进量	合计
原煤	吨	**1159700.40**	**35988357.86**	**17570962.92**
其中：无烟煤	吨			
炼焦烟煤	吨		187910.02	187910.02
一般烟煤	吨	1159700.40	35331171.84	16913776.90
褐煤	吨		469276.00	469276.00
洗精煤	吨			
其它洗煤	吨			
煤制品	吨			
焦炭	吨	12908.00	236463.40	230034.09
其它焦化产品	吨	2013.00		
焦炉煤气	万立方米			
高炉煤气	万立方米			
转炉煤气	万立方米			
发生炉煤气	万立方米		39475.00	39475.00
天然气（气态）	万立方米		1883.02	1883.02
液化天然气（液态）	吨			
煤层气（煤田）	万立方米			
原油	吨			
汽油	吨	9.38	5529.77	5539.15
煤油	吨			
柴油	吨	7673.12	170869.72	177247.62
燃料油	吨	203.68	622.17	825.85
液化石油气	吨			
炼厂干气	吨			
石脑油	吨			
润滑油	吨			
石蜡	吨			
溶剂油	吨			
石油焦	吨			
石油沥青	吨			
其它石油制品	吨			
热力	百万千焦		258192.50	419816.70
电力	万千瓦时		446135.90	672662.46
煤矸石用于燃料	吨		3078578.00	3050260.00
城市垃圾用于燃料	吨			
生物质废料用于燃料	吨			
余热余压	百万千焦			
其它工业废料用于燃料	吨			
其它燃料	吨标准煤			
能源合计	吨标准煤			12277898.32

消费与库存(2011年）

消费量				期末库存量
1.工业生产消费	用于原材料	2.非工业生产消费	合计中：运输工具消费	
17493478.42	**18709.00**	**77484.50**		**735161.82**
187910.02				
16836292.40	18709.00	77484.50		735161.82
469276.00				
230034.09	100460.09			18188.81
				2013.00
39475.00				
1883.02				
4375.30		1163.84	424.48	
158128.62		19118.96	3420.51	1293.84
825.85				
9.00				
419816.70				
647989.94		24672.52		
3050260.00				
12169397.16		108501.15		

4-3 能源加工转换工业

指 标	单 位	工业生产消费量		
			加工转换投入合计	火力发电
原煤	吨	**12872908.22**	**12863630.95**	**12555011.22**
其中：无烟煤	吨			
炼焦烟煤	吨			
一般烟煤	吨	12403632.22	12394354.95	12085735.22
褐煤	吨	469276.00	469276.00	469276.00
洗精煤	吨			
其它洗煤	吨			
煤制品	吨			
焦炭	吨	20526.00		
其它焦化产品	吨			
焦炉煤气	万立方米			
高炉煤气	万立方米			
转炉煤气	万立方米			
发生炉煤气	万立方米			
天然气（气态）	万立方米			
液化天然气（液态）	吨			
煤层气（煤田）	万立方米			
原油	吨			
汽油	吨			
煤油	吨			
柴油	吨	5661.67		
燃料油	吨	825.85		
液化石油气	吨			
炼厂干气	吨			
石脑油	吨			
润滑油	吨			
石蜡	吨			
溶剂油	吨			
石油焦	吨			
石油沥青	吨			
其它石油制品	吨			
热力	百万千焦			
电力	万千瓦时	213392.93		
煤矸石用于燃料	吨	3047730.00	3047730.00	3047730.00
城市垃圾用于燃料	吨			
生物质废料用于燃料	吨			
余热余压	百万千焦			
其它工业废料用于燃料	吨			
其他燃料	吨标准煤			
能源合计	吨标准煤	7841647.76	7543392.73	7340458.33

企业能源投入与产出（2011年）

供热	原煤入洗	炼焦	炼油及煤制油	制气	天然气液化	加工煤制品	能源加工转换产出	回收利用
308619.73								
308619.73								
							3648192.33	
							2320380.75	
202934.40							2976151.30	

4-4 主要能源按工业

指　标	原煤（吨）		焦炭（吨）	
	2010	2011	2010	2011
全部工业企业(按工业行业门类分)	16491936.62	17570962.92	192853.61	230034.09
一、轻工业	311835.55	226770.98	1512.00	2170.00
二、重工业	16180101.07	17344191.94	191341.61	227864.09
三、采矿业	3587211.66	3952047.27		
煤炭开采和洗选业	3587166.66	3951725.27		
石油和天然气开采业				
黑色金属矿采选业	45.00	10.00		
有色金属矿采选业				
非金属矿采选业		312.00		
其他采矿业				
四、制造业	856203.14	816103.40	192853.61	230034.09
农副食品加工业	14344.32	17921.00	1512.00	2170.00
食品制造业	191964.14	101679.40		
饮料制造业	10954.89	8254.58		
烟草制品业				
纺织业				
纺织服装、鞋、帽制造业				
皮革、毛皮、羽毛(绒)等	400.00			
木材加工及木、竹、藤等		456.00		
家具制造业		2226.00		
造纸及纸制品业	1037.00			
印刷业和记录媒介的复制		1530.00		
文教体育用品制造业				
石油加工炼焦及核燃料	49050.00			

行业分组消费量

汽油（吨）		柴油（吨）		热力（百万千焦)		电力(万千瓦时）	
2010	2011	2010	2011	2010	2011	2010	2011
5248.92	5539.15	172951.38	177247.62	201964.57	419816.70	506509.10	672662.46
294.37		338.44				23137.84	
4954.55	256.96	172612.94	211.94	201964.57		483371.26	19153.81
3541.66	5282.19	159448.03	177035.68	201963.82	419816.70	190403.90	653508.65
3531.66	4001.04	159448.03	165978.71	201963.82	419816.70	190338.90	192354.39
	4001.04	0.00	165338.71		419816.70	0.00	191851.39
10.00						65.00	
			35.00				151.00
			605.00				352.00
806.94		5968.77				110642.91	
36.36	666.60	10.34	5469.19			530.18	237849.55
67.80	37.90	238.00	13.10			7891.02	595.00
34.61	54.50	10.10	60.00			1215.51	3339.61
	17.10	0.00	9.10				1274.43
							488.00
						200.00	
							102.60
							361.00
7.00		13.00				649.00	
	8.26		21.24			30.00	625.40
185.62		2518.56				450.74	

4-4 续

指 标	原煤（吨）		焦炭（吨）	
	2010	2011	2010	2011
化学原料及化学制品制造	61831.36		153439.21	
医药制造业	1400.00	49528.90		156595.09
化学纤维制造业		3930.00		
橡胶制品业	500.00			
塑料制品业		154.00		
非金属矿物制品业	331247.80			
黑色金属冶炼及压延	191032.43	521532.59	37902.40	
有色金属冶炼及压延		106937.97		63745.00
金属制品业				7524.00
通用设备制造业	291.20			
专用设备制造业		372.96		
交通运输设备制造业	2150.00			
电气机械及器材制造业		1580.00		
通信设备、计算机及其他				
仪器仪表及文化、办公用				
工艺品及其他制造业				
废弃资源和废旧材料回收				
五、电力、煤气及水的生产等	12048521.82			
电力、热力的生产和供应	12048521.82	12802812.25		
燃气生产和供应业		12770978.25		
水的生产和供应业		31834.00		

表

汽油（吨）		柴油（吨）		热力（百万千焦)		电力(万千瓦时）	
2010	2011	2010	2011	2010	2011	2010	2011
70.65	166.01	174.58	3107.17			31396.80	679.84
33.60	36.55		98.06			941.48	34362.79
	26.40						902.44
						100.00	
							29.68
253.70		2687.36				32195.86	
9.00	240.58	268.40	1915.52			33250.20	54650.14
	10.00		216.40				54941.00
							84532.00
						407.12	
28.60		18.43				883.00	414.62
80.00	2.80	30.00	4.20			106.00	387.00
	66.50		24.40				164.00
						396.00	
900.32		7534.58		0.75		205462.29	
807.60	881.50	7475.33	6674.26	0.75	0.73	204810.56	174635.36
62.72	69.50	59.25	134.30			8.73	262.16
30.00	15.00					643.00	381.00

4-5 煤炭企业产品产销存

单位：万吨

指　　标	2010	2011
年初库存量	47.95	100.81
本年累计生产量	15994.81	18597.30
本年累计销售量	13014.26	15565.80
其中：省内地销	4053.72	5495.41
售给煤炭集运站	1824.54	2488.55
通过铁路售给外省	7129.20	7575.24
通过铁路公路供应出口	33.86	5.08
本年止累计企业自用量	2948.80	3038.21
年末库存量	101.81	94.10

4-6 煤炭集运站收支与库存

单位：万吨

指　　　　标	2010	2011
年初库存量	85.48	94.33
本年累计收购量	2461.22	3145.3
本年累计销售量	2449.73	3166.87
其中：通过铁路售给外省	2449.73	2872.26
通过公路售给外省		
通过铁路公路供应出口		
年末库存量	94.33	67.00

4-7 全社会用电量

单位：亿千瓦时

指　　标	2010	2011
全社会用电总计	**66.31**	**83**
一、终端消费量	**64.03**	**79.2**
(一)第一产业	1.27	1.5
农、林、牧、渔业	1.27	1.5
(二)第二产业	54.81	69.08
1.工　业	54.12	68.15
2.建 筑 业	0.69	0.93
(三)第三产业	5.36	5.66
1.交通运输、仓储和邮政业	3.09	3.2
2.批发、零售业和住宿、餐饮业	0.54	0.62
3.其他	1.73	1.84
(四)生活消费	2.59	2.96
1. 城 镇	1.86	2.19
2. 乡 村	0.73	0.78
二、损 失 量	**2.28**	**3.8**
运输和输配损失	2.28	3.8

主要统计指标解释

能源资源 指报告期全省各种能源资源总量。能源品种包括原煤、洗精煤、焦炭、原油、汽油、柴油、煤油、燃料油、天然气、焦炉煤气、其他煤气、其他焦化制品、热力、电力等品种。能源资源组成包括三部分：

1.期初、期末库存量是指一定时点各种能源的库存量，其中包括产成品库存量，各种能源库存量。产成品库存量中，还包括乡村企业能源产成品库存量。

2.一次能源生产量是指报告期一次能源的生产量，其中包括原煤、水电、天然气（煤矿瓦斯）的生产量，不包括太阳能、风能产量。由一次能源加工转换产出的二次能源产量不包括在内。

3.外省市调入量是指报告期调入的各种能源数量。我省从外省市调入的能源主要是石油制品：汽油、柴油、煤油、燃料油及电网交界处输入部分电力和相邻省调入的部分煤炭。

能源消费总量 是指报告期全省用于生产、生活的各种能源消费量的总和。能源消费总量按标准煤折算。能源消费总量中包括：原煤、原油及其制品、天然气、电力，不包括生物能和太阳能等的利用。能源消费总量包括三部分：

1.能源终端消费量 指报告期全省物质生产部门、非物质生产部门的各种能源消费量。不包括加工转换损失量和运输、管理中的损失量。

2.能源加工转换损失量 指全省投入加工转换的各种能源数量和与产出能源及制品之和的差数，是能源加工转换过程的消费量，也称加工转换损失量。

3.损失量 指能源的运输、储存中发生的经营管理损失量，包括煤炭库存中的水冲、自然等损失量。

能源生产量弹性系数 是研究能源生产量的增长与国民经济增长之间关系的指标。国民经济年平均增长速度，可根据不同目的的需要，用工农业总产值、国内生产总值等指标来计算，本资料是采用国内生产总值指标计算的。其计算公式为：

$$能源生产弹性系数=\frac{能源生产量年平均增长速度}{国内生产总值年平均增长速度}\times 100\%$$

电力生产弹性系数 是研究电力生产的增长与国民经济增长之间关系的指标。其计算公式为：

$$电力生产弹性系数=\frac{电力生产量年平均增长速度}{国内生产总值年平均增长速度}\times 100\%$$

能源消费增长弹性系数 是反映能源消费增长速度与国民经济增长速度之间比例关系的指标。其计算公式为：

$$能源消费弹性系数=\frac{能源消费年平均增长速度}{国内生产总值年平均增长速度}\times 100\%$$

电力消费弹性系数 是反映电力消费增长速度与国民经济增长速度之间比例关系的指标。其计算公式为：

$$电力消费弹性系数=\frac{电力消费年平均增长速度}{国内生产总值年平均增长速度}\times 100\%$$

能源加工转换效率 是指报告期内一次能源产品经过加工转换后，产出的各种能源产品及其制品的数量，与同期投入加工转换的各种一次能源数量的比率。它是观察能源加工转换装置和生产工艺先进与落后、管理水平高低等的重要指标。

能源外调量 是报告期通过铁路、公路售给外省市、供应外贸出口的各种能源数量，我省调给外省市煤炭、焦炭和供应外贸出口煤炭均居全国首位。

一、二次能源外调量构成 是报告期各种能源外调量在能源外调总量中的结构比，它全面反映山西能源加工工业的发展，外调能源结构变化，原煤外调量所占比例逐年减少，二次能源外调量所占比例上升，供应的优质能源逐年增加，它是反映能源产业结构变化的重要标志。

05

物　价

2012

朔州统计年鉴

SHUOZHOU STATISTICAL YEARBOOK

167~187

资料整理人员

郭玮炜　高润萍

5-1 居民消费价格指数

上年=100

指　　标	2010	2011
居民消费价格总指数	103.2	104.8
一、食品	109.8	112.3
1.粮食	111.2	109.1
大　米	117.8	113.0
面　粉	108.1	112.9
粮食制品	106.5	104.3
其　他	117.5	105.5
2.淀粉及制品	137.1	125.8
淀粉及制品	137.1	125.8
3.干豆类及豆制品	114.1	106.0
干　豆	153.0	111.5
豆 制 品	108.5	103.0
4.油脂	103.3	110.8
食用植物油	100.0	112.1
植物油制品	108.1	108.1
其　他	102.1	115.7
5.肉禽及其制品	100.1	131.1
(1)食用畜肉及副产品	100.0	137.3
猪　肉	99.4	145.8
牛　肉	108.3	146.7
羊　肉	103.0	130.7
畜肉副产品	90.3	136.0
其　他	100.1	101.6
(2)禽	106.6	118.0
鸡	106.8	119.2
鸭	107.3	114.8
其　他	100.0	100.0
(3)加工肉禽	96.4	110.8
畜肉制品	94.6	112.8
禽 制 品	100.6	106.6
6.蛋	110.5	118.2
鲜　蛋	110.7	119.3
蛋 制 品	100.0	106.3
7.水产品	103.3	111.5
(1)鱼	104.3	117.3
淡 水 鱼	103.8	124.9
海 水 鱼	104.9	108.0
(2)其他水产品	100.7	103.7
虾 蟹 类	101.1	103.8
其　他	100.0	103.2
8.菜	129.6	101.8
鲜　菜	130.2	101.9
干菜及菜制品	110.2	100.1
薯　类	134.9	102.0

5-1 续表1

上年=100

指　　标	2010	2011
9.调味品	103.1	102.8
食用盐	112.1	100.0
酱　油	100.0	100.0
食　醋	100.0	110.1
味　精	100.0	85.3
其　他	100.3	140.2
10.糖	103.7	116.0
食　糖	112.8	163.9
糖　果	101.8	100.0
巧克力制品	100.0	100.0
糖类小食品	100.9	99.8
11.茶及饮料	100.0	101.4
(1)茶叶	99.9	100.0
茶　叶	99.9	100.0
(2)饮料	100.0	101.6
固体饮料	100.0	103.9
液体饮料	100.0	100.0
冷冻饮品	100.0	100.0
12.干鲜瓜果	116.5	119.6
鲜瓜果	114.7	127.8
干(坚)果	121.7	102.7
13.糕点饼干面包	102.3	106.7
糕　点	104.4	111.5
饼　干	100.4	102.8
面　包	100.8	105.3
14.液体乳及乳制品	103.0	100.3
巴氏杀菌乳或灭菌乳	103.0	100.0
酸牛乳	107.0	99.0
乳　粉	100.2	103.6
其　他	100.0	100.0
15.在外用膳食品	104.0	106.3
主　食	111.2	105.9
炒　菜	102.4	110.9
地方小吃	100.0	104.0
16.其他食品	100.7	106.2
其他食品	100.7	106.2
二、烟酒	101.3	102.4
1.烟草	100.0	101.4
高档卷烟	100.0	101.9
中档卷烟	100.0	102.2
其　他		100.0
2.酒	105.6	104.7
白　酒	104.2	104.5
葡萄酒	100.0	100.0
啤　酒	107.9	101.4
其　他	116.7	128.6

5-1 续表2

上年=100

指　　标	2010	2011
三、衣着	96.0	97.5
1.服　装	94.6	97.4
(1)男式服装	95.8	97.9
大　衣	89.5	102.0
毛线衣	96.2	98.1
夹克衫	109.5	91.7
衬　衫	93.7	102.7
T恤衫	85.3	92.1
裤　子	96.7	96.4
西　服	96.1	80.3
运动衫裤	88.7	104.7
内　衣	93.5	101.6
羽绒衣	100.0	111.1
其　他	104.5	93.7
(2)女式服装	93.9	97.7
大　衣	96.2	95.6
毛线衣	89.6	101.9
羽绒衣	100.6	108.6
套　装	102.5	97.5
衬　衫	79.3	99.9
T恤衫	91.0	93.9
裙　子	84.4	89.9
裤　子	98.2	96.0
运动衫裤	83.7	100.0
内　衣	95.6	101.6
其　他	100.0	84.7
(3)儿童服装	94.5	93.1
上　衣	88.6	86.4
裤　子	98.0	100.5
裙　子	97.8	93.7
其　他	100.0	100.0
2.衣着材料	104.4	109.4
棉　布	102.8	129.7
化纤布	101.4	102.7
毛　线	100.0	105.7
其　他	107.7	104.0
3.鞋袜帽	100.0	96.3
(1)鞋	98.8	96.3
男　鞋	91.7	89.7
女　鞋	100.3	98.5
童　鞋	110.5	107.3
(2)袜子	112.0	100.0
男　袜	112.0	100.0
女　袜	112.0	100.0
(3)帽子	98.9	91.4
男　帽	96.8	93.3
女　帽	100.0	90.0
4.衣着加工服务费	91.4	110.4
缝　纫	93.8	104.6
清　洗	89.6	113.6

5-1 续表3

上年=100

指　　标	2010	2011
四、家庭设备用品及维修服务	101.0	100.1
1.耐用消费品	99.8	99.6
(1)家　具	103.2	100.5
柜	95.9	102.7
床	109.1	103.1
桌	109.9	99.5
椅	107.5	102.0
沙　发	93.9	97.2
其　他	100.0	100.0
(2)家庭设备	97.3	99.0
洗 衣 机	98.8	100.8
电 风 扇	97.2	101.2
电冰箱(柜)	94.8	94.3
吸排油烟机	99.0	98.8
空 调 器	95.4	97.8
热 水 器	99.9	98.8
微 波 炉	98.1	97.7
2.室内装饰品	100.0	100.1
纺织装饰品	100.0	100.0
装饰灯具	100.0	100.4
其　他	100.0	100.0
3.床上用品	100.0	102.0
被　子	100.0	100.0
床上套件	100.0	100.0
其　他	100.0	110.0
4.家庭日用杂品	102.9	100.0
茶　具	100.0	100.0
餐　具	100.0	100.0
厨　具	100.0	100.0
家用手工工具	100.0	100.0
洗涤用品	107.0	100.0
其　他	100.0	100.0
5.家庭服务及加工维修服务	106.7	103.8
家庭服务	116.0	105.6
加工维修服务	100.0	100.0
五、医疗保健和个人用品	101.0	103.6
1.医疗保健	100.9	102.4
(1)医疗器具及用品	134.2	100.0
医疗器具及用品	134.2	100.0
(2)中药材及中成药	103.5	121.7
中 药 材	111.1	151.1
中 成 药	97.0	102.0
(3)西药	99.2	100.4
抗菌素（抗感染药）	100.0	94.7
消化系统用药	100.0	106.4
呼吸系统用药	100.0	100.0
解热镇痛药	100.0	100.0

5-1 续表4

上年=100

指　　标	2010	2011
抗肿瘤药	100.0	100.0
激素类药	100.0	100.0
心血管系统用药	100.0	99.5
中枢神经系统用药	93.3	101.2
其　他	100.0	100.0
(4)保健器具及用品	104.9	99.9
保健器具	110.0	100.0
滋补保健用品	104.4	99.9
(5)医疗保健服务	100.1	99.3
挂号诊疗费	100.0	121.8
注 射 费	100.0	100.0
检 查 费	100.0	100.0
手 术 费	100.0	100.0
床 位 费	100.6	90.2
理 疗 费	100.0	100.0
化 验 费	100.0	100.0
其　他	100.0	100.0
2.个人用品及服务	101.7	106.7
(1)化妆美容用品	100.0	101.8
化妆美容器具	100.0	100.0
美容化妆品	100.0	103.3
护 肤 品	100.0	101.2
护发美容品	100.0	100.0
(2)清洁类化妆品	100.0	100.0
洗发用品	100.0	100.0
洗浴用品	100.0	100.0
其　他	100.0	100.0
(3)个人饰品	109.0	106.0
首　饰	125.6	116.8
皮　件	100.0	100.0
手　表	100.0	100.0
领　带	100.0	100.0
其　他	100.0	100.0
(4)个人服务	101.9	117.2
美　容	100.0	100.0
理(烫)发	103.7	126.7
洗　浴	101.6	113.8
其　他	100.0	100.0
六、交通和通信	100.5	99.9
1.交通	106.3	101.8
(1)交通工具	98.4	99.7
助动自行车	97.9	97.1
轿　车	97.3	99.9
自 行 车	99.1	97.7
其　他	100.0	100.0
(2)车用燃料及零配件	114.7	110.7
汽　油	114.3	110.7
柴　油	117.8	111.3
零 配 件	102.7	100.9
其　他	118.4	132.0

5-1 续表5

上年=100

指　　标	2010	2011
(3)车辆使用及维修费	100.9	104.5
保 险 费	100.0	100.0
停 车 费	100.0	100.0
车辆修理服务费	100.0	100.8
其　他	104.7	118.5
(4)市区公共交通费	84.4	100.0
公共汽车票	129.7	100.0
出租汽车	114.8	100.0
其　他	150.0	100.0
(5)城市间交通费	100.0	104.2
飞 机 票	103.1	84.8
火 车 票	98.1	100.0
长途汽车	100.0	115.5
短途汽车	104.8	100.0
2.通信	96.2	97.5
(1)通信工具	75.8	84.8
固定电话机	99.0	98.7
移动电话机	71.0	83.8
其　他	95.6	94.6
(2)通信服务	100.0	100.1
移动通信费	100.0	100.0
市内电话费	100.0	100.0
长途电话费	100.0	100.0
月 租 费	100.0	100.0
上 网 费	100.0	100.0
邮政邮寄	100.0	100.0
其他邮寄	100.0	100.7
其　他	100.0	100.0
七、娱乐教育文化用品及服务	100.4	101.7
1.文娱用耐用消费品及服务	98.0	97.5
电 视 机	86.6	88.5
激光视盘机	100.0	100.0
摄 像 机	90.9	90.4
照 相 机	99.9	100.0
家用音响	99.3	100.0
便携式音响	100.0	100.0
电　脑	99.8	101.3
修理服务	127.6	143.1
其　他	100.0	100.0

5-1 续表6

上年=100

指　　标	2010	2011
2.教育	100.9	100.0
(1)教材及参考书	113.3	100.3
工 具 书	100.0	100.0
教　材	112.6	100.0
参 考 书	130.9	100.0
教育软件	100.0	106.5
(2)教育服务	100.0	100.0
学前教育		100.0
中等教育	100.0	100.0
高等教育	100.0	100.0
专业技能培训	100.0	100.0
其　他	100.0	100.0
3.文化娱乐类	102.4	109.4
(1)文化娱乐用品	100.3	100.2
乐　器	102.4	104.7
音像光盘和视盘	100.0	100.0
电子存储器	100.0	100.0
儿童玩具	100.0	100.0
纸张本册	100.0	100.0
文　具	100.0	100.0
体育用品	100.0	100.0
其　他	100.0	100.0
(2)书报杂志	100.2	100.0
书　籍	100.0	100.0
报　纸	100.0	100.0
杂　志	100.8	100.0
(3)文娱费	108.2	118.7
电 影 票	113.8	181.2
景点门票	100.0	100.0
有线电视	120.0	100.0
健身活动	100.0	100.0
其　他	100.0	100.0
4.旅游	98.2	101.8
旅行社收费	97.2	102.0
宾馆住宿	100.0	100.0
其他住宿	100.0	100.0

5-1 续表7

上年=100

指　　标	2010	2011
八、居住	101.8	104.4
1.建房及装修材料	99.8	109.9
木　材	106.2	103.4
木地板	100.0	103.3
砖	89.9	122.2
水　泥	100.8	116.5
涂　料	100.0	100.0
板　材	100.0	100.0
玻　璃	104.3	147.1
粘　胶	100.0	106.6
厨卫设备	103.0	100.0
其　他	100.0	100.0
2.住房租金	102.5	102.4
公房房租	100.0	100.0
私房房租	103.6	103.4
其他费用	102.0	102.0
3.自有住房	100.7	103.4
住房估算租金	100.9	104.7
物业管理费用	101.7	100.0
维护修理费用	100.0	100.0
其　他	100.0	100.0
4.水、电、燃料	103.7	102.7
水	100.0	100.0
电	100.0	100.0
液化石油气	104.5	104.9
管道燃气	100.0	100.0
其他燃料	120.7	114.1

5-2 商品零售价格指数

上年=100

指　　标	2010	2011
商品零售价格总指数	**103.0**	**104.3**
一、食品	**109.7**	**112.8**
1.粮食	109.9	109.1
大米	117.8	113.0
面粉	108.1	112.9
粮食制品	106.5	104.3
其他	117.5	105.5
2.淀粉及制品	137.1	125.8
淀粉及制品	137.1	125.8
3.干豆类及豆制品	114.1	106.0
干　豆	153.0	111.5
豆 制 品	108.5	103.0
4.油脂	103.4	111.1
食用植物油	100.0	112.1
植物油制品	108.1	108.1
其　他	102.1	115.7
5.肉禽及其制品	100.2	131.1
(1)食用畜肉及副产品	100.2	137.3
猪　肉	99.4	145.8
牛　肉	108.3	146.7
羊　肉	103.0	130.7
畜肉副产品	90.3	136.0
其　他	100.1	101.6
(2)禽	106.7	118.0
鸡	106.8	119.2
鸭	107.3	114.8
其　他	100.0	100.0
(3)肉禽加工制品	96.4	110.8
畜肉制品	94.6	112.8
禽制品	100.6	106.6
6.蛋	110.5	117.4
鲜　蛋	110.7	119.3
蛋 制 品	100.0	106.3
7.水产品	103.4	111.8
(1)鱼	104.4	117.3
淡 水 鱼	103.8	124.9
海 水 鱼	104.9	108.0
(2)其他水产品	100.7	103.7
虾 蟹 类	101.1	103.8
其　他	100.0	103.2
8.菜	129.6	101.8
鲜　菜	130.2	101.9
干菜及菜制品	110.2	100.1
薯　类	134.9	102.0
9.调味品	103.1	102.8
盐	112.1	100.0
酱　油	100.0	100.0
醋	100.0	110.1
味　精	100.0	85.3
其　他	100.3	140.2

5-2 续表1

上年=100

指　标	2010	2011
10.糖	103.7	116.0
食　糖	112.8	163.9
糖　果	101.8	100.0
巧克力制品	100.0	100.0
糖类小食品	100.9	99.8
11.干鲜瓜果	116.5	119.6
鲜瓜果	114.7	127.8
干(坚)果	121.7	102.7
12.糕点饼干面包	102.3	106.7
糕　点	104.4	111.5
饼　干	100.4	102.8
面　包	100.8	105.3
13.液体乳及乳制品	103.0	100.3
巴氏杀菌奶或消毒奶	103.0	100.0
酸　奶	107.0	99.0
奶　粉	100.2	103.6
其　他	100.0	100.0
14.在外用膳食品	104.5	106.3
主　食	111.2	105.9
炒　菜	102.4	110.9
地方小吃	100.0	104.0
15.其他食品	100.7	106.2
其他食品	100.7	106.2
二、饮料、烟酒	**101.3**	**102.2**
1.茶及饮料	100.0	101.2
(1)茶叶	99.9	100.0
茶　叶	99.9	100.0
(2)饮料	100.0	101.3
固体饮料	100.0	103.9
液体饮料	100.0	100.0
冷冻饮品	100.0	100.0
2.烟草	100.0	101.4
国产卷烟	100.0	101.9
进口卷烟	100.0	102.2
其　他		100.0
3.酒	105.6	104.7
白　酒	104.2	104.5
葡萄酒	100.0	100.0
啤　酒	107.9	101.4
其　他	116.7	128.6
三、服装、鞋帽	**96.0**	**97.4**
1.服装	94.6	97.5
(1)男式服装	95.8	98.4
大　衣	89.5	102.0
毛线衣	96.2	98.1
夹克衫	109.5	91.7
衬　衫	93.7	102.7
T恤衫	85.3	92.1
裤　子	96.7	96.4
西　服	96.1	80.3
运动衫裤	88.7	104.7

5-2 续表2

上年=100

指 标	2010	2011
内 衣	93.5	101.6
羽绒衣	100.0	111.1
其 他	104.5	93.7
(2)女式服装	93.9	97.7
大 衣	96.2	95.6
毛线衣	89.6	101.9
羽绒衣	100.6	108.6
套 装	102.5	97.5
衬 衫	79.3	99.9
T恤衫	91.0	93.9
裙 子	84.4	89.9
裤 子	98.2	96.0
运动衫裤	83.7	100.0
内 衣	95.6	101.6
其 他	100.0	84.7
(3)儿童服装	94.5	93.1
套 装	88.6	86.4
裤 子	98.0	100.5
裙 子	97.8	93.7
其 他	100.0	100.0
2.鞋袜帽	100.0	96.7
(1)鞋	98.8	96.8
男 鞋	91.7	89.7
女 鞋	100.3	98.5
童 鞋	110.5	107.3
(2)袜子	112.0	100.0
男 袜	112.0	100.0
女 袜	112.0	100.0
(3)帽子	98.9	91.2
男 帽	96.8	93.3
女 帽	100.0	90.0
3.其他	100.0	100.0
领 带	100.0	100.0
四、纺织品	**102.1**	**104.1**
1.衣着材料	104.4	109.4
棉 布	102.8	129.7
棉混纺布	101.4	102.7
化纤布	100.0	105.7
毛 线	107.7	104.0
2.床上用品	100.0	100.0
毛 毯	100.0	
被 子	100.0	100.0
床上套件	100.0	100.0

5-2 续表3

上年=100

指　　标	2010	2011
五、家用电器及音像器材	**95.7**	**97.3**
1.家庭设备	97.3	100.8
洗 衣 机	98.8	101.2
电 风 扇	97.2	94.3
电冰箱(柜)	94.8	98.8
吸排油烟机	99.0	97.8
空 调 器	95.4	98.8
热 水 器	99.9	97.7
微 波 炉	98.1	99.0
2.文娱用耐用消费品	91.9	88.5
电 视 机	86.6	100.0
激光视盘机	100.0	90.4
摄 像 机	90.9	100.0
家用音响设备	99.3	100.0
便携式音响	100.0	100.0
其　他	100.0	100.0
3.音像器材	100.0	100.0
专业音响器材	100.0	100.0
专业声像器材	100.0	100.0
六、文化办公用品	**99.9**	**100.5**
纸张本册	100.0	100.0
文　具	100.0	100.0
电脑及配件	99.8	101.3
打印机及配件	100.0	100.0
扫 描 仪	100.0	100.0
复 印 机	100.0	100.0
电子辞典	100.0	100.0
计 算 器	100.0	100.0
教学设备	100.0	98.9
七、日用品	**99.8**	**99.5**
1.日用百货	98.8	98.3
自 行 车	97.3	97.7
雨　具	100.0	97.1
剃须刀具	100.0	100.0
电　池	100.0	100.0
卫 生 纸	100.0	100.0
卫 生 巾	100.0	100.0
其　他	100.0	100.0
2.日用杂品	100.0	100.0
茶　具	100.0	100.0
餐　具	100.0	100.0
厨　具	100.0	100.0
其　他	100.0	100.0
3.洗涤用品	100.1	100.0
洗 衣 粉	100.0	100.0
肥 皂 类	100.0	100.0
牙　膏	100.3	100.0
清洁洗涤剂	100.3	100.0

5-2 续表4

上年=100

指　标	2010	2011
4.其他日用品	100.1	100.1
燃气灶具	100.0	100.0
儿童玩具	100.0	100.0
照明器具	100.0	100.4
钟表眼镜及配件	100.0	100.0
日用普通饰品	100.0	100.0
日用皮革制品	101.0	100.0
其　他	100.0	100.0
八、体育娱乐用品	**100.3**	**101.7**
1.体育用品	100.0	100.0
球　类	100.0	100.0
棋　牌	100.0	100.0
健身器材	100.0	100.0
2.娱乐用品	100.6	103.1
游艺器材	100.0	100.0
乐　器	102.4	104.7
九、交通、通信用品	**92.8**	**95.9**
1.交通运输机械	99.3	99.9
轿　车	99.1	100.0
货　车	99.7	100.0
其　他	100.0	100.0
2.通信器材	84.1	89.4
固定电话机	99.0	98.7
移动电话机	71.0	83.8
传 真 机	100.0	100.0
十、家具	**103.2**	**100.5**
柜	95.9	102.7
床	109.1	103.1
桌	109.9	99.5
椅	107.5	102.0
沙　发	93.9	97.2
其　他	100.0	100.0
十一、化妆品	**100.0**	**101.3**
护 肤 品	100.0	101.2
美容化妆品	100.0	103.3
护发美容品	100.0	100.0
药物美容用品	100.0	100.0
十二、金银珠宝	**102.9**	**108.4**
金 饰 品	94.3	110.3
银 饰 品	100.0	100.0
铂金饰品	110.3	111.3
其　他	100.0	100.0

5-2 续表5

上年=100

指　　标	2010	2011
十三、中西药品及医疗保健用品	**103.0**	**104.3**
1.医疗器具及用品	134.2	100.0
医疗器具及用品	134.2	100.0
2.中药材及中成药	104.8	121.7
中 药 材	111.1	151.1
中 成 药	97.0	102.0
3.西药	99.2	100.4
抗微生物药	100.0	94.7
消化系统用药	100.0	106.4
呼吸系统用药	100.0	100.0
解热镇痛及非甾体抗炎药	100.0	100.0
抗肿瘤药	100.0	100.0
激素及调节内分泌功能药	100.0	100.0
心血管系统用药	100.0	99.5
神经系统用药	93.3	101.2
消毒防腐及创伤外科用药		108.1
其　他	100.0	100.0
4.保健品及器具	104.9	99.9
保健器具	110.0	100.0
滋补保健用品	104.4	99.9
十四、书报杂志及电子出版物	**104.4**	**100.2**
1.教材及参考书	113.3	100.3
工 具 书	100.0	100.0
教　材	112.6	100.0
参 考 书	130.9	100.0
教育软件	100.0	106.5
2.书报杂志	100.2	100.0
书　籍	100.0	100.0
报　纸	100.0	100.0
杂　志	100.8	100.0

5-2 续表6

上年=100

指　标	2010	2011
3.电子音像制品	100.6	100.0
音响光盘和磁带	100.0	100.0
计算机软件	100.0	100.0
十五、燃料	**113.0**	**105.7**
1.煤炭及制品	121.6	108.7
原　煤	122.2	110.4
煤 制 品	100.0	104.5
2.石油及制品	108.7	105.7
液化石油气	104.5	104.9
管道燃气	100.0	100.0
汽　油	114.3	110.7
柴　油	117.8	111.3
其　他	100.0	100.0
十六、建筑材料及五金电料	**102.3**	**104.0**
1.建筑装璜材料	103.1	108.4
木　材	106.2	103.4
木 地 板	100.0	103.3
钢　材	113.7	104.7
砖	89.9	122.2
水　泥	100.8	116.5
涂　料	100.0	100.0
胶 合 板	100.0	100.0
玻　璃	104.3	147.1
粘　胶	100.0	106.6
其　他	100.0	100.0
2.五金电料	100.0	100.0
五金工具	100.0	100.0
电工电料	100.0	100.0
水暖器材	100.0	100.0
其　他	100.0	100.0

5-3 各类物价总指数

上年=100

年　份	居民消费价格总指数	商品零售价格总指数
1989	117.6	115.6
1990	99.8	97.4
1991	104.4	104.1
1992	109.7	109.4
1993	115.1	112.4
1994	125.9	121.9
1995	116.7	115.2
1996	106.5	105.5
1997	101.9	101.2
1998	99.1	97.3
1999	99.3	96.9
2000	106.8	99.2
2001	101.2	101.1
2002	100.9	98.5
2003	101.3	100
2004	104.2	103.2
2005	101.2	99.9
2006	101.9	101
2007	104.1	103.5
2008	106.7	106.7
2009	98.9	98.2
2010	103.2	103
2011	104.8	104.3

5-4 工业生产者出厂价格指数

上年=100

指　　标	2010	2011
全部工业品	105.50	106.14
其中:轻工业	96.66	106.56
以农产品为原料	110.52	106.60
以非农产品为原料	91.87	106.28
重工业	106.71	106.11
采　　掘	104.23	110.15
原　　料	107.35	105.64
加　　工	100.59	109.09
其中:生产资料	105.36	106.09
采　　掘	107.24	110.15
原　　料	105.62	105.63
加　　工	93.27	107.94
生活资料	109.71	106.92
食　　品	109.71	106.93
衣　　着		
一般日用品		102.78
耐用消费品		
按工业行业大、中类分		
煤炭开采和洗选业	107.24	106.66
非金属矿采选业		99.23
农副食品加工业	121.61	110.83
食品制造业	105.21	105.41
饮料制造业	99.46	102.33
皮革、毛皮、羽毛(绒)及其制品业		100.00
造纸及纸制品业	100.00	105.63
化学原料及化学制品制造业	89.25	103.67
非金属矿物制品业	91.62	103.25
黑色金属冶炼及压延加工业	104.84	149.13
通用设备制造业	100.00	100.00
电力、热力的生产和供应业	105.62	104.45
燃气生产和供应业	100.00	100.00
水的生产和供应业	100.00	100.00

5-5 工业生产者购进价格指数

上年=100

指 标	2010	2011
总指数	**101.59**	**103.06**
（一）燃料、动力类	101.31	102.48
（二）黑色金属材料类		108.84
其中:钢材		109.12
其它		95.50
（三）有色金属材料和电线类		
（四）化工原料类	101.29	109.69
（五）木材及纸浆类		
（六）建筑材料及非金属矿类	91.45	104.84
（七）其它工业原材料及半成品类		103.05
（八）农副产品类	106.68	102.65
（九）纺织原料类		

主要统计指标解释

居民消费价格指数 是度量消费商品及服务项目价格水平随着时间而变动的相对数，反映居民家庭购买的消费品及服务价格水平的变动情况。它是宏观经济分析和决策、价格总水平监测和调控以及国民经济核算的重要指标。其按年度计算的变动率通常被用来作为反映通货膨胀（或紧缩）程度的指标。调查内容是城乡居民购买并用于日常生活消费的商品和服务项目的价格。调查内容根据全国城乡居民家庭消费支出调查资料以及居民消费结构和消费习惯确定，按用途划分为 8 个大类，262 个基本分类，包括食品、烟酒、衣着、家庭设备用品及维修服务、医疗保健和个人用品、交通和通信、娱乐教育文化用品及服务、居住。

食品 可供人类食用或饮用的物质，包括加工食品，半成品和未加工食品，不包括烟草或只作药品用的物质。

烟酒 包括烟草、酒。

烟草 包括高档卷烟和中低档卷烟等。各地可根据当地消费情况划分卷烟级别并自行选取规格品。

酒 指用高粱、大麦、米、葡萄或其他水果发酵制成的含酒精饮料。主要有白酒、葡萄酒、啤酒等。

衣着类 指各种穿戴用品，包括棉、麻、丝、毛和各种人造纤维、合成纤维纺织的各种布匹、呢绒和绸缎加工而成的服装，各种鞋、袜、帽等，此外还包括衣着加工服务。

家庭设备及维修服务类 包括耐用消费品、室内装饰品、床上用品、家庭日用杂品及家庭服务及加工维修服务。

医疗保健和个人用品类 医疗保健包括医疗器具及用品、中药材及中成药、西药、保健器具及用品和医疗保健服务。个人用品及服务包括化妆美容用品、清洁类化妆品、护肤品、个人饰品及个人服务。

交通和通信类 交通包括交通工具、车用燃料及零配件、车辆使用及维修费市区公共交通费和城市间交通费。通信包括通信工具和通信服务。

娱乐教育文化用品及服务类 包括文娱用耐用消费品及服务、教育、文化娱乐类及旅游。

居住类 包括建房及装修材料、租房、自有住房及水电燃料。

工业生产者出厂价格指数 是反映全部工业产品出厂价格总水平的变动趋势和程度的相对数，包括工业企业售给本企业以外所有单位的各种产品和直接售给居民用于生活消费的产品。通过工业品出厂价格指数能观察出厂价格变动对工业总产值的影响。

工业生产者购进价格指数 是反映企业或投资者作为投资而从购买原料时，所支付的价格水平变动趋势和程度的统计指标，是扣除物质消耗成本中的价格变动影响的重要依据。

06

人民生活

2012

朔州统计年鉴

SHUOZHOU STATISTICAL YEARBOOK

189~216

资料整理人员

马天文　宣焕枝　杨艳梅

6-1 城镇居民家庭生活基本情况

指　　标	2010	2011
一、调查户数　(户)	150	150
二、平均每户家庭人口数　(人)	3.11	3.12
三、平均每户就业人口数　(人)	1.52	1.44
四、平均每一就业者负担人数　(人)	2.05	2.16
五、平均每人全年可支配收入　(元)	17557.74	20286.65
高收入户	31291.62	39451.15
中等收入户	16729.14	19127.31
低收入户	8716.74	8665.40
六、平均每人全年消费性支出　(元)	11712.69	13353.25
高收入户	14238.06	17692.40
中等收入户	11486.13	13901.76
低收入户	7134.65	9125.30
七、人均住房建筑面积　(平方米)	27.73	28.17

6-2 城镇居民家庭人均全部收入及构成

指　　标	2010	2011
家庭总收入(元)	**19643.97**	**22635.75**
#可支配收入	17557.74	20286.65
一、工薪收入	16047.29	17291.27
工资及补贴收入	15650.36	16563.71
其他劳动收入	396.93	727.56
二、经营净收入	1063.55	1991.57
三、财产性收入	210.35	351.99
#利息收入	8.70	40.93
股息与红利收入		21.37
其他投资收入	2.15	27.78
出租房屋收入	187.27	242.52
四、转移性收入	2322.77	3000.93
#养老金或离退休金	2022.63	2390.53
社会救济收入	2.27	45.59
辞退金		2.91
赡养收入	77.52	52.18
捐赠收入	181.27	221.47
提取住房公积金		137.71
家庭总收入构成(%)	**100.00**	**100.00**
#可支配收入	89.37	89.62
一、工薪收入	81.69	76.38
工资及补贴收入	79.67	73.17
其他劳动收入	2.02	3.21
二、经营净收入	5.41	8.79
三、财产性收入	1.07	1.55
#利息收入	0.04	0.18
股息与红利收入		0.09
其他投资收入	0.01	0.12
出租房屋收入	0.95	1.07
四、转移性收入	11.82	13.25
#养老金或离退休金	10.29	10.56
社会救济收入	0.01	0.20
辞退金		0.01
赡养收入	0.39	0.23
捐赠收入	0.92	0.97
提取住房公积金		0.60

6-3 城镇居民家庭平均每人全年消费性支出及构成

指　　标	2010	2011
消费性支出(元)	**11712.69**	**13353.25**
一、食　品	3817.51	4198.30
1.粮油类	642.84	708.72
2.肉禽蛋水产品类	773.44	852.08
3.蔬菜类	383.02	393.62
4.调味品	59.34	70.67
5.糖烟酒饮料类	475.79	503.35
6.干鲜瓜果类	454.53	504.21
7.糕点、奶及奶制品	280.60	356.28
8.其他食品	100.71	140.68
9.饮食服务	647.24	668.70
二、衣　着	1904.81	2131.77
三、居　住	861.87	1348.89
四、家庭设备用品及服务	626.82	761.80
五、医疗保健	969.11	737.40
六、交通和通信	1500.04	1568.54
七、教育文化娱乐服务	1635.76	2132.54
八、杂项商品和服务	396.77	473.99
消费性支出构成　(%)	**100.00**	**100.00**
一、食　品	32.59	31.44
1.粮油类	5.48	5.30
2.肉禽蛋水产品类	6.60	6.38
3.蔬菜类	3.27	2.94
4.调味品	0.50	0.52
5.糖烟酒饮料类	4.06	3.76
6.干鲜瓜果类	3.88	3.77
7.糕点、奶及奶制品	2.39	2.66
8.其他食品	0.85	1.05
9.饮食服务	5.52	5.00
二、衣　着	16.26	15.96
三、居　住	7.35	10.10
四、家庭设备用品及服务	5.35	5.70
五、医疗保健	8.27	5.52
六、交通和通信	12.80	11.74
七、教育文化娱乐服务	13.96	15.97
八、杂项商品和服务	3.38	3.54

6-4 主要年份城镇居民人均可支配收入增长情况

单位:元

年份	可支配收入	比上年增加额	比上年增长(%)	城镇居民消费价格指数(1952年=100)	扣除物价上涨因素后比上年增长%
1990	1364.4	92.6	7.3	99.8	7.5
1995	3606.3	574.1	18.9	116.7	1.9
2000	5055.3	397.6	8.5	106.8	1.6
2005	8787.3	1018.8	13.1	101.2	11.8
2006	9852.6	1065.3	12.1	101.9	10.0
2007	11779.4	1926.8	19.6	104.1	14.9
2008	13997.2	2217.8	18.8	106.7	11.4
2009	15499.8	1502.6	10.7	98.9	12.0
2010	17557.7	2057.9	13.3	103.2	9.8
2011	20286.7	2728.9	15.5	104.8	10.7

6-5 主要年份城镇居民人均消费性支出增长情况

单位:元

年份	消费性支出	比上年增加额	比上年增长(%)	城镇居民消费价格指数(1952年=100)	扣除物价上涨因素后比上年增长%
1990	1172.5	163.9	16.2	99.8	16.5
1995	2747.2	663.9	31.9	116.7	13.0
2000	4322.2	569.9	15.2	106.8	7.9
2005	6152.4	708.9	13.0	101.2	11.7
2006	6926.1	773.7	12.6	101.9	10.5
2007	8899.2	1973.1	28.5	104.1	23.4
2008	10999.0	2099.8	23.6	106.7	15.8
2009	11404.6	405.6	3.7	98.9	4.8
2010	11712.7	308.1	2.7	103.2	−0.5
2011	13353.3	1640.6	14.0	104.8	9.2

6-6 城镇居民家庭平均每人全年购买的主要商品数量

指　　标	单　　位	2010	2011
粮　食	公斤	87.45	86.92
食用植物油	公斤	5.45	6.22
猪　肉	公斤	15.12	12.22
牛羊肉	公斤	5.90	5.57
家　禽	公斤	5.69	5.67
蛋　类	公斤	10.65	10.03
鱼　虾	公斤	3.02	3.54
蔬　菜	公斤	103.51	99.67
酒　类	公斤	5.76	5.91
服　装	件	9.90	10.65
鞋　类	双	2.89	3.30

6-7　城镇居民家庭平均每百户年末耐用消费品拥有量

指　标	单　位	2010	2011
洗衣机	台	106.67	102.00
电冰箱	台	105.33	100.67
微波炉	台	38.67	41.33
彩色电视机	台	110.00	108.87
组合音响	套	24.67	26.00
空调器	台	15.33	12.00
照相机	架	36.67	30.00
摩托车	辆	22.67	14.67
家用电脑	台	67.33	66.67
移动电话	部	187.33	207.33
家用汽车	辆	21.33	30.67

6-8 城镇居民家庭年末居住情况

单位：%

指　　标	2010	2011
一、按房屋产权	100.0	100.0
租赁公房		
租赁私房	4.0	6.0
原有私房	1.3	14.7
房改私房	68.8	44.7
商品房	14.0	19.3
其　他	12.0	15.3
二、住宅建筑式样		
单栋住宅	1.3	2.0
四居室	3.3	2.7
三居室	32.0	32.0
二居室	37.3	34.0
一居室	3.3	1.3
普通楼房	1.3	0.7
平房及其他	21.3	27.3
三、饮水情况		
自来水	98.7	99.3
矿泉水		
纯净水		
井、河水	1.3	0.7
其　他		
四、用水情况		
独用自来水	98.0	99.3
公用自来水	0.7	
井、河水	1.3	0.7
其　他		
五、卫生设备		
无卫生设备	4.0	4.7
厕所浴室	78.0	68.0
有厕所无浴室	15.3	26.0
公　用	2.7	1.3
六、取暖设备		
无取暖设备	1.3	2.0
空调设备		
暖　气	80.7	75.3
其　他	18.0	22.7
七、炊用燃料使用情况		
管道煤气	67.3	68.7
液化石油气	6.7	1.3
煤	18.7	27.3
其　他		
八、信息化调查		
接入互联网的移动电话	6.7	19.3
接入有线电视网络的电视机	74.0	59.3
接入互联网的计算机	53.3	50.0

6-9 城镇居民住户调查按收入等级分组(2011年)

指　　标	总计组	最　低 收入户 (20%)	较低收入户 (20%)
调查户数　(户)	150	30	30
每户家庭人口数　(人)	3.12	3.7	3.27
每户就业人口数　(人)	1.44	1.14	1.37
每一就业者负担人数　(人)	2.17	3.25	2.39
每人可支配收入　(元)	20287	8665	14447
每人消费性支出　(元)	13353	9125	11661

指　　标	中等收入户 (20%)	较高收入户 (20%)	最高收入户 (20%)
调查户数　(户)	30	30	30
每户家庭人口数　(人)	3.07	2.83	2.73
每户就业人口数　(人)	1.60	1.40	1.71
每一就业者负担　(人)	1.92	2.02	1.59
每人可支配收入　(元)	19127	24963	39451
每人消费性支出　(元)	13902	16046	17692

6-10 农民家庭基本情况

单位:人

指　标	2010	2011
调查户数(户)	480	480
调查户常住人口	1911	1698
户均常住人口	3.98	3.54
平均每户整半劳动力	2.80	2.60
每个劳力负担人口	1.40	1.40
人均住房面积(平方米)	21.00	28.00

6-11 农民家庭人口状况(2011 年)

指　标	总　计	每户平均
一、调查户数　(户)	480	
二、家庭常住人口(人)	1698	3.54
#整半劳动力数	1226	2.60
#整劳动力	706	1.47
1.学龄前人数	64	0.13
2.7-15 岁	177	0.37
#在校人数	177	0.37
3.16-60 岁	958	2.00
4.60 岁以上	131	0.27

6-12 农民家庭劳动力状况(2011年)

单位:人

指　　标	总　计	每百人
一、劳动力文化状况		
1.不识字或识字很少	54	3.20
2.小学程度	216	12.72
3.初中程度	588	34.63
4.高中程度	110	6.00
5.中　专	26	6.48
6.大专及以上	31	1.83
二、劳动力就业情况		
第一产业	688	40.52
#农　业	688	40.52
林　业		
第二产业	140	8.24
采矿业	47	2.77
制造业	64	3.77
电力、燃气及水的生产和供应业	5	0.29
建筑业	24	1.41
第三产业	169	9.95
#交通运输、仓储和邮政业	30	1.77
批发和零售贸易业	22	1.30

6-13 农民家庭平均每户房屋情况

指　　标	2010	2011
一、年内新建房屋面积　(平方米)	**0.60**	**0.94**
#砖木结构面积	0.60	0.81
钢筋混凝土结构面积		0.13
年内新建房屋价值　(元)	793.70	994.96
平均每平方米新建房屋价值　(元)	1380.40	1056.60
新建房屋中生活用房面积	0.60	0.94
新建房屋中楼房面积		
二、年末住房面积　(平方米)	**83.50**	**98.90**
#砖木结构面积	48.90	66.20
钢筋混凝土结构面积	0.50	4.90
人均住房面积	21.00	28.00
三、年末住房价值　(元)	**22181.50**	**57359.00**

6-14 农民家庭土地经营情况(2011年)

单位:亩

指　　标	总　计	每户平均	每人平均
一、期初实际经营土地面积	**13938.00**	**40.40**	**8.00**
#耕　　　地	13204.00	27.50	8.00
#有效灌溉面积	5723.00	11.90	3.00
二、期内增加的经营土地面积	**972.00**	**2.00**	**1.00**
#耕　　　地	972.00	2.00	1.00
#有效灌溉面积	37.00	0.08	0.02
三、期内减少的经营土地面积	**285.00**	**0.60**	**0.17**
#耕　　　地	285.00	0.60	0.17
#有效灌溉面积			
四、期末实际经营的土地面积	**14625.00**	**30.40**	**9.00**
#耕　　　地	13892.00	1736.50	8.00
#有效灌溉面积	5761.00	12.00	3.00

6-15 农民家庭收支情况(2011年)

单位:元

指　　标	合　计	每人平均
一、总收入	**17431816**	**10265.00**
(一)工资性收入	4009736	2361.00
(二)家庭经营收入	12084804	7116.00
1.第一产业	10754807	6333.00
#农　业	8748746	5152.00
林　业	1864	1.00
牧　业	2004198	1180.00
2.第二产业	33048	19.00
工　业	1046	1.00
建筑业	32002	19.00
3.第三产业	1296949	764.00
其他产品收入	220	
第三产业服务性收入	1296729	764.00
交通、运输、邮电业	805136	474.00
批零贸易业、餐饮业	171890	101.00
社会服务业	74797	44.00
文教卫生业	21863	13.00
其他行业	223044	131.00
(三)财产性收入	327818	193.00
(四)转移性收入	1009459	594.00
二、总支出	**14421426**	**8492.00**
(一)家庭经营费用	4813887	2835.00
1.第一产业生产费用	4360504	2568.00
#农　业	2972173	1750.00
林　业	43123	20.00
牧　业	1353687	797.00
2.第二产业生产费用	7606	4.00
工　业	864	1.00
建筑业	6742	4.00
3.第三产业生产费用	445777	262.00
交通、运输、邮电业	313711	185.00
批零贸易业、餐饮业	62427	37.00
社会服务业	25465	15.00
文教卫生业	6230	4.00
其他行业	37944	22.00
(二)购置生产性固定资产支出	416035	245.00
(三)建造生产性固定资产雇工支出	4767	3.00
(四)税费支出	31	
(五)生活消费支出	8167434	4809.00
(六)财产性支出	42823	25.00
(七)转移性支出	976449	575.00
三、全年可支配收入	**10982664**	**6467.00**
四、全年纯收入	**11927863**	**7024.00**

6-16 农民家庭平均每人家庭经营纯收入

单位:元

指 标	2010	2011
家庭经营纯收入	**3622.80**	**3919.00**
1.农业收入	2684.90	3208.00
2.林业收入	0.80	-21.00
3.牧业收入	347.30	318.00
4.渔业收入		
5.工业收入	8.80	
6.建筑业收入		15.00
7.交通、运输、邮电业收入	498.70	227.00
8.商业、饮食业收入	72.20	58.00
9.服务业收入	6.60	28.00
10.其他收入	0.40	78.00

6-17 农民家庭平均每人现金收入

单位:元

指　　标	2010	2011
一、人均现金收入	7127.20	9054.00
1.工资性收入	1792.80	2361.00
2.出售产品的收入	3530.50	4003.00
3.工业服务性收入	9.90	1.00
4.交通、运输、邮电业收入	1049.40	474.00
5.商业、饮食业收入	203.70	101.00
6.社会服务业收入	16.00	44.00
7.其他经营收入	0.40	131.00
8.建筑业服务性收入		19.00
9.转移性收入	365.90	515.00
10.财产性收入	44.10	117.00
二、非收入所得	1785.70	2860.00

6-18 农村住户每人平均纯收入

单位:元

指　　标	2010	2011
全年纯收入	**5902.70**	**7024.00**
按纯收入来源分		
工资性收入	1792.90	2361.00
家庭经营纯收入	3622.80	3919.00
转移性收入	372.00	551.00
财产性收入	114.90	193.00
按纯收入性质分		
生产性收入	5415.70	6280.00
非生产性收入	486.90	744.00

6-19 农村住户每人平均生活消费支出

单位:元

指　　标	2010	2011
生活消费支出	3292.70	4809.00
食　品	1234.20	2048.00
衣　着	256.10	371.00
居　住	583.50	714.00
家庭设备用品及服务	100.90	170.00
医疗保健	370.60	355.00
交通和通讯	214.80	502.00
文教娱乐用品及服务	343.20	551.00
其他商品和服务	40.70	100.00

6-20 农民家庭平均每人现金支出

单位:元

指　标	2010	2011
总　计	**5623.50**	**7838.00**
一、生产费用支出	**2146.90**	**2652.00**
#家庭经营费用支出	2006.40	2405.00
购置生产性固定资产支出	133.10	245.00
二、生活消费支出	**3013.20**	**4589.00**
1.食　品	1115.50	1827.00
#主　食	237.30	388.00
副　食	729.40	1151.00
2.衣　着	256.10	371.00
3.居　住	571.40	714.00
4.家庭设备用品及服务	100.90	170.00
5.医疗保健	370.60	355.00
6.交通和通讯	214.80	502.00
7.文教娱乐用品及服务	343.20	551.00
8.其他商品和服务	40.70	100.00
三、财产性支出	**5.60**	**25.00**
四、转移性支出	**457.80**	**572.00**

6-21　农民家庭平均每人主要消费品消费量

单位:公斤

指　　标	2010	2011
粮　食(原　粮)	144.30	176.00
#细　粮	122.40	151.00
蔬　菜	48.60	54.00
食　油	5.40	6.00
肉禽及其制品	14.50	18.00
#家禽	2.50	4.00
蛋　类	3.70	5.00
水产品	1.10	1.00
食　糖	1.20	1.00
酒	6.00	10.00

6-22　农民家庭平均每百户耐用消费品拥有量

指　　标	单　位	2010	2011
洗衣机	台	57.00	77.00
摩托车	辆	35.00	62.00
微波炉	台	0.29	9.20
黑白电视机	台	2.00	2.00
彩色电视机	台	88.00	109.00
空调机	台		0.40
照相机	架	1.00	3.00
电冰箱	台	29.00	60.00
影碟机	台	11.00	19.00
电话机	部	59.00	25.00
移动电话	部	66.00	166.00
家用电脑	台	4.00	21.00
生活用汽车	辆	0.58	2.10

6-23 农民家庭平均每户生产性固定资产原值

单位:元

指　　标	2010	2011
总　　计	**10968.82**	**19248.80**
1.役畜、产品畜	3347.83	3610.97
2.大中型铁木农具	665.59	525.27
3.农林牧渔业机械	1753.12	5352.55
4.工业机械	10.16	6.75
5.交通运输业机械	2230.79	3315.80
6.其　他		1646.25

6-24 农民家庭平均每百户拥有主要生产性固定资产数量

指　标	单　位	2010	2011
汽　车	辆	5.17	4.80
大中型拖拉机	台	2.83	7.10
小型和手扶拖拉机	台	19.67	19.20
机动脱粒机	台	0.75	6.30
胶轮大车	辆	8.65	1.00
水　泵	台	9.48	11.00
役　畜	头	41.88	36.90
产品畜	头	228.77	150.40

6-25 农民家庭平均每人生产和销售的主要农产品

单位:公斤

指 标	生产量		出售量	
	2010	2011	2010	2011
粮 食	1060.50	1354.00	521.10	917.00
油 料	62.40	67.00	34.60	49.00
糖 料	556.90	880.00	491.40	881.00
蔬 菜	935.40	1288.00	1011.90	1273.00
水 果	1.10	1.00	1.00	0.45

主要统计指标解释

一、城镇住户

城镇家庭人口 指居住在一起，经济上合在一起共同生活的家庭成员。凡计算为家庭人口的成员其全部收支都包括在本家庭中。

城镇就业面 指就业人口占家庭人口的百分比。

城镇就业者负担人数 指家庭人口与就业人口之比。

城镇家庭总收入 指家庭成员得到的工薪收入、经营净收入、财产性收入、转移性收入之和，不包括出售财物收入和借贷收入。

城镇家庭可支配收入 指家庭成员得到可用于最终消费支出和其它非义务性支出以及储蓄的总和，即居民家庭可以用来自由支配的收入。它是家庭总收入扣除交纳的个人所得税、个人交纳的社会保障支出以及记账补贴后的收入。计算公式为：

可支配收入＝家庭总收入－交纳个人所得税－个人交纳的社会保障支出－记账补贴

城镇家庭总支出 指除借贷支出以外的全部家庭支出。包括消费性支出、购房建房支出、转移性支出、财产性支出、社会保障支出。

城镇家庭消费性支出 指家庭用于日常生活的支出，包括食品、衣着、居住、家庭设备用品及服务、医疗保健、交通和通信、娱乐教育文化服务、其他商品和服务等八大类支出。

城镇家庭服务性消费支出 指家庭用于支付社会提供的各种非商品性服务费用。

城镇家庭收入分组方法 是将所有调查户按户人均可支配收入由低到高排队，按10%，10%，20%，20%，20%，10%，10%的比例依次分成：最低收入户、低收入户、中等偏下收入户、中等收入户、中等偏上收入户、高收入户、最高收入户等七组。总体中最低5%的户为困难户。

恩格尔系数 指食物支出金额在消费性总支出金额中所占的比例。计算公式为：

$$恩格尔系数=\frac{食品支出金额}{消费性总支出金额}\times 100\%$$

二、农村住户

农村住户 指农村常住户。农村常住户指长期(一年以上)居住在乡镇(不包括城关镇)行政管理区域内的住户，以及长期居住在城关镇所辖行政村范围内的农村住户。户口不在本地而在本地居住一年及以上的住户也包括在本地农村常住户范围内；有本地户口，但举家外出谋生一年以上的住户，无论是否保留承包耕地都不包括在本地农村住户范围内。

常住人口 指全年经常在家或在家居住6个月以上，而且经济和生活与本户连成一体的人口。外出从业人员在外居住时间虽然在6个月以上，但收入主要带回家中，经济与本户连为一体，仍视为家庭常住人口；在家居住，生活和本户连成一体的国家职工、退休人员也为家庭常住人口。但是现役军人、中专及以上(走读生除外)的在校学生、以及常年在外(不包括探亲、看病等)且已有稳定的职业与居住场所的外出从业人员，不算家庭常住人口。家庭常住人口主要作为计算农村住户平均每人收入、消费和积累水平及分析家庭人口状况的依据。

整、半劳动力 整劳动力指男子18周岁到50周岁，女子18周岁到45周岁；半劳动力指男子16周岁到17周岁，51周岁到60周岁；女子16周岁到17周岁，46周岁到55周岁，同时具有劳动能力的人。虽然在劳动年龄之内，但已丧失劳动能力的人，不应算为劳动力；超过劳动年龄，但能经常参加劳动，计入半劳动力数内。常住人口中的职工，若这些职工为劳动力，就包括在本户的整半劳动力中。

总收入 指调查期内农村住户和住户成员从各种来源渠道得到的收入总和。按收入的性质划分为工资性收入、家庭经营收入、财产性收入和转移性收入。

工资性收入 指农村住户成员受雇于单位或个

人，靠出卖劳动而获得的收入。

家庭经营收入 指农村住户以家庭为生产经营单位进行生产筹划和管理而获得的收入。农村住户家庭经营活动按行业划分为农业、林业、牧业、渔业、工业、建筑业、交通运输业邮电业、批发和零售贸易餐饮业、社会服务业、文教卫生业和其他家庭经营。

财产性收入 指金融资产或有形非生产性资产的所有者向其他机构单位提供资金或将有形非生产性资产供其支配，作为回报而从中获得的收入。

转移性收入 指农村住户和住户成员无须付出任何对应物而获得的货物、服务、资金或资产所有权等，不包括无偿提供的用于固定资本形成的资金。一般情况下，是指农村住户在二次分配中的所有收入。

现金收入 指农村住户和住户成员在调查期内得到以现金形态表现的收入。按来源分成工资性收入、家庭经营现金收入、财产性收入、转移性收入。

纯收入 指农村住户当年从各个来源得到的总收入相应地扣除所发生的费用后的收入总和。计算方法：

纯收入＝总收入－税费支出－家庭经营费用支出－生产性固定资产折旧－赠送农村内部亲友支出

纯收入主要用于再生产投入和当年生活消费支出，也可用于储蓄和各种非义务性支出。“农民人均纯收入”是按人口平均的纯收入水平，反映的是一个地区农村居民的平均收入水平。

总支出 指农村住户用于生产、生活和再分配的全部支出。包括家庭经营费用支出、购置生产性固定资产支出、税费支出、生活消费支出、财产性支出和转移性支出。

07

农村经济

2012

朔州统计年鉴

SHUOZHOU STATISTICAL YEARBOOK

资料整理人员

马天文　贺　晋　安　霞　崔丽娟

7-1 农村基层组织情况

指　　标	2010	2011
一、农村基层组织情况 (个)		
1.乡(镇)政府	73	73
#镇政府	18	19
2.村民委员会	1688	1688
二、乡村户数　　(万户)	34.99	36.41
三、乡村人口数　　(万人)	114.01	113.68
四、乡村从业人员数　　(万人)	50.07	51.06
1.按性别分		
男劳动力	28.96	28.63
女劳动力	21.11	22.43
2.按行业分		
农　业	32.16	32.51
工　业	4.28	4.25
建筑业	3.22	3.48
交通运输、仓储和邮政业	2.85	2.60
批发、零售贸易业、餐饮业	2.56	2.50
其他非农行业	3.75	4.11

7-2 耕地面积

单位：公顷

指　　标	2010	2011
耕地总资	395932.05	395836.97
有效灌溉面积	120450	122030
#机电排	87850	90080
机耕地面积	237633	243042

7-3 造林和果园面积

单位：公顷

指　　标	2010	2011
一、当年造林面积	14192	21344
#经济林	1113	2440
防护林	13079	18498
二、当年育苗面积	1765.70	1344.5
三、当年零星植树(万株)	475	400
四、年末果园面积	586.85	1658.9
#苹果园	132.9	175.3
梨　园	33.6	31.7
葡萄园	46.59	51.9

7-4 主要林产品与水果产量

单位：吨

指　　标	2010	2011
水果产量	4785.4	6376.5
#苹　果	1498.0	1943.2
梨	275.1	261.9
葡　萄	605	694
红　枣(鲜枣)	9.2	426

7-5 肉类产量和猪羊头数

指　　标	2010	2011
猪牛羊肉产量(吨)	64815	47836
肉猪出栏头数(头)	365774	227819
猪年末头数(头)	283486	217118
羊年末只数(只)	1352875	1377037
山　羊	131529	114596
绵　羊	1221346	1262441

7-6 畜牧业生产情况

指　　标	2010	2011
一、大牲畜年末存栏 (头)	263493	222969
1.牛	204678	168843
#良种及改良种乳牛	157595	143996
2.马	620	581
3.驴	34353	34966
4.骡	23835	18572
二、猪年末存栏　(头)	283486	217118
#能繁殖的母猪	27540	21659
三、羊年末存栏　(只)	1352875	1377037
1.山　羊	131529	114596
2.绵　羊	1223147	1262441
四、家禽年末存栏　(只)	2358271	1341095
五、养兔年末存栏　(只)	55000	12300
六、猪、牛、羊出栏		
猪全年出栏　(头)	365774	227819
牛全年出栏　(头)	47734	71326
羊全年出栏　(只)	1757729	1051295
七、当年肉类总产量 (吨)	66852.59	50059.00
#猪肉产量	32550.45	16804.00
牛肉产量	6127.53	9985.00
羊肉产量	26136.60	21047.00
禽肉产量	1946.25	978.00
八、畜禽产品产量　(吨)		
1.奶　类	402049.45	436049
#牛　奶	401879.45	436005
2.绵羊毛产量	1435.23	1363.63
3.山羊毛产量	51.90	51.88
4.羊绒产量	32.65	30.84
5.禽蛋产量	22019.53	16981.00
6.蜂蜜产量		

7-7 农业机械拥有量

指 标		2010	2011
农业机械总动力	(万千瓦)	206.13	214.54
大中型农用拖拉机	(台)	7797	10934
	(万千瓦)	22.90	30.41
小型农用拖拉机	(台)	19206	17918
	(万千瓦)	22.93	23.06
大中型拖拉机配套机具	(部)	13837	17538
小型拖拉机配套机具	(部)	30378	30005
农用排灌动力机械	(台)	14627	15834
	(万千瓦)	16.03	18.99
农用水泵	(台)	12391	13387
联合收获机	(台)	93	383
机动脱粒机	(台)	2744	3457
农用运输车	(台)	55946	56657

7-8 农业现代化情况

指　　标	2010	2011
一、农业机械化情况		
1.当年实际机耕面积（千公顷）	237.63	243.04
2.当年机械播种面积（千公顷）	177.67	216.93
占总播种面积　（%）	53.6	64.20
3.当年机械收获面积（千公顷）	62.32	96.85
占总播种面积　（%）	18.8	28.7
二、农田水利情况		
年末有效灌溉面积（千公顷）	120.45	122.03
#机电排灌面积　（千公顷）	87.85	90.08
机电井数量（眼）	7141	7235
三、农村用电情况		
农村用电量　（万千瓦小时）	20199.7	20554
四、农用化肥情况		
农用化肥施用折纯量（吨）	69090.4	71256
1.氮　肥	24977.9	25603
2.磷　肥	14247.5	12074
3.钾　肥	6736.6	5521
4.复合肥	23128.4	28058

7-9　主要年份耕地面积

单位：千公顷

年　份	耕地总资源	有效灌溉面积	机耕地面积
1988	324.58	97.40	199.26
1990	322.76	100.70	207.20
1993	321.34	107.30	204.78
1995	320.86	111.50	229.36
1997	342.15	115.40	216.54
1999	330.48	118.70	222.15
2001	318.36	119.90	289.10
2005	297.32	120.60	192.06
2006	365.92	120.40	192.11
2007	365.32	121.70	197.20
2008	365.87	122.00	208.91
2009	365.47	122.02	222.78
2010	395.90	120.45	237.63
2011	395.80	122.00	243.04

7-10 主要年份主要

年　份	总播种面积	粮食作物	谷　物
1962	358.59	325.58	268.14
1965	365.23	329.15	271.61
1970	299.81	251.79	209.46
1975	343.12	293.08	250.09
1978	352.42	294.95	252.47
1980	356.39	282.86	242.97
1985	325.64	219.37	183.14
1990	318.78	235.35	187.28
1995	319.46	237.12	147.74
2000	319.16	220.97	121.42
2005	303.76	233.66	148.33
2006	304.47	236.78	160.26
2007	312.43	243.34	170.04
2008	325.9	251.59	180.23
2009	324.99	260.84	191.17
2010	331.66	265.86	195.92
2011	337.72	269.78	199.84

农作物播种面积

单位：千公顷

油料	甜菜	蔬菜
19.14	0.21	6.16
25.29	2.24	3.01
28.00	1.72	3.77
34.45	3.13	3.11
40.63	1.59	3.71
51.65	3.07	3.37
72.13	4.80	3.24
49.55	9.60	3.33
48.35	12.29	10.60
47.57	5.18	20.36
32.58	0.97	15.55
27.95	2.45	16.42
26.77	4.75	21.65
28.54	6.03	23.23
28.72	3.82	18.71
30.40	5.29	18.30
29.10	6.81	21.68

7-11 农作物播种面积

单位：千公顷

指 标	2010	2011
农作物总播种面积	**331.66**	**337.72**
一、粮 食	265.86	269.78
(一)谷 物	195.92	199.84
#稻 谷		
小 麦	0.16	0.07
玉 米	143.01	143.50
谷 子	6.07	7.49
高 粱	2.27	1.39
燕 麦	15.29	12.18
(二)豆 类	37.42	36.27
#大 豆	11.12	10.94
(三)薯 类	32.52	33.67
#马铃薯	32.52	33.67
二、油 料	30.40	29.10
#花 生	0.01	0.01
油 菜	0.08	0.12
芝 麻		
胡 麻	23.81	22.43
向日葵	4.43	4.60
三、棉 花		
四、麻 类		
五、甜 菜	5.29	6.81
六、烟 叶		
七、药 材	0.10	0.38
八、蔬 菜	18.30	21.68
九、瓜果类	5.25	4.29
十、其他作物	6.47	5.69
#青饲料	6.47	5.69

7-12 主要年份主要农作物产量

单位：吨

年 份	粮 食	1.谷 物	小麦	玉米	谷子
1962	150605	113673	6975	7746	24926
1965	182415	145594	10825	32332	26556
1970	270075	212057	15380	85358	39132
1975	399850	335040	16980	174108	43207
1978	338985	287940	13850	173231	39950
1980	351650	286996	13235	129808	53725
1985	376737	311231	61746	76693	37506
1990	595354	437338	31997	222921	55954
1995	408409	315116	29212	222688	21186
2000	656493	475581	6038	383088	30097
2005	667373	580551	1357	552526	10317
2006	728066	628250	1107	571615	13296
2007	732484	649258	760	598536	12000
2008	765102	674174	604	615194	12431
2009	721842	645436	665	578035	10947
2010	864243	765268	435	693427	12235
2011	971210	859408	307	780739	16672

7-12 续表1

单位：吨

年 份	高粱	2.豆类	3.薯类	马铃薯	油料
1962	19852	8575	28357	28357	2798
1965	19393	10080	26741	26741	5776
1970	11028	19785	38233	38233	8361
1975	17250	13455	51354	51354	6120
1978	11548	9552	41493	41493	6829
1980	7538	17249	47405	47405	16683
1985	3495	13643	51863	51863	49412
1990	6340	52517	105499	105499	43419
1995	3653	33422	59871	59871	16496
2000	6561	27065	153847	153847	50363
2005	1038	26589	60233	60233	19206
2006	2445	32561	67255	67255	30172
2007	2675	28828	54398	54398	24879
2008	2588	31685	59243	59243	30595
2009	3039	18029	58377	58377	27321
2010	4079	29711	69264	69264	31271
2011	3771	34123	77679	77679	33878

7-12 续表 2

单位：吨

年 份	甜 菜	蔬 菜
1962	1130	47660
1965	10954	40449
1970	8155	43815
1975	14523	45839
1978	5872	50649
1980	34984	52489
1985	113207	73560
1990	234132	93142
1995	232390	356954
2000	148446	866741
2005	33848	635007
2006	84938	691769
2007	198349	1231626
2008	213710	775078
2009	144329	701673
2010	217341	723166
2011	295016	834766

主要统计指标解释

农林牧渔业总产值 指以货币表现的农、林、牧、渔业全部产品和对农林牧渔业生产活动进行的各种支持性服务活动的价值总量，它反映一定时期内农林牧渔业生产总规模和总成果。1957 年以前的农林牧渔业总产值中包括了厩肥和农民自给性手工业（农民自制衣服、鞋、袜，自己从事粮食初步加工等）。1958 年及以后，林业中增加了村及村以下竹木采伐产值；牧业中取消了厩肥产值；副业中取消了农民自给性手工业产值，增加了村及村以下办的工业产值；渔业中增加了海洋捕捞水产品产值。1980 年及以后，在副业中增加了农民家庭兼营工业商品部分的产值。从 1984 年起村及村以下工业产值划归工业。从 1993 年起取消副业，将野生动物的捕猎划入牧业，野生植物采集和农民家庭兼营商品性工业划归农业。从 2003 年起，执行新的国民经济行业分类标准，农林牧渔业总产值中包括了农林牧渔服务业产值。林业中增加了森林采运业产值。农业中取消了家庭兼营商品性工业产值，将野生林产品的采集划归林业。第一次农业普查以后，由于畜牧业产品年报数据与普查数据之间存在一定的差距，根据农业普查结果对畜牧业年报数据进行了修正，对畜牧业产值进行了相应修正。

农林牧渔业总产值的计算方法通常是按农、林、牧、渔业产品及其副产品的产量分别乘以各自单位产品价格求得；少数生产周期较长，当年没有产品或产品产量不易统计的，则采用间接方法匡算其产值；然后将四业产品产值及农林牧渔服务业产值相加即为农林牧渔业总产值。

粮食产量 指全社会的产量。包括国有经济经营的、集体统一经营的和农民家庭经营的粮食产量，还包括工矿企业办的农场和其他生产单位的产量。粮食除包括稻谷、小麦、玉米、高粱、谷子及其他杂粮外，还包括薯类和豆类。其产量计算方法，豆类按去豆荚后的干豆计算；薯类（包括甘薯和马铃薯，不包括芋头和木薯）1963 年以前按每 4 公斤鲜薯折 1 公斤粮食计算，从 1964 年开始改为按 5 公斤鲜薯折 1 公斤粮食计算。城市郊区作为蔬菜的薯类（如马铃薯等）按鲜品计算，并且不作粮食统计。其他粮食一律按脱粒后的原粮计算。1989 年以前全市粮食产量数据主要靠全面报表取得，1989 年开始使用抽样调查数据。

油料产量 指全部油料作物的生产量。包括花生、油菜籽、芝麻、向日葵籽、胡麻籽（亚麻籽）和其他油料。不包括大豆、木本油料和野生油料。花生以带壳干花生计算。

水产品产量 指人工养殖的水产品和天然生长的水产品的捕捞量。包括海水的鱼类、虾蟹类、贝类和藻类以及内陆水域的鱼类、虾蟹类和贝类，不包括淡水生植物。水产品产量是通过各级水产和统计部门逐级上报取得数据。1995 年及以前，贝类中牡蛎按鲜肉计算；蚶、蛤、蛙按 5 斤鲜品折 1 斤计算。1996 年以后则统一按鲜品计算。

猪、牛、羊肉产量 指当年出栏并已屠宰、除去头蹄下水后带骨肉（即胴体重）的重量。包括全社会范围内的产量。1996 年第一次农业普查以后，由于畜牧业产品年报数据与普查数据之间存在一定的差距，根据普查结果对畜牧业年报数据进行了修正。2007 年，根据第二次农业普查结果，对 2006 年畜牧业年报数据进行了修正。

期初（末）畜禽存栏头（只）数 指报告期初（末）农村各种合作经济组织和国营农场、农民个人、机关、团体、学校、工矿企业、部队等单位以及城镇居民饲养的大牲畜、猪、羊、家禽等畜禽的存栏数。数据上报方式及数据调整情况同猪、牛、羊肉产量。

农作物播种面积 指实际播种或移植有农作物的面积。凡是实际种植有农作物的面积，不论种植在耕地上还是种植在非耕地上，均包括在农作物播种面积中。在播种季节基本结束后，因遭灾而重新改种和补种的农作物面积，也包括在内。它是反映我国耕地面积利用情况的一个重要指标。目前，农作物播种面积主要包括粮食、棉花、油料、糖料、麻类、烟叶、蔬菜和瓜类、药材和其他农作物九大类。

有效灌溉面积 指具有一定的水源，地块比较平整，灌溉工程或设备已经配套，在一般年景下，当年能够进行正常灌溉的耕地面积。在一般情况下，有效灌溉面积应等于灌溉工程或设备已经配备，能够进行正常灌溉的水田和水浇地面积之和。它是反映我国耕地抗旱能力的一个重要指标。

农用化肥施用量 指本年内实际用于农业生产的化肥数量，包括氮肥、磷肥、钾肥和复合肥。化肥施用量要求按折纯量计算数量。折纯量是指把氮肥、磷肥、钾肥分别按含氮、含五氧化二磷、含氧化钾的百分之百成份进行折算后的数量。复合肥按其所含主要成分折算。公式为：

折纯量＝实物量×某种化肥有效成份含量的百分比

农业机械总动力 指主要用于农、林、牧、渔业的各种动力机械的动力总和。包括耕作机械、排灌机械、收获机械、农用运输机械、植物保护机械、牧业机械、林业机械、渔业机械和其他农业机械〔内燃机按引擎马力折成瓦（特）计算、电动机按功率折成瓦（特）计算〕。不包括专门用于乡、镇、村、组办工业、基本建设、非农业运输、科学试验和教学等非农业生产方面用的动力机械与作业机械。这个指标的统计数据主要来源于农机部门。

08

工业经济

资料整理人员

郭焕珍

8-1 主要年份工业产品产量

年　份	原煤产量（万吨）	发电量（亿千瓦小时）	乳制品（吨）	白酒（吨）	焦炭（万吨）	化肥（万吨）	水泥（万吨）	陶瓷（万件）	铁合金（吨）	电石（吨）
1990	2857.0	70.2	5927.0	2150.0	1.5	4.4	15.4	6315.0		8585.0
1995	3938.0	120.2	9437.0	1645.0	4.8	7.9	29.6	9033.0		38907.0
2000	2912.0	116.1	11840.0	1157.0	6.8	7.3	47.2	7264.0		30215.0
2001	3578.0	118.8	17829.0	1071.0	8.2	8.4	50.0	13248.0		56848.0
2002	4749.4	142.3	21775.0	599.0	6.6	9.6	51.0	24600.0		66023.0
2003	5552.7	159.3	94648.0	1208.0	5.7	10.0	69.0	31984.0		106797.0
2004	6310.5	169.4	258095.0	500.0	4.3	9.3	71.2	32576.0	40384.0	113504.0
2005	7948.5	198.5	260503.0	600.0	2.2	9.8	80.7	27950.0	44823.0	94627.0
2006	9274.9	222.5	255663.0	911.0	1.4	9.0	64.7	30426.0	81081.0	78799.0
2007	10822.8	224.2	444103.0	1515.0	7.0	10.7	75.2	39929.0	122997.0	64329.0
2008	11844.8	207.5	217468.0	26.0	8.5	6.1	53.9	29394.0	131821.0	79043.0
2009	12684.0	196.5	175614.0	3123.0		7.5	100.0	51287.0	109890.0	45754.0
2010	15994.8	217.0	170374.0	4259.0		6.4	68.4	59576.0	93100.0	31309.0
2011	18582.9	232.9	210767.0	10342.0		6.5	283.5		181304.7	32264.0

8-2 工业增加值

单位：千元

指　　标	2010	2011
总　　计	**37546519**	**50967711**
一、按登记注册类型分组:		
内资企业	36882788	50067795
国有企业	8145605	11186437
中央企业	3126975	4001641
地方企业	5018630	7184796
集体企业	430961	677342
股份合作企业	106893	
联营企业	15788	-2251
国有联营企业	15788	-2251
集体联营企业		
国有与集体联营企业		
其他联营企业		
有限责任公司	21171377	26391284
国有独资公司		152485
其他有限责任公司	21171377	26238799
股份有限公司	807387	238183
私营企业	6139375	11412864
私营独资企业	64732	466632
私营合作企业		
私营有限责任公司	5733761	10774749
私营股份有限公司	340882	171484
其他企业	65401	163935
港、澳、台商投资企业	282437	493405
合资经营企业(港或澳、台资)	282437	493405

8-2 续表1

单位：千元

指　　标	2010	2011
合作经营企业(港或澳、台资)		
外商投资企业	381294	406511
中外合资经营企业	46240	10786
中外合作经营企业		
外资企业	335054	395725
外商投资股份有限公司		
二、按经济组织类型分组		
独资企业	8976353	12726135
国有企业	8145605	11186437
集体企业	430961	677342
私营独资企业	64732	466632
港澳台商独资经营企业		
外资企业	335054	395725
合作、合伙企业	188082	161684
股份合作企业	106893	
国有联营企业	15788	-2251
其他企业（内资）	65401	163935
股份有限公司	1148269	409668
股份有限公司(内资)	807387	238183
私营股份有限公司	340882	171484
有限责任公司	27233815	37670224
国有独资公司		152485
私营有限责任公司	5733761	10774749
合资经营企业(港或澳、台资)	282437	493405

8-2 续表2

单位：千元

指 标	2010	2011
中外合资经营企业	46240	10786
其他有限责任公司	21171377	26238799
三、在总计中:亏损企业	528579	37416
在总计中:国有控股企业	25809247	34818253
在总计中:农村工业	20355	88479
在总计中:轻工业	1449372	1371191
重工业	36097147	49596519
在总计中:大型企业	17490569	18147348
中型企业	9811046	21646307
小型企业	10244904	11164919
煤炭开采和洗选业	31783320	43533744
烟煤和无烟煤的开采洗选	31783320	43533744
黑色金属矿采选业	8818	13448
铁矿采选	8818	13448
农副食品加工业	164278	186288
饲料加工	8739	10882
植物油加工	22159	18394
制糖	43768	44672
屠宰及肉类加工	89612	97887
其他农副食品加工		14452
食品制造业	683167	518919
糖果、巧克力及蜜饯制造	4297	
方便食品制造	17176	15477
液体乳及乳制品制造	661694	503441

8-2 续表3

单位：千元

指　　标	2010	2011
饮料制造业	159394	141495
酒的制造	115592	98163
软饮料制造	43802	38346
纺织业	6929	10786
麻纺织	6929	10786
皮革、毛皮、羽毛(绒)及其制品业	16512	21635
皮革鞣制加工	16512	21635
造纸及纸制品业	12636	14917
纸制品制造	12636	14917
印刷业和记录媒介的复制	3745	
印刷	3745	
石油加工、炼焦及核燃料加工业	413909	646620
精炼石油产品的制造	400181	633700
炼焦	13729	12920
化学原料及化学制品制造业	229216	246387
基础化学原料制造	79879	101767
肥料制造	114168	67711
专用化学产品制造	35169	34687
医药制造业	69237	68836
化学药品原药制造	12857	46318
化学药品制剂制造	11670	
卫生材料及医药用品制造	44710	22518
橡胶制品业	6281	43156
其他橡胶制品制造	6281	

8-2 续表4

单位：千元

指　　标	2010	2011
非金属矿物制品业	984465	1611667
水泥、石灰和石膏的制造	246792	690852
水泥及石膏制品制造	151907	141007
砖瓦、石材及其他建筑材料制造	68952	87936
玻璃及玻璃制品制造	9695	8012
陶瓷制品制造	325211	388206
耐火材料制品制造	67241	98018
石墨及其他非金属矿物制品制造	127018	197637
黑色金属冶炼及压延加工业	396711	452485
钢压延加工	8879	9136
铁合金冶炼	387832	443349
有色金属冶炼及压延加工业	148150	582028
常用有色金属冶炼	148150	486379
通用设备制造业	122698	65697
锅炉及原动机制造	42854	13186
通用零部件制造及机械修理	79844	52511
专用设备制造业	31808	57674
矿山、冶金、建筑专用设备制造	31808	57674
交通运输设备制造业	63184	
汽车制造	63184	37686
电力、热力的生产和供应业	2180411	2608433
电力生产	2000426	2387814
电力供应	99761	141616
热力生产和供应	80224	79003
燃气生产和供应业	41283	64038
水的生产和供应业	8012	12099
自来水的生产和供应	8012	12099

8-3 工业企业单位数

单位：个

指 标	2010	2011
一、按登记注册类型分组:		
内资企业	218	230
国有企业	36	32
中央企业	9	9
地方企业	27	23
集体企业	2	2
股份合作企业	1	
联营企业	1	1
国有联营企业	1	1
集体联营企业		
国有与集体联营企业		
其他联营企业		
有限责任公司	65	43
国有独资公司		1
其他有限责任公司	65	42
股份有限公司	14	5
私营企业	97	143
私营独资企业	5	8
私营合作企业		
私营有限责任公司	88	127
私营股份有限公司	4	8
其他企业	2	4
港、澳、台商投资企业	1	1
合资经营企业(港或澳、台资)	1	1
合作经营企业(港或澳、台资)		
港澳台商独资经营企业		
港澳台商投资股份有限公司		
外商投资企业	5	4
中外合资经营企业	2	1

8-3 续表1

单位：个

指　　标	2010	2011
中外合作经营企业		
外资企业	3	3
外商投资股份有限公司		
二、按经济组织类型分组		
独资企业	46	45
国有企业	36	32
集体企业	2	2
私营独资企业	5	8
港澳台商独资经营企业		
外资企业	3	3
合作、合伙企业	4	5
股份合作企业	1	
国有联营企业	1	1
集体联营企业		
国有与集体联营企业		
其他联营企业		
私营合伙企业		
合作经营企业(港或澳、台资)		
中外合作经营企业		
其他企业（内资）	2	4
股份有限公司	18	13
股份有限公司(内资)	14	5
私营股份有限公司	4	8
港澳台商投资股份有限公司		
外商投资股份有限公司		
有限责任公司	156	172
国有独资公司		1

8-3 续表2

单位：个

指　　标	2010	2011
私营有限责任公司	88	127
合资经营企业(港或澳、台资)	1	1
中外合资经营企业	2	1
其他有限责任公司	65	42
三、在总计中:亏损企业	13	6
在总计中:国有控股企业	57	61
在总计中:农村工业	1	1
在总计中:轻工业	58	55
重工业	166	180
在总计中:大型企业	6	5
中型企业	52	113
小型企业	166	116
微型企业		1
按行业分		
煤炭开采和洗选业	86	94
烟煤和无烟煤的开采洗选	86	94
黑色金属矿采选业	1	1
铁矿采选	1	1
农副食品加工业	7	7
饲料加工	1	1
植物油加工	3	2
制糖	1	1
屠宰及肉类加工	2	2
其他农副食品加工		1
食品制造业	11	10
糖果、巧克力及蜜饯制造	1	
方便食品制造	2	2

8-3 续表3

单位：个

指　　标	2010	2011
液体乳及乳制品制造	8	8
饮料制造业	4	5
酒的制造	2	2
软饮料制造	2	2
纺织业	1	1
麻纺织	1	1
皮革、毛皮、羽毛(绒)及其制品业	1	1
皮革鞣制加工	1	1
造纸及纸制品业	1	2
纸制品制造	1	2
印刷业和记录媒介的复制	1	
印刷	1	
石油加工、炼焦及核燃料加工业	2	2
精炼石油产品的制造	1	1
炼焦	1	1
核燃料加工	0	
化学原料及化学制品制造业	10	10
基础化学原料制造	3	3
肥料制造	4	4
专用化学产品制造	3	3
医药制造业	4	4
化学药品原药制造	1	3
化学药品制剂制造	2	
卫生材料及医药用品制造	1	1
橡胶制品业	1	2
其他橡胶制品制造	1	1

8-3 续表4

单位：个

指　　标	2010	2011
非金属矿物制品业	64	66
水泥、石灰和石膏的制造	18	18
水泥及石膏制品制造	3	8
砖瓦、石材及其他建筑材料制造	6	6
玻璃及玻璃制品制造	1	1
陶瓷制品制造	27	22
耐火材料制品制造	3	4
石墨及其他非金属矿物制品制造	7	7
黑色金属冶炼及压延加工业	4	5
钢压延加工	1	1
铁合金冶炼	3	4
有色金属冶炼及压延加工业	1	2
常用有色金属冶炼	1	1
通用设备制造业	3	4
锅炉及原动机制造	2	2
通用零部件制造及机械修理	1	2
专用设备制造业	3	2
矿山、冶金、建筑专用设备制造	3	2
交通运输设备制造业	2	1
汽车制造	2	1
电力、热力的生产和供应业	13	11
电力生产	8	7
电力供应	1	1
热力生产和供应	4	3
燃气生产和供应业	2	1
水的生产和供应业	1	1
自来水的生产和供应	1	1

8-4 工业企业

指　　标	企业单位数（个）	亏损企业	工业总产值（当年价格）
总　　计	**235**	**6**	**116989195**
一、按登记注册类型分组:			
内资企业	230	6	114383946
国有企业	32	3	24205327
中央企业	9	1	8959607
地方企业	23	2	15245720
集体企业	2		1732946
联营企业	1	1	373899
国有联营企业	1	1	373899
有限责任公司	43	1	59308485
国有独资公司	1		371519
其他有限责任公司	42	1	58936966
股份有限公司	5		610425
私营企业	143	1	27627675
私营独资企业	8		1168483
私营有限责任公司	127	1	25888011
私营股份有限公司	8		571181
其他企业	4		525189
港、澳、台商投资企业	1		1007896
合资经营企业(港或澳、台资)	1		1007896
外商投资企业	4		1597353
中外合资经营企业	1		26462
外资企业	3		1570891
二、按经济组织类型分组			
独资企业	45	3	28677647

主要经济指标（2011年）

单位：千元

工业销售产值（当年价格）	资产总计	流动资产合计	固定资产合计	固定资产原价
114241099	147171026	47686677	74352104	81131226
111689993	140618271	46999241	68614402	75924775
22764883	37371957	15018899	13430700	17952249
8558318	8399815	3377631	4114379	7128592
14206565	28972142	11641268	9316321	10823657
1977563	1796333	1405395	344011	477153
373899	846199	233645	200642	200642
373899	846199	233645	200642	200642
58769440	78812550	20926028	44435354	46883991
371519	1560598	331300	1181941	1346262
58397921	77251952	20594728	43253413	45537729
570503	2336349	1274437	693854	732107
26740248	19112788	7965020	9396550	9506887
1168621	1143740	335844	781201	879411
25034198	17022309	7401041	7995108	8228207
537429	946739	228135	620241	399269
493457	342095	175817	113291	171746
1007896	2978945	200106	2675643	3273262
1007896	2978945	200106	2675643	3273262
1543210	3573810	487330	3062059	1933189
24360	129831	39966	65444	128824
1518850	3443979	447364	2996615	1804365
27429917	43756009	17207502	17552527	21113178

8-4 续

指　　标	企业单位数（个）	亏损企业	工业总产值（当年价格）
国有企业	32	3	24205327
集体企业	2		1732946
私营独资企业	8		1168483
外资企业	3		1570891
合作、合伙企业	5	1	899088
国有联营企业	1	1	373899
其他企业（内资）	4		525189
股份有限公司	13		1181606
股份有限公司(内资)	5		610425
私营股份有限公司	8		571181
有限责任公司	172	2	86230854
国有独资公司	1		371519
私营有限责任公司	127	1	25888011
合资经营企业(港或澳、台资)	1		1007896
中外合资经营企业	1		26462
其他有限责任公司	42	1	58936966
三、在总计中:亏损企业	6	6	611718
在总计中:国有控股企业	61	4	77258847
在总计中:农村工业	1		163042
在总计中:轻工业	55	2	5027517
重工业	180	4	111961678
在总计中:大型企业	5		39303110
中型企业	113	3	50144875
小型企业	116	3	27518486
微型企业	1		22724

表1

单位：千元

工业销售产值（当年价格）	资产总计	流动资产合计	固定资产合计	固定资产原价
22764883	37371957	15018899	13430700	17952249
1977563	1796333	1405395	344011	477153
1168621	1143740	335844	781201	879411
1518850	3443979	447364	2996615	1804365
867356	1188294	409462	313933	372388
373899	846199	233645	200642	200642
493457	342095	175817	113291	171746
1107932	3283088	1502572	1314095	1131376
570503	2336349	1274437	693854	732107
537429	946739	228135	620241	399269
84835894	98943635	28567141	55171549	58514284
371519	1560598	331300	1181941	1346262
25034198	17022309	7401041	7995108	8228207
1007896	2978945	200106	2675643	3273262
24360	129831	39966	65444	128824
58397921	77251952	20594728	43253413	45537729
601321	1276321	400144	448191	629648
75332595	110011999	34500765	53671731	61368701
159356	1074595	313495	477887	477887
4687919	4392744	2222530	1805514	2421858
109553180	142778282	45464147	72546590	78709368
39177079	54069067	14828642	30402660	31297234
47941358	74051723	25248306	34924819	41010595
27105469	19035866	7597230	9022754	8821144
17193	14370	12499	1871	2253

8-4 **续**

累计折旧	负债合计	流动负债合计	所有者权益合计	主营业务收入	主营业务成本
27439689	77423545	55841596	67107693	111182067	70195750
26181861	72279721	53468712	65698762	108619760	68079177
6220773	21389275	16004032	13498401	20875985	13303669
3384810	5394310	5096461	2995458	6515811	5038784
2835963	15994965	10907571	10502943	14360174	8264885
163758	1385083	1385083	411250	2690404	2449208
	985347	985347	-139148	373899	388262
	985347	985347	-139148	373899	388262
17885700	37051082	25936221	41710435	58225161	33182924
173174	1174866	411674	385732	371519	293550
17712526	35876216	25524547	41324703	57853642	32889374
142569	1354505	719437	981844	529956	304564
1688848	9994581	8399842	9013733	25508580	18180338
112537	804398	750446	339340	1085404	951808
1480235	8704683	7321329	8217908	23905495	16751691
96076	485500	328067	456485	517681	476839
80213	119848	38750	222247	415775	270212
597619	2103845	572419	875100	1006199	703532
597619	2103845	572419	875100	1006199	703532
660209	3039979	1800465	533831	1556108	1413041
63380	38165	35745	91666	24360	14845
596829	3001814	1764720	442165	1531748	1398196
7093897	26580570	19904281	14691156	26183541	18102881

表2

单位：千元

主营业务税金及附加	管理费用	财务费用		利润总额
			利息支出	
2050850	5784928	1188633	1092851	17800198
2027188	5748668	1021742	927322	17590123
307331	1601639	275266	280222	3869655
97917	215901	77763	79290	984006
209414	1385738	197503	200932	2885649
28191	60369	11162	11082	126507
8619	55875	2548	2572	-82360
8619	55875	2548	2572	-82360
1458440	3074609	482414	411577	10632609
3960	24162	52808	53436	229
1454480	3050447	429606	358141	10632380
8729	102614	45798	46595	49544
214727	825096	204600	175189	2927627
3243	37572	21610	16962	91984
208986	764797	169210	152079	2801304
2498	22727	13780	6148	34339
1151	28466	(46)	85	66541
14276	28695	106793	106793	153086
14276	28695	106793	106793	153086
9386	7565	60098	58736	56989
73	3409	2444	2619	36
9313	4156	57654	56117	56953
348078	1703736	365692	364383	4145099

8-4 续

累计折旧	负债合计	流动负债合计	所有者权益合计	主营业务收入	主营业务成本
6220773	21389275	16004032	13498401	20875985	13303669
163758	1385083	1385083	411250	2690404	2449208
112537	804398	750446	339340	1085404	951808
596829	3001814	1764720	442165	1531748	1398196
80213	1105195	1024097	83099	789674	658474
	985347	985347	-139148	373899	388262
80213	119848	38750	222247	415775	270212
238645	1840005	1047504	1438329	1047637	781403
142569	1354505	719437	981844	529956	304564
96076	485500	328067	456485	517681	476839
20026934	47897775	33865714	50895109	83161215	50652992
173174	1174866	411674	385732	371519	293550
1480235	8704683	7321329	8217908	23905495	16751691
597619	2103845	572419	875100	1006199	703532
63380	38165	35745	91666	24360	14845
17712526	35876216	25524547	41324703	57853642	32889374
181638	1210026	1200996	66294	616146	633747
23618815	55705370	40298285	51822347	72009039	41491861
53346	159304	153038	915291	159356	116465
732546	2629095	2373325	1724057	4588852	3852271
26707143	74794450	53468271	65383636	106593215	66343479
14668720	20635913	13169532	33433154	39174010	20069425
11657946	45332420	32296427	26089529	45608363	32124155
1112641	11450978	10371403	7574874	26376488	17983897
382	4234	4234	10136	23206	18273

表3

单位：千元

主营业务税金及附加	管理费用	财务费用		利润总额
			利息支出	
307331	1601639	275266	280222	3869655
28191	60369	11162	11082	126507
3243	37572	21610	16962	91984
9313	4156	57654	56117	56953
9770	84341	2502	2657	-15819
8619	55875	2548	2572	-82360
1151	28466	-46	85	66541
11227	125341	59578	52743	83883
8729	102614	45798	46595	49544
2498	22727	13780	6148	34339
1681775	3871510	760861	673068	13587035
3960	24162	52808	53436	229
208986	764797	169210	152079	2801304
14276	28695	106793	106793	153086
73	3409	2444	2619	36
1454480	3050447	429606	358141	10632380
10717	71055	6931	6901	-109973
1532086	4610852	726884	661050	13677873
2115	29088	-45		
62848	191217	47522	47245	349132
1988002	5593711	1141111	1045606	17451066
946004	2661615	163481	82074	8689966
753695	2576647	912070	910568	6612321
350939	545226	113070	100209	2494716
212	1440	12		3195

8-4 续

总额	利税总额	本年应付职工薪酬	本年应交增值税	全部从业人员年平均人数（人）
109973	29731347	3335984	9780509	89801
109973	29294974	3200590	9577873	88052
25703	6070696	1266604	1826752	21114
23787	1524237	423052	439451	4073
1916	4546459	843552	1387301	17041
	200923	81923	45496	2299
82360	–31135	24058	42606	489
82360	–31135	24058	42606	489
292	17688976	892355	5567099	34781
	34162	12952	29973	232
292	17654814	879403	5537126	34549
	99492	55389	39972	2565
1618	5182741	854207	2040359	26341
	143318	29109	48091	939
1618	4992031	789301	1981713	24024
	47392	35797	10555	1378
	83281	26054	15589	463
	278036	8135	110674	53
	278036	8135	110674	53
	158337	127259	91962	1696
	844	4568	735	280
	157493	122691	91227	1416
25703	6572430	1500327	2011566	25768

表4

单位：千元

总资产贡献率（%）	资产负债率（%）	流动资产周转率（次/年）	成本费用利润率（%）	产品销售率（%）
21	53	2	20	98
21	51	2	21	98
17	57	1	23	94
19	64	2	18	96
16	55	1	26	93
12	77	2	5	114
(3)	116	2	-18	100
(3)	116	2	-18	100
23	47	3	24	99
6	75	1	0	100
23	46	3	24	99
6	58	0	10	93
28	52	3	15	97
14	70	3	9	100
30	51	3	15	97
6	51	2	7	94
24	35	2	20	94
13	71	5	18	100
13	71	5	18	100
6	85	3	4	97
2	29	1	0	92
6	87	3	4	97
16	61	2	19	96

8-4 续

亏损企业亏损总额	利税总额	本年应付职工薪酬	本年应交增值税	全部从业人员年平均人数（人）
25703	6070696	1266604	1826752	21114
	200923	81923	45496	2299
	143318	29109	48091	939
	157493	122691	91227	1416
82360	52146	50112	58195	952
82360	-31135	24058	42606	489
	83281	26054	15589	463
	146884	91186	50527	3943
	99492	55389	39972	2565
	47392	35797	10555	1378
1910	22959887	1694359	7660221	59138
	34162	12952	29973	232
1618	4992031	789301	1981713	24024
	278036	8135	110674	53
	844	4568	735	280
292	17654814	879403	5537126	34549
109973	-46743	66148	52513	1764
108063	22265319	2017846	6956427	51249
	7819	8359	5704	287
3515	587625	391133	175541	13355
106458	29143722	2944851	9604968	76446
	13856243	643439	4209264	25491
108044	10885273	2082018	3431823	47031
1929	4983719	609207	2136717	17235
	6112	1320	2705	44

表5

单位：千元

总资产贡献率（%）	资产负债率（%）	流动资产周转率（次/年）	成本费用利润率（%）	产品销售率（%）
17	57	1	23	94
12	77	2	5	114
14	70	3	9	100
6	87	3	4	97
5	93	2	–2	96
–3	116	2	–18	100
24	35	2	20	94
6	56	1	8	94
6	58		10	93
6	51	2	7	94
24	48	3	21	98
6	75	1	0	100
30	51	3	15	97
13	71	5	18	100
2	29	1		92
23	46	3	24	99
–3	95	2	–15	98
21	51	2	24	98
1	15	1		98
14	60	2	8	93
21	52	2	21	98
26	38	3	29	100
16	61	2	18	96
27	60	3	13	99
43	29	2	16	76

8-5 工业企业主要

指　　标	企业单位数（个）	亏损企业	工业总产值（当年价格）
按行业大中小类分	235	6	116989195
采矿业	95	1	95104607
煤炭开采和洗选业	94	1	95061362
烟煤和无烟煤的开采洗选	94	1	95061362
黑色金属矿采选业	1		43245
铁矿采选	1		43245
制造业	126	3	14551220
农副食品加工业	7		693076
饲料加工	1		29560
植物油加工	2		43703
食用植物油加工	2		43703
制糖	1		189033
屠宰及肉类加工	2		390828
畜禽屠宰	1		153485
肉制品及副产品加工	1		237343
其他农副食品加工	1		39952
淀粉及淀粉制品的制造	1		39952
食品制造业	10		2152290
方便食品制造	2		45741
米、面制品制造	1		21905
速冻食品制造	1		23836
液体乳及乳制品制造	8		2106549
饮料制造业	5		524575
酒的制造	2		343781
白酒制造	1		227750
啤酒制造	1		116031

经济指标（按行业分）（2011年）

单位：千元

工业销售产值（当年价格）	资产总计	流动资产合计	固定资产合计	固定资产原价
114241099	147171026	47686677	74352104	81131226
93077686	118734884	37980256	57174947	57823658
93035816	118685037	37947242	57158114	57798020
93035816	118685037	37947242	57158114	57798020
41870	49847	33014	16833	25638
41870	49847	33014	16833	25638
13838185	14187773	7365938	5505367	7110380
628455	884452	410019	392995	451894
25320	19606	10379	7452	7752
42139	41428	15860	21896	19825
42139	41428	15860	21896	19825
196415	335485	168054	135477	176999
341499	340555	157551	161351	180499
142418	99191	55430	43761	44902
199081	241364	102121	117590	135597
23082	147378	58175	66819	66819
23082	147378	58175	66819	66819
2030000	1666431	1058879	468880	852842
41702	56568	34365	22203	28052
20618	29311	20870	8441	14290
21084	27257	13495	13762	13762
1988298	1609863	1024514	446677	824790
489559	630169	270910	316762	358678
348436	328164	103976	185588	227666
216089	51006	14890	22142	33419
132347	277158	89086	163446	194247

8-5 续

指　标	企业单位数（个）	亏损企业	工业总产值（当年价格）
软饮料制造	2		158841
果菜汁及果菜汁饮料制造	2		158841
精制茶加工	1		21953
纺织业	1		26462
麻纺织	1		26462
皮革、毛皮、羽毛(绒)及其制品业	1		319824
皮革鞣制加工	1		319824
木材加工及木、竹、藤、棕、草制品业	1		99285
人造板制造	1		99285
刨花板制造	1		99285
造纸及纸制品业	2		86363
纸制品制造	2		86363
纸和纸板容器的制造	2		86363
石油加工、炼焦及核燃料加工业	2		1665792
精炼石油产品的制造	1		1622968
原油加工及石油制品制造	1		1622968
炼焦	1		42824
化学原料及化学制品制造业	10	1	942656
基础化学原料制造	3		312173
无机盐制造	2		275918
有机化学原料制造	1		36255
肥料制造	4	1	312825
氮肥制造	3	1	284588
复混肥料制造	1		28237
专用化学产品制造	3		317658
化学试剂和助剂制造	1		163297
炸药及火工产品制造	1		110808

表1

单位：千元

工业销售产值（当年价格）	资产总计	流动资产合计	固定资产合计	固定资产原价
119768	266963	154157	112048	111886
119768	266963	154157	112048	111886
21355	35042	12777	19126	19126
24360	129831	39966	65444	128824
24360	129831	39966	65444	128824
287038	62395	38693	23702	14702
287038	62395	38693	23702	14702
71200	69285	32850	34525	46466
71200	69285	32850	34525	46466
71200	69285	32850	34525	46466
82023	24322	12932	11390	13429
82023	24322	12932	11390	13429
82023	24322	12932	11390	13429
1907213	1780939	1391779	342479	443791
1867585	1755331	1381596	327054	429190
1867585	1755331	1381596	327054	429190
39628	25608	10183	15425	14601
875141	656581	245868	306916	582939
296447	116210	53165	51838	123148
259901	105020	47340	46483	120022
36546	11190	5825	5355	3126
299945	298958	109708	185748	349354
276297	258976	89826	165648	317854
23648	39982	19882	20100	31500
278749	241413	82995	69330	110437
155287	99820	4100	7800	7200
76971	99732	50800	47764	85791

8-5 **续**

指　　标	企业单位数（个）	亏损企业	工业总产值（当年价格）
环境污染处理专用药剂材料制造	1		43553
医药制造业	4	1	209543
化学药品原药制造	3	1	167349
卫生材料及医药用品制造	1		42194
橡胶制品业	2		131530
再生橡胶制造	1		28059
其他橡胶制品制造	1		103471
非金属矿物制品业	66	1	4076550
水泥、石灰和石膏的制造	18		1722276
水泥制造	14		1529649
石灰和石膏制造	4		192627
水泥及石膏制品制造	8		488207
水泥制品制造	8		488207
砖瓦、石材及其他建筑材料制造	6		174086
粘土砖瓦及建筑砌块制造	5		117485
建筑陶瓷制品制造	1		56601
玻璃及玻璃制品制造	1		29688
日用玻璃制品及玻璃包装容器制造	1		29688
陶瓷制品制造	22		944258
日用陶瓷制品制造	22		944258
耐火材料制品制造	4		195000
耐火陶瓷制品及其他耐火材料制造	4		195000
石墨及其他非金属矿物制品制造	7	1	523035
石墨及碳素制品制造	4		435409
其他非金属矿物制品制造	3	1	87626
黑色金属冶炼及压延加工业	5		1316228
钢压延加工	1		22724

表2

单位：千元

工业销售产值（当年价格）	资产总计	流动资产合计	固定资产合计	固定资产原价
46491	41861	28095	13766	17446
199017	289730	127178	117523	115701
155760	170582	81363	89219	86385
43257	119148	45815	28304	29316
126390	96432	66333	10615	8069
26358	18987	8372	10615	8069
100032	77445	57961		
3569781	5208684	2272329	2213927	2606658
1486773	2738469	1088531	1119784	1342910
1311697	2546182	1026572	996554	1190956
175076	192287	61959	123230	151954
456217	595394	350969	212366	268800
456217	595394	350969	212366	268800
170573	363760	86213	224991	219511
115684	236888	63317	121015	107073
54889	126872	22896	103976	112438
24789	8874	6328	2546	3067
24789	8874	6328	2546	3067
881240	645992	239993	373356	422074
881240	645992	239993	373356	422074
193703	112539	28656	50440	55019
193703	112539	28656	50440	55019
356486	743656	471639	230444	295277
277411	481295	380232	79814	110246
79075	262361	91407	150630	185031
1259010	865565	627591	237426	394101
17193	14370	12499	1871	2253

8-5 续

指　　标	企业单位数（个）	亏损企业	工业总产值（当年价格）
铁合金冶炼	4		1293504
有色金属冶炼及压延加工业	2		1698449
常用有色金属冶炼	1		1310760
铝冶炼	1		1310760
稀有稀土金属冶炼	1		387689
稀土金属冶炼	1		387689
通用设备制造业	4		423731
锅炉及原动机制造	2		168280
锅炉及辅助设备制造	2		168280
通用零部件制造及机械修理	2		255451
机械零部件加工及设备修理	2		255451
专用设备制造业	2		71530
矿山、冶金、建筑专用设备制造	2		71530
采矿、采石设备制造	2		71530
交通运输设备制造业	1		91832
汽车制造	1		91832
汽车车身、挂车的制造	1		91832
电力、燃气及水的生产和供应业	14	2	7333368
电力、热力的生产和供应业	11	1	7177073
电力生产	7		6608839
火力发电	6		6585704
其他能源发电	1		23135
电力供应	1		349760
热力生产和供应	3	1	218474
燃气生产和供应业	2		136361
水的生产和供应业	1	1	19934
自来水的生产和供应	1	1	19934

表3

单位：千元

工业销售产值（当年价格）	资产总计	流动资产合计	固定资产合计	固定资产原价
1241817	851195	615092	235555	391848
1680192	1276257	470026	763148	845120
1310760	982046	328496	642196	727610
1310760	982046	328496	642196	727610
369432	294211	141530	120952	117510
369432	294211	141530	120952	117510
424022	438585	244929	170080	208716
168571	113803	50791	44863	70290
168571	113803	50791	44863	70290
255451	324782	194138	125217	138426
255451	324782	194138	125217	138426
71300	64915	40116	13753	21600
71300	64915	40116	13753	21600
71300	64915	40116	13753	21600
91980	28042	8272	7912	8960
91980	28042	8272	7912	8960
91980	28042	8272	7912	8960
7325228	14248369	2340483	11671790	16197188
7168933	13997983	2240408	11533683	16018271
6600699	13366002	2047265	11116103	15664656
6577564	13004245	2003339	10801511	15350064
23135	361757	43926	314592	314592
349760	403600	154980	248620	198294
218474	228381	38163	168960	155321
136361	214996	89711	113081	126160
19934	35390	10364	25026	52757
19934	35390	10364	25026	52757

8-5 续

累计折旧	负债合计	流动负债合计	所有者权益合计	主营业务收入
27439689	77423545	55841596	67107693	111182067
18905412	56853402	41370540	59388233	89160669
18896607	56845444	41365314	59346344	89118795
18896607	56845444	41365314	59346344	89118795
8805	7958	5226	41889	41874
8805	7958	5226	41889	41874
1877419	9198136	8061444	4846517	15008229
65841	664710	525309	219742	626459
300	100	100	19506	25320
1455	11877	10627	29551	43723
1455	11877	10627	29551	43723
42314	397278	393125	-61793	196415
20148	156932	107764	183623	337919
2141	44220	44220	54971	142418
18007	112712	63544	128652	195501
1624	98523	13693	48855	23082
1624	98523	13693	48855	23082
397391	1012170	920186	614903	1922936
7905	19619	12963	31555	41276
5849	9637	2981	14281	20192
2056	9982	9982	17274	21084
389486	992551	907223	583348	1881660
92812	229760	222589	400409	510097
68899	166761	161590	161403	348436
11277	28866	23695	22140	216089
57622	137895	137895	139263	132347

表4

单位：千元

主营业务成本	主营业务税金及附加	管理费用	财务费用	利息支出
70195750	2050850	5784928	1188633	1092851
51406863	1815210	5136873	629026	544252
51376653	1814995	5136562	628807	544252
51376653	1814995	5136562	628807	544252
30210	215	311	219	
30210	215	311	219	
12894317	189422	551601	218216	203667
549794	2899	25237	11821	11926
23790		1097	86	88
30805	26	816	55	55
30805	26	816	55	55
167201	997	12363	9528	9628
306174	1648	10053	1705	1705
133256	1642	620	629	629
172918	6	9433	1076	1076
21824	228	908	447	450
21824	228	908	447	450
1571801	6162	88357	10715	10862
38601	106	2613	-14	
17930	99	1576		
20671	7	1037	-14	
1533200	6056	85744	10729	10862
394209	33594	26574	6341	6370
264974	33138	20347	2735	2765
186051	13879	6023	916	916
78923	19259	14324	1819	1849

8-5 续

累计折旧	负债合计	流动负债合计	所有者权益合计	主营业务收入
22248	49324	49324	217639	141461
22248	49324	49324	217639	141461
1665	13675	11675	21367	20200
63380	38165	35745	91666	24360
63380	38165	35745	91666	24360
9000	2007	1856	60352	287038
9000	2007	1856	60352	287038
13940	18307	18307	49068	71199
13940	18307	18307	49068	71199
13940	18307	18307	49068	71199
2039	16061	16061	8261	82023
2039	16061	16061	8261	82023
2039	16061	16061	8261	82023
133295	1397091	1397091	383848	2607312
132752	1373602	1373602	381729	2580426
132752	1373602	1373602	381729	2580426
543	23489	23489	2119	26886
289330	370361	324271	240775	878682
76413	35047	33597	81163	279141
73539	29049	27599	75971	242595
2874	5998	5998	5192	36546
171025	243020	201190	51183	313083
159625	227792	201190	31183	289435
11400	15228		20000	23648
41892	92294	89484	108429	286458
133	12230	9820	46900	163297
38079	68857	68457	30875	76972

表5

单位：千元

主营业务成本	主营业务税金及附加	管理费用	财务费用	利息支出
117793	356	4373	3123	3122
117793	356	4373	3123	3122
11442	100	1854	483	483
14845	73	3409	2444	2619
14845	73	3409	2444	2619
278214	3870	767	739	700
278214	3870	767	739	700
60625	100	4079	458	460
60625	100	4079	458	460
60625	100	4079	458	460
69959	449	2956	2867	2898
69959	449	2956	2867	2898
69959	449	2956	2867	2898
2375403	27840	59817	11632	11074
2349727	27811	58926	11136	11074
2349727	27811	58926	11136	11074
25676	29	891	496	
823360	3872	22529	5880	3518
248999	804	6281	2176	153
214485	558	6023	2009	8
34514	246	258	167	145
323793	2031	11126	3176	3175
302274	2031	10614	3176	3175
21519		512		
250568	1037	5122	528	190
161008	520	250	190	190
56393	446	3928	144	

8-5 续

累计折旧	负债合计	流动负债合计	所有者权益合计	主营业务收入
3680	11207	11207	30654	46189
11040	254328	253200	35402	193534
10028	158310	157182	12272	155767
1012	96018	96018	23130	37767
1462	44973	2273	51459	126390
1462	2273	2273	16714	26358
	42700		34745	100032
496257	3108854	2907618	2093460	3507539
265089	1909751	1774294	828718	1403129
226523	1811293	1697723	734889	1224709
38566	98458	76571	93829	178420
60085	305260	305260	289103	497518
60085	305260	305260	289103	497518
25986	110173	84912	253587	170001
17524	77481	52220	159407	115112
8462	32692	32692	94180	54889
521	7248	7248	1428	24789
521	7248	7248	1428	24789
59967	393921	380406	252071	877358
59967	393921	380406	252071	877358
4579	69129	69129	43409	178896
4579	69129	69129	43409	178896
80030	313372	286369	425144	355848
45479	230066	206463	251229	272698
34551	83306	79906	173915	83150
158285	767995	751761	97570	1261151

表6

单位：千元

主营业务成本	主营业务税金及附加	管理费用	财务费用	利息支出
33167	71	944	194	
150005	1518	16243	7341	7087
139705	736	6287	4780	4696
10300	782	9956	2561	2391
111753	1377	1051	7000	7000
18734	260	771	6788	6788
93019	1117	280	212	212
2613547	25993	216163	109156	99587
931858	6859	143671	84773	75679
772743	6183	134089	84351	75255
159115	676	9582	422	424
361300	2810	16787	6103	6184
361300	2810	16787	6103	6184
122252	403	7812	1481	1491
80064	294	6814	1424	1434
42188	109	998	57	57
22402	383	442	346	346
22402	383	442	346	346
768484	12514	21074	4856	4359
768484	12514	21074	4856	4359
119766	793	2304	465	465
119766	793	2304	465	465
287485	2231	24073	11132	11063
215452	1905	17093	9631	9561
72033	326	6980	1501	1502
1164517	74153	22410	21161	18466

8-5 **续**

累计折旧	负债合计	流动负债合计	所有者权益合计	主营业务收入
382	4234	4234	10136	23206
157903	763761	747527	87434	1237945
91988	897753	333558	328504	2337554
88546	704535	221364	227511	1968122
88546	704535	221364	227511	1968122
3442	193218	112194	100993	369432
3442	193218	112194	100993	369432
38913	321842	297860	116742	391443
25704	42469	18487	71334	149322
25704	42469	18487	71334	149322
13209	279373	279373	45408	242121
13209	279373	279373	45408	242121
8755	40789	40789	24126	68284
8755	40789	40789	24126	68284
8755	40789	40789	24126	68284
1048	10087	10087	17955	91980
1048	10087	10087	17955	91980
1048	10087	10087	17955	91980
6656858	11372007	6409612	2872943	7013169
6608390	11221310	6289150	2773254	6891433
6442193	10737844	6190871	2624741	6320007
6439472	10451504	6129531	2552741	6296872
2721	286340	61340	72000	23135
121821	390549	43379	13049	349760
44376	92917	54900	135464	221666
20556	142855	112620	72141	101726
27912	7842	7842	27548	20010
27912	7842	7842	27548	20010

表7

单位：千元

主营业务成本	主营业务税金及附加	管理费用	财务费用	利息支出
18273	212	1440	12	
1146244	73941	20970	21149	18466
2256478	4768	25785	15678	15761
1909911	202	24999	14915	14921
1909911	202	24999	14915	14921
346567	4566	786	763	840
346567	4566	786	763	840
317158	2257	33102	5162	4803
136451	1143	5016	2327	1899
136451	1143	5016	2327	1899
180707	1114	28086	2835	2904
180707	1114	28086	2835	2904
60502	260	2214	−346	369
60502	260	2214	−346	369
60502	260	2214	−346	369
64097	118	465	89	89
64097	118	465	89	89
64097	118	465	89	89
5894570	46218	96454	341391	344932
5823927	44417	77573	341528	344932
5352274	41995	65702	341727	345276
5344000	41995	65055	334697	342832
8274		647	7030	2444
279038	2420		9	−170
192615	2	11871	−208	−174
56135	534	13166	−111	
14508	1267	5715	−26	
14508	1267	5715	−26	

8-5 续

利润总额	亏损企业亏损总额	利税总额	本年应付职工薪酬	本年应交增值税	全部从业人员年平均人数（人）
17800198	109973	29731347	3335984	9780509	89801
16032045	82360	26670363	1967798	8747980	55943
16029798	82360	26664552	1964720	8744631	55853
16029798	82360	26664552	1964720	8744631	55853
2247		5811	3078	3349	90
2247		5811	3078	3349	90
1090303	25697	1789433	819233	508875	27865
35655		55640	55424	17086	1323
6270		6270	3480		72
7684		9648	2583	1938	126
7684		9648	2583	1938	126
946		5503	9638	3560	415
20145		32709	32067	10916	420
4862		7650	2032	1146	120
15283		25059	30035	9770	300
610		1510	7656	672	290
610		1510	7656	672	290
186264		276764	58542	84234	2474
1448		3086	633	1428	136
1367		2195	497	725	51
81		891	136	703	85
184816		273678	57909	82806	2338
14056		65848	39101	18198	1127
3103		47782	32078	11541	903
2798		21913	8359	5236	387
305		25869	23719	6305	516

表8

单位：千元

总资产贡献率（%）	资产负债率（%）	流动资产周转率（次/年）	成本费用利润率（%）	产品销售率（%）
20.95	52.61	2.35	20.48	97.65
22.93	47.88	2.36	24.12	97.87
22.93	47.90	2.36	24.12	97.87
22.93	47.90	2.36	24.12	97.87
11.66	15.96	1.27	7.13	96.82
11.66	15.96	1.27	7.13	96.82
14.04	64.83	2.05	7.78	95.10
7.63	75.16	1.53	5.94	90.68
32.42	0.51	2.44	20.92	85.66
23.42	28.67	2.76	23.94	96.42
23.42	28.67	2.76	23.94	96.42
4.48	118.42	1.17	0.49	103.91
10.11	46.08	2.14	6.29	87.38
8.35	44.58	2.57	3.58	92.79
10.83	46.70	1.91	8.29	83.88
1.33	66.85	0.40	2.58	57.77
1.33	66.85	0.40	2.58	57.77
17.25	60.74	1.83	10.65	94.32
5.46	34.68	1.35	3.41	91.17
7.49	32.88	1.11	6.81	94.12
3.27	36.62	1.72	0.36	88.45
17.66	61.65	1.84	10.83	94.39
11.45	36.46	1.93	2.97	93.32
15.38	50.82	3.44	0.97	101.35
44.76	56.59	14.51	1.41	94.88
9.97	49.75	1.59	0.25	114.06

8-5 续

利润总额	亏损企业亏损总额	利税总额	本年应付职工薪酬	本年应交增值税	全部从业人员年平均人数（人）
10408		17421	6323	6657	174
10408		17421	6323	6657	174
545		645	700		50
36		844	4568	735	280
36		844	4568	735	280
2750		7790	4120	1170	108
2750		7790	4120	1170	108
4477		8136	7271	3559	225
4477		8136	7271	3559	225
4477		8136	7271	3559	225
2561		4891	10533	1881	157
2561		4891	10533	1881	157
2561		4891	10533	1881	157
134256		206304	73281	43479	1935
126399		198077	72831	43138	1883
126399		198077	72831	43138	1883
7857		8227	450	341	52
9322	23787	38709	65023	25515	2157
7182		16796	22072	8810	874
6071		14781	21335	8152	834
1111		2015	737	658	40
-12791	23787	123	33407	10883	881
-13993	23787	-1079	29702	10883	800
1202		1202	3705		81
14931		21790	9544	5822	402
1100		2041	3259	421	97
13087		18229	3915	4696	222

表9

单位：千元

总资产贡献率（%）	资产负债率（%）	流动资产周转率（次/年）	成本费用利润率（%）	产品销售率（%）
7.70	18.48	0.94	7.64	75.40
7.70	18.48	0.94	7.64	75.40
3.22	39.02	1.58	3.36	97.28
2.41	29.40	0.61	0.15	92.06
2.41	29.40	0.61	0.15	92.06
13.61	3.22	7.42	0.98	89.75
13.61	3.22	7.42	0.98	89.75
12.40	26.42	2.17	6.54	71.71
12.40	26.42	2.17	6.54	71.71
12.40	26.42	2.17	6.54	71.71
31.90	66.03	6.34	3.30	94.97
31.90	66.03	6.34	3.30	94.97
31.90	66.03	6.34	3.30	94.97
12.20	78.45	1.90	5.40	114.49
11.91	78.25	1.89	5.16	115.07
11.91	78.25	1.89	5.16	115.07
32.13	91.73	3.37	22.25	92.54
6.42	56.41	3.58	1.07	92.84
14.59	30.16	5.26	2.64	94.96
14.09	27.66	5.13	2.56	94.20
19.30	53.60	6.27	3.16	100.80
1.10	81.29	2.86	–3.76	95.88
0.81	87.96	3.23	–4.41	97.09
3.01	38.09	1.19	5.34	83.75
9.08	38.23	3.45	5.71	87.75
2.24	12.25	39.83	0.68	95.09
18.24	69.04	1.52	20.60	69.46

8-5 续

利润总额	亏损企业亏损总额	利税总额	本年应付职工薪酬	本年应交增值税	全部从业人员年平均人数（人）
744		1520	2370	705	83
16768	1618	25477	15401	7191	543
5748	1618	10163	10457	3679	379
11020		15314	4944	3512	164
6091		10884	5777	3416	213
981		2557	2969	1316	85
5110		8327	2808	2100	128
410378	292	679419	389545	243048	13676
114208		236013	95654	114946	3411
97302		208241	79498	104756	2999
16906		27772	16156	10190	412
76909		111405	34869	31686	1232
76909		111405	34869	31686	1232
34192		47762	24683	13167	847
23497		31446	15440	7655	498
10695		16316	9243	5512	349
936		2042	4200	723	125
936		2042	4200	723	125
91134		146455	188907	42807	6760
91134		146455	188907	42807	6760
54405		82872	10503	27674	397
54405		82872	10503	27674	397
38594	292	52870	30729	12045	904
38849		46977	23592	6223	644
–255	292	5893	7137	5822	260
175289		278831	15817	29389	886
3195		6112	1320	2705	44
172094		272719	14497	26684	842

表10

单位：千元

总资产贡献率（%）	资产负债率（%）	流动资产周转率（次/年）	成本费用利润率（%）	产品销售率（%）
3.61	26.77	1.64	2.06	106.75
11.24	87.78	1.52	9.26	94.98
8.71	92.81	1.91	3.72	93.07
14.86	80.59	0.82	41.58	102.52
18.55	46.64	1.91	5.07	96.09
49.22	11.97	3.15	3.73	93.94
11.03	55.14	1.73	5.45	96.68
14.97	59.69	1.54	13.55	87.57
11.40	69.74	1.29	9.65	86.33
11.16	71.14	1.19	9.63	85.75
14.66	51.20	2.88	9.79	90.89
19.74	51.27	1.42	18.74	93.45
19.74	51.27	1.42	18.74	93.45
13.54	30.29	1.97	23.81	97.98
13.88	32.71	1.82	23.54	98.47
12.91	25.77	2.40	24.42	96.98
26.91	81.68	3.92	4.00	83.50
26.91	81.68	3.92	4.00	83.50
23.35	60.98	3.66	11.35	93.33
23.35	60.98	3.66	11.35	93.33
74.05	61.43	6.24	43.98	99.33
74.05	61.43	6.24	43.98	99.33
8.60	42.14	0.75	11.29	68.16
11.75	47.80	0.72	15.24	63.71
2.82	31.75	0.91	−0.29	90.24
34.35	88.73	2.01	14.32	95.65
42.51	29.46	1.86	16.09	75.66
34.21	89.73	2.01	14.29	96.00

8-5 续

利润总额	亏损企业亏损总额	利税总额	本年应付职工薪酬	本年应交增值税	全部从业人员年平均人数（人）
29016		50083	37870	16299	1333
13371		19141	26370	5568	683
13371		19141	26370	5568	683
15645		30942	11500	10731	650
15645		30942	11500	10731	650
33989		39656	28617	3410	901
3209		6783	13450	2431	556
3209		6783	13450	2431	556
30780		32873	15167	979	345
30780		32873	15167	979	345
1631		2783	4222	892	346
1631		2783	4222	892	346
1631		2783	4222	892	346
26895		35998	1505	8985	69
26895		35998	1505	8985	69
26895		35998	1505	8985	69
677850	1916	1271551	548953	523654	5993
638939	19	1223951	532095	518013	5503
565551		1112755	477144	482627	3958
562134		1109338	476994	482627	3943
3417		3417	150		15
71160		91440	26612	17860	575
2228	19	19756	28339	17526	970
40808		47102	9137	4513	144
-1897	1897	498	7721	1128	346
-1897	1897	498	7721	1128	346

表11

单位：千元

总资产贡献率（%）	资产负债率（%）	流动资产周转率（次/年）	成本费用利润率（%）	产品销售率（%）
5.15	70.34	4.97	1.25	98.93
3.46	71.74	5.99	0.68	100.00
3.46	71.74	5.99	0.68	100.00
10.77	65.67	2.61	4.48	95.29
10.77	65.67	2.61	4.48	95.29
10.12	73.38	1.60	9.53	100.07
7.63	37.32	2.94	2.21	100.17
7.63	37.32	2.94	2.21	100.17
10.99	86.02	1.25	14.54	100.00
10.99	86.02	1.25	14.54	100.00
4.29	62.83	1.70	2.42	99.68
4.29	62.83	1.70	2.42	99.68
4.29	62.83	1.70	2.42	99.68
128.69	35.97	11.12	41.40	100.16
128.69	35.97	11.12	41.40	100.16
128.69	35.97	11.12	41.40	100.16
11.33	79.81	3.07	10.53	99.89
11.19	80.16	3.14	10.11	99.89
10.89	80.34	3.15	9.69	99.88
11.15	80.37	3.21	9.67	99.88
1.62	79.15	0.53	14.22	100.00
22.66	96.77	2.26	25.50	100.00
8.56	40.69	5.95	1.09	100.00
21.85	66.45	1.56	41.94	100.00
1.32	22.16	1.93	–9.39	100.00
1.32	22.16	1.93	–9.39	100.00

8-6 大中型工业企业

指　　标	企业单位数（个）	亏损企业	工业总产值（当年价格）	工业销售产值（当年价格）
总　计	**118**	**3**	**89447985**	**87118437**
煤炭开采和洗选业	49	1	71790894	69989012
黑色金属矿采选业	1		43245	41870
农副食品加工业	4		495888	443898
食品制造业	8		2048884	1932455
饮料制造业	3		407074	412956
纺织业	1		26462	24360
木材加工及木、竹、藤、棕、草制品业	1		99285	71200
石油加工、炼焦及核燃料加工业	2		1665792	1907213
化学原料及化学制品制造业	6	1	722235	689337
非金属矿物制品业	29		2751379	2285187
黑色金属冶炼及压延加工业	1		406520	356728
有色金属冶炼及压延加工业	2		1698449	1680192
通用设备制造业	1		144715	145006
废弃资源和废旧材料回收加工业				
电力、热力的生产和供应业	9		7105725	7097585
燃气生产和供应业				
水的生产和供应业	1	1	19934	19934

主要经济指标（2011年）

单位：千元

资产总计	流动资产合计	固定资产合计	固定资产原价	累计折旧
128120790	40076948	65327479	72307829	26326666
103906632	32347166	50112589	51190023	18144958
49847	33014	16833	25638	8805
743833	338729	327338	387167	62245
1577490	1017204	421614	808066	394422
412632	132926	240348	282264	81616
129831	39966	65444	128824	63380
69285	32850	34525	46466	13940
1780939	1391779	342479	443791	133295
473218	153626	216976	454620	243104
3689693	1703423	1430621	1692732	317454
290005	160632	128844	239662	110818
1276257	470026	763148	845120	91988
79174	42705	18321	43953	25632
13591406	2195270	11175483	15658856	6604454
35390	10364	25026	52757	27912

8-6 续

负债合计	流动负债合计	所有者权益合计	主营业务收入	主营业务成本
65968333	45465959	59522683	84782373	52193580
48109042	33257755	53304344	66754135	36714421
7958	5226	41889	41874	30210
608613	470462	135220	440318	385733
955404	863560	582915	1826942	1484089
185739	180568	226893	412954	319368
38165	35745	91666	24360	14845
18307	18307	49068	71199	60625
1397091	1397091	383848	2607312	2375403
248620	209930	179153	693179	674794
2350682	2273940	1339011	2257506	1651423
172764	172764	117241	325477	306011
897753	333558	328504	2337554	2256478
39304	15322	39870	129220	120602
10928166	6221006	2663238	6820085	5767020
7842	7842	27548	20010	14508

表1

单位：千元

主营业务税金及附加	管理费用	财务费用	利息支出	利润总额
1699699	5238262	1075551	992642	15302287
1558519	4730580	581083	501907	14065500
215	311	219		2247
1231	23801	11137	11242	23109
5552	86310	9086	9219	182462
33214	20868	5857	5887	12047
73	3409	2444	2619	36
100	4079	458	460	4477
27840	59817	11632	11074	134256
2797	17187	5222	3220	–6023
18379	174872	92885	83420	215665
72	6011	3190	3190	2818
4768	25785	15678	15761	29016
1138	2431	1932	1899	2164
44415	76643	334676	342666	635541
1267	5715	–26		–1897

8-6 续

亏损企业亏损总额	利税总额	本年应付职工薪酬	本年应交增值税	人员年平均人数（人）
108044	24741516	2725457	7641087	72522
82360	22455017	1609420	6755870	47826
	5811	3078	3349	90
	38342	50809	14002	1077
	270475	53066	82457	2211
	61726	37225	16465	979
	844	4568	735	280
	8136	7271	3559	225
	206304	73281	43479	1935
23787	16051	49785	19277	1627
	383399	258626	149355	8670
	17514	2149	14624	310
	50083	37870	16299	1333
	5389	11050	2087	419
	1220551	516922	518013	5082
1897	498	7721	1128	346

表2

单位：千元

总资产贡献率（%）	资产负债率（%）	流动资产周转率（次/年）	成本费用利润率（%）	产品销售率（%）
20.09	51.49	2.13	22.72	97.40
22.10	46.30	2.08	27.83	97.49
11.66	15.96	1.27	7.13	96.82
6.65	81.82	1.30	5.34	89.52
17.72	60.56	1.80	11.02	94.32
16.37	45.01	3.18	3.17	101.44
2.41	29.40	0.61	0.15	92.06
12.40	26.42	2.17	6.54	71.71
12.20	78.45	1.90	5.40	114.49
4.07	52.54	4.52	-0.84	95.44
12.67	63.71	1.33	10.98	83.06
7.14	59.57	2.03	0.87	87.75
5.15	70.34	4.97	1.25	98.93
9.21	49.64	3.03	1.72	100.20
11.48	80.40	3.17	10.17	99.89
1.32	22.16	1.93	-9.39	100.00

8-7 国有控股工业企业

指　　标	企业单位数（个）	亏损企业	工业总产值（当年价格）	工业销售产值（当年价格）
总 计	61	4	77258847	75332595
煤炭开采和洗选业	39	1	70331728	68640209
农副食品加工业	1		189033	196415
饮料制造业	1		116031	132347
化学原料及化学制品制造业	2	1	148227	142406
橡胶制品业	1		103471	100032
非金属矿物制品业	5		826830	635591
黑色金属冶炼及压延加工业	1		406520	356728
通用设备制造业	1		225237	225237
电力、热力的生产和供应业	8	1	4788866	4780726
燃气生产和供应业	1		102970	102970
水的生产和供应业	1	1	19934	19934

主要经济指标（2011年）

单位：千元

资产总计	流动资产合计	固定资产合计	固定资产原价	累计折旧
110011999	34500765	53671731	61368701	23618815
99457125	31306441	46998570	49145057	17683351
335485	168054	135477	176999	42314
277158	89086	163446	194247	57622
178028	75802	100204	222688	125176
77445	57961			
1480656	708846	296939	421201	124362
290005	160632	128844	239662	110818
288265	165854	117711	128950	11239
7429962	1684957	5627548	10695345	5422192
162480	72768	77966	91795	13829
35390	10364	25026	52757	27912

8-7 续

负债合计	流动负债合计	所有者权益合计	主营业务收入	主营业务成本
55705370	40298285	51822347	72009039	41491861
47369564	34038109	49603282	65658043	36293433
397278	393125	-61793	196415	167201
137895	137895	139263	132347	78923
174507	159605	3520	153074	168383
42700		34745	100032	93019
1141472	1096472	339184	633531	294812
172764	172764	117241	325477	306011
262240	262240	26025	211907	156229
5879760	3941120	1550200	4513720	3881425
119348	89113	43132	64483	37917
7842	7842	27548	20010	14508

表1

单位：千元

主营业务税金及附加	管理费用	财务费用	利息支出	利润总额
1532086	4610852	726884	661050	13677873
1479757	4381897	484434	409690	13151758
997	12363	9528	9628	946
19259	14324	1819	1849	305
918	3642	1924	1923	–23384
1117	280	212	212	5110
5430	103922	53299	52353	57721
72	6011	3190	3190	2818
1095	27032	2305	2374	26025
21735	48231	170305	179831	427772
439	7435	–106		30699
1267	5715	–26		–1897

8-7 续

亏损企业亏损总额	利税总额	本年应付职工薪酬	本年应交增值税	人员年平均人数（人）
108063	22265319	2017846	6956427	51249
82360	21251700	1482134	6545081	42924
	5503	9638	3560	415
	25869	23719	6305	516
23787	-17798	23417	4668	531
	8327	2808	2100	128
	119964	40417	56813	1487
	17514	2149	14624	310
	27120	9827		167
19	790537	409015	318448	4327
	36085	7001	3700	98
1897	498	7721	1128	346

表2

单位：千元

总资产贡献率（%）	资产负债率（%）	流动资产周转率（次/年）	成本费用利润率（%）	产品销售率（%）
20.85	50.64	2.11	24.48	97.51
21.79	47.63	2.11	26.26	97.59
4.48	118.42	1.17	0.49	103.91
9.97	49.75	1.59	0.25	114.06
-8.92	98.02	2.02	-13.34	96.07
11.03	55.14	1.73	5.45	96.68
11.64	77.09	0.89	12.63	76.87
7.14	59.57	2.03	0.87	87.75
10.21	90.97	1.28	14.02	100.00
13.04	79.14	2.75	10.31	99.83
22.14	73.45	1.42	43.49	100.00
1.32	22.16	1.93	-9.39	100.00

8-8 私营工业企业

指　　标	企业单位数（个）	亏损企业	工业总产值（当年价格）	工业销售产值（当年价格）
总　计	**143**	**1**	**27627675**	**26740248**
煤炭开采和洗选业	47		19668602	19359081
黑色金属矿采选业	1		43245	41870
农副食品加工业	6		504043	432040
食品制造业	7		1652788	1564982
饮料制造业	2		85246	85875
皮革、毛皮、羽毛(绒)及其制品业	1		319824	287038
木材加工及木、竹、藤、棕、草制品业	1		99285	71200
造纸及纸制品业	2		86363	82023
石油加工、炼焦及核燃料加工业	1		42824	39628
化学原料及化学制品制造业	7		684451	622757
医药制造业	3	1	91376	92591
橡胶制品业	1		28059	26358
非金属矿物制品业	53		2806643	2545867
黑色金属冶炼及压延加工业	3		717565	709625
有色金属冶炼及压延加工业	1		387689	369432
通用设备制造业	2		168280	168571
专用设备制造业	2		71530	71300
交通运输设备制造业	1		91832	91980
电力、热力的生产和供应业	1		23135	23135
燃气生产和供应业	1		33391	33391

主要经济指标（2011年）

单位：千元

资产总计	流动资产合计	固定资产合计	固定资产原价	累计折旧
19112788	**7965020**	**9396550**	**9506887**	**1688848**
11680436	4513387	5992872	5360804	777850
49847	33014	16833	25638	8805
548967	241965	257518	274895	23527
1454245	909708	427429	734649	318593
119510	41727	73886	73724	14382
62395	38693	23702	14702	9000
69285	32850	34525	46466	13940
24322	12932	11390	13429	2039
25608	10183	15425	14601	543
437551	146267	189755	312288	133148
255565	116440	94096	103696	9600
18987	8372	10615	8069	1462
2957277	1161173	1614518	1823532	287031
478391	389463	88909	125187	37888
294211	141530	120952	117510	3442
113803	50791	44863	70290	25704
64915	40116	13753	21600	8755
28042	8272	7912	8960	1048
361757	43926	314592	314592	2721
52516	16943	35115	34365	6727

8-8 续

负债合计	流动负债合计	所有者权益合计	主营业务收入	主营业务成本
9994581	8399842	9013733	25508580	18180338
5511528	4586364	6159938	18277583	12027455
7958	5226	41889	41874	30210
267432	132184	281535	430044	382593
917229	881082	497659	1531237	1312491
32653	30653	86857	84718	65836
2007	1856	60352	287038	278214
18307	18307	49068	71199	60625
16061	16061	8261	82023	69959
23489	23489	2119	26886	25676
184373	153185	207734	615630	555496
234225	233097	21340	87108	45904
2273	2273	16714	26358	18734
1675930	1544955	1276007	2444224	1986573
501823	501823	-23432	743014	668413
193218	112194	100993	369432	346567
42469	18487	71334	149322	136451
40789	40789	24126	68284	60502
10087	10087	17955	91980	64097
286340	61340	72000	23135	8274
23507	23507	29009	37243	18218

表1

单位：千元

主营业务税金及附加	管理费用	财务费用	利息支出	利润总额
214727	825096	204600	175189	2927627
103823	586197	89395	78907	2150888
215	311	219		2247
1902	12874	2293	2298	34709
5016	61433	10850	10862	124302
176	2375	3605	3605	9489
3870	767	739	700	2750
100	4079	458	460	4477
449	2956	2867	2898	2561
29	891	496		7857
2574	17444	3930	1587	32598
891	15939	7088	6834	15943
260	771	6788	6788	981
15823	88456	48502	39791	304728
73298	15301	17434	14740	172322
4566	786	763	840	15645
1143	5016	2327	1899	3209
260	2214	–346	369	1631
118	465	89	89	26895
	647	7030	2444	3417
95	5731	–5		10109

8-8 续

亏损企业亏损总额	利税总额	本年应付职工薪酬	本年应交增值税	人员年平均人数（人）
1618	5182741	854207	2040359	26341
	3977172	358098	1722437	8609
	5811	3078	3349	90
	50137	45786	13526	908
	197264	43858	67942	2210
	14589	5847	4924	126
	7790	4120	1170	108
	8136	7271	3559	225
	4891	10533	1881	157
	8227	450	341	52
	53661	32514	18489	1210
1618	23422	8681	6588	333
	2557	2969	1316	85
	483314	284284	162763	10030
	253454	11139	7834	404
	30942	11500	10731	650
	6783	13450	2431	556
	2783	4222	892	346
	35998	1505	8985	69
	3417	150		15
	11017	2136	813	46

表2

单位：千元

总资产贡献率（%）	资产负债率（%）	流动资产周转率（次/年）	成本费用利润率（%）	产品销售率（%）
28.02	52.29	3.21	14.86	96.79
34.71	47.19	4.07	16.53	98.43
11.66	15.96	1.27	7.13	96.82
9.55	48.72	1.78	8.55	85.71
14.31	63.07	1.69	8.60	94.69
15.22	27.32	2.03	12.50	100.74
13.61	3.22	7.42	0.98	89.75
12.40	26.42	2.17	6.54	71.71
31.90	66.03	6.34	3.30	94.97
32.13	91.73	3.37	22.25	92.54
12.62	42.14	4.21	5.54	90.99
11.84	91.65	0.75	20.96	101.33
49.22	11.97	3.15	3.73	93.94
17.71	56.67	2.10	14.02	90.71
56.06	104.90	1.91	24.37	98.89
10.77	65.67	2.61	4.48	95.29
7.63	37.32	2.94	2.21	100.17
4.29	62.83	1.70	2.42	99.68
128.69	35.97	11.12	41.40	100.16
1.62	79.15	0.53	14.22	100.00
20.96	44.76	2.20	37.83	100.00

8-9 外商和港澳台商投资

指　标	企业单位数（个）	亏损企业	工业总产值（当年价格）	工业销售产值（当年价格）	负债合计	流动负债合计	所有者权益合计	主营业务收入	主营业务成本
总　计	**5**		**2605249**	**2551106**	5143824	2372884	1408931	2562307	2116573
饮料制造业	1		95548	55248	30346	30346	152149	76943	63399
纺织业	1		26462	24360	38165	35745	91666	24360	14845
医药制造业	1		118167	106426	20103	20103	14062	106426	104101
电力、热力的生产和供应业	2		2365072	2365072	5055210	2286690	1151054	2354578	1934228

工业企业主要经济指标（2011年）

单位：千元

资产总计	流动资产合计	固定资产合计	固定资产原价	累计折旧
6552755	**687436**	**5737702**	**5206451**	**1257828**
182495	125207	57288	57288	9531
129831	39966	65444	128824	63380
34165	10738	23427	12005	1440
6206264	511525	5591543	5008334	1183477

表1

单位：千元

主营业务税金及附加	管理费用	财务费用	利息支出	利润总额
23662	36260	166891	165529	210075
280	3852	1		1464
73	3409	2444	2619	36
627	304	253	253	825
22682	28695	164193	162657	207750

8-9 **续**

亏损企业亏损总额	利税总额	本年应付职工薪酬	本年应交增值税	全部从业人员年平均人数（人）
	436373	135394	202636	1749
	3477	1176	1733	98
	844	4568	735	280
	2055	6720	603	210
	429997	122930	199565	1161

表2

单位：千元

总资产贡献率（%）	资产负债率（%）	流动资产周转率（次/年）	成本费用利润率（%）	产品销售率（%）
9.17	78.50	3.75	8.93	97.92
1.91	16.63	0.64	1.91	57.82
2.41	29.40	0.61	0.15	92.06
6.76	58.84	9.91	0.79	90.06
9.54	81.45	4.62	9.68	100.00

主要统计指标解释

工业 指从事自然资源的开采，对采掘品和农产品进行加工和再加工的物质生产部门。具体包括：（1）对自然资源的开采，如采矿、晒盐、森林采伐等(但不包括禽兽捕猎和水产捕捞)；（2）对农副产品的加工、再加工，如粮油加工、食品加工、轧花、缫丝、纺织、制革等；（3）对采掘品的加工、再加工，如炼铁、炼钢、化工生产、石油加工、机器制造、木材加工等，以及电力、自来水、煤气的生产和供应等；（4）对工业品的修理、翻新，如机器设备的修理、交通运输工具(包括小轿车)的修理等。

1984 年以前农村的村及村以下办工业归属农业，1984 年以后划归工业。

工业统计调查单位 工业统计调查单位分为两类：独立核算法人工业企业和工业活动单位。

（1）独立核算法人工业企业指从事工业生产经营活动的单位。独立核算法人工业企业应同时具备以下条件：①依法成立，有自己的名称、组织机构和场所，能够承担民事责任；②独立拥有和使用资产，承担负债，有权与其他单位签订合同；③独立核算盈亏，并能够编制资产负债表。

（2）工业活动单位指在一个场所从事一种或主要从事一种工业生产活动的经济单位。它包括独立核算工业企业按主营业务活动(即工业生产活动)划分的主营业务活动单位和非工业企业所属的工业生产活动单位(即原非独立核算工业生产单位)。工业活动单位，一般应同时具备以下三个条件：①具有一个场所，从事一种或主要从事一种工业活动；②单独组织工业生产、经营或业务活动；③单独核算收入和支出。

本资料中涉及的企业登记注册类型：

（1）国有及国有控股企业 指国有企业和国有控股企业。国有企业（即过去的全民所有制工业或国营工业）是指企业全部资产归国家所有，并按《中华人民共和国企业法人登记管理条例》规定登记注册的非公司制的经济组织。包括国有企业、国有独资公司和国有联营企业；国有控股企业是对混合所有制经济的企业进行的“国有控股”分类，它是指这些企业的全部资产中国有资产（股份）相对其他所有者中的任何一个所有者占资（股）最多的企业。

（2）集体企业 指企业资产归集体所有，并按《中华人民共和国企业法人登记管理条例》规定登记注册的经济组织，是社会主义公有制经济的组成部分。包括城乡所有使用集体投资举办的企业，以及部分个人通过集资自愿放弃所有权并依法经工商行政管理机关认定为集体所有制的企业。

（3）股份有限公司 指根据《中华人民共和国企业法人登记管理条例》规定登记注册，其全部注册资本由等额股份构成并通过发行股票筹集资本，股东以其认购的股份对公司承担有限责任，公司以其全部资产对其债务承担责任的经济组织。

（4）港、澳、台商投资企业 指企业注册登记类型中的港、澳、台资合资、合作、独资经营企业和股份有限公司之和。

（5）外商投资企业 指企业注册登记类型中的中外合资、合作经营企业、外资企业和外商投资股份有限公司之和。

（6）其他企业 指除国有企业、集体企业、个体经营以外的其他类型工业企业。包括联营企业、私营企业、股份有限公司，有限责任公司；外商投资企业(中外合资经营、中外合作经营、外资企业)；港、澳、台投资企业(与大陆合资经营、与大陆合作经营、港、澳、台独资企业)及其他企业。

轻工业 指主要提供生活消费品和制作手工工具的工业。按其所使用的原料不同，可分为两大类：（1）以农产品为原料的轻工业，是指直接或间接以农产品为基本原料的轻工业。主要包括食品制造、饮料制造、烟草加工、纺织、缝纫、皮革和毛皮制作、造纸以及印刷等工业；（2）以非农产品为原料的轻工业，是指以工业品为原料的轻工业。主要包括文教体育用品、化学药品制造、合成纤维制造、日用化学制品、日用玻璃制品、日用金属制品、手工工具制造、医疗器械制造、文化和办公用机械制造等工业。

重工业 指为国民经济各部门提供物质技术基础的主要生产资料的工业。按其生产性质和产品用途，可以分为下列三类：（1）采掘工业，是指对自然资源的开采，包括石油开采、煤炭开采、金属矿开采、非金属矿开采和木材采伐等工业；（2）原材料工业，指向国民经济各部门提供基本材料、动力和燃料的工业。包括金属冶炼及加工、炼焦、化学、化工原料、水泥、人造板以及电力、石油和煤炭加工等工业；（3）加工工业，是指对工业原材料进行再加工制造的工业。包括装备国民经济各部门的机械设备制造工业、金属结构、水泥制品等工业，以及为农业提供的生产资料如化肥、农药等工业。

根据上述划分原则，修理业中以重工业产品为修理作业对象的划为重工业，反之划为轻工业。

从 2003 年起轻、重工业内部不再细划分。

工业总产值 指以货币表现的工业企业在一定时期内生产的已出售或可供出售工业产品总量，它反映一定时间内工业生产的总规模和总水平。它包括：在本企业内不再进行加工，经检验、包装入库规定不需包装的产品除外的成品价值，对外加工费收入，自制半成品、在产品期末初差额价值。工业总产值采用“工厂法”计算，即以工业企业作为一个整体，按企业工业生产活动的最终成果来计算，企业内部不允许重复计算，不能把企业内部各个车间（分厂）生产的成果相加。但在企业之间、行业之间、地区之间存在着重复计算。

轻重工业总产值的划分也是按“工厂法”计算的，即一个工业企业在正常情况下生产的主要产品的性质属于轻工业，则该企业的全部工业总产值作为轻工业总产值，生产的主要产品的性质属于重工业，则该企业的全部总产值作为重工业总产值。

工业增加值 指工业企业在报告期内以货币表现的工业生产活动的最终成果。

实收资本 指企业实际收到的投资人投入的资本（或股本），包括货币、实物、无形资产等各种形式的投入。按投资主体可分为国家资本、集体资本、法人资本、个人资本、港澳台资本和外商资本等。

资产合计 指企业拥有或控制的能以货币计量的经济资源。包括各种财产、债权和其他权利。资产按其流动性划分为流动资产、长期投资、固定资产、无形及递延资产和其他资产。

（1）流动资产　指企业可以在一年内或者超过一年的一个生产周期内变现或耗用的资产合计。包括现金及各种存款、短期投资、应收及预付款项、存货等。

（2）固定资产　指企业固定资产净值、固定资产清理、在建工程、待处理固定资产损失所占用的资金合计。

（3）无形资产　指企业长期使用而没有实物形态的资产。包括专利权、非专利技术、商标权、著作权、土地使用权、商誉等。

负债合计 指企业承担的能以货币计量，将以资产或劳务偿付的债务。负债一般按偿还期长短分为流动负债和长期负债、递延税项等。

（1）流动负债指企业在一年内或者超过一年的一个营业周期内需要偿还的债务合计，其中包括短期借款、应付及预收款项、应付工资、应交税金和应交利润等。

（2）长期负债指企业在一年以上或者超过一年的一个营业周期以上需要偿还的债务合计，其中包括长期借款、应付债务、长期应付款项等。

所有者权益 指企业投资人对企业净资产的所有权。企业净资产等于企业全部资产减去全部负债后的余额，其中包括投资者对企业的最初投入，以及资本公积金、盈余公积金和未分配利润，股份制企业即为股东权益。

固定资产原价 指企业在建造、购置、安装、改建、扩建、技术改造某项固定资产时所支出的全部货币总额。它一般包括买价、包装费、运杂费和安装费等。

固定资产净值 指固定资产原价减去历年已提折旧额后的净额。

流动资产 指可以在一年或者超过一年的一个

营业周期内变现或者耗用的资产，包括现金及各种存款、短期投资、应收及预付货款、存货等。

主营业务收入 指企业销售产品和提供劳务等主要经营业务取得的业务总额。

主营业务成本 指企业销售产品和提供劳务等主要经营业务的实际成本。

主营业务税金及附加 指企业销售产品和提供工业性劳务等主要经营业务应负担的城市维护建设税、消费税、资源税和教育费附加。

利润总额 指企业在生产经营过程中各种收入扣除各种耗费后的盈余，反映企业在报告期内实现的亏盈总额，包括营业利润、补贴收入、投资净收益和营业外收支净额。

应交增值税 指企业按税法规定，从事货物销售或提供加工、修理修配劳务等增加货物价值的活动报告期应交纳的增值税额。计算公式：

应交增值税 = 销项税额 –（进项税额 – 进项税额转出）– 出口抵减内销产品应纳税额 – 减免税款 + 出口退税。

总资产贡献率 反映企业全部资产的获利能力，是企业经营业绩和管理水平的集中体现，是评价和考核企业盈利能力的核心指标。计算公式：

总资产贡献率(%)=（利润总额 + 税金总额 + 利息支出）/ 平均资产总额 × 100%

资产负债率 该指标既反映企业经营风险的大小，也反映企业利用债权人提供的资金从事经营活动的能力。计算公式：

资产负债率(%)= 负债总额 / 资产总额 × 100%

工业成本费用利润率 指在一定时期内实现的利润与成本费用之比，是反映工业生产成本及费用投入的经济效益指标，同时也是反映降低成本的经济效益的指标。计算公式：

工业成本费用利润率(%)= 利润总额 / 成本费用总额 × 100%

工业增加值率 指在一定时期内工业增加值占同期工业总产值的比重，反映降低中间消耗的经济效益。计算公式：

工业增加值率(%)= 工业增加值(现价)/ 工业总产值（现价）× 100%

流动资产周转次数 指在一定时期内流动资产完成的周转次数，反映流动资产的周转速度。计算公式为：

流动资金周转次数 = 主营业务收入 / 全部流动资产平均余额

产品销售率 指报告期工业销售产值与同期工业总产值之比，是反映工业产品已实现销售的程度，分析工业产销衔接情况，研究工业产品满足社会需求程度的指标。计算公式：

产品销售率(%)= 工业销售产值 / 工业总产值 × 100%

全员劳动生产率 指根据产品的价值量指标计算的平均每一个从业人员在单位时间内的产品生产量。是考核企业经济活动的重要指标，是企业生产技术水平、经营管理水平、职工技术熟练程度和劳动积极性的综合表现。目前我国的全员劳动生产率是将工业企业的工业增加值除以同一时期全部从业人员的平均人数来计算的。计算公式：

全员劳动生产率 = 工业增加值 / 全部从业人员平均人数

09

建筑业

2012

朔州统计年鉴

SHUOZHOU STATISTICAL YEARBOOK

309~357

资料整理人员

李　鹏

9-1 建筑施工企业主要经济指标

指标	2010	2011
施工企业个数(个)	80	106
计算劳动生产率平均人数(万人)	2.86	3.34
期末从业人数(万人)	2.3	2.31
固定资产原价(万元)	101815	129011
固定资产合计(万元)	73605	89347
自有机械设备总台数(台)	10916	10143
自有机械设备净值(万元)	61092	52285
自有机械设备总功率(万千瓦)	10916	23290
建筑业总产值(万元)	479881	572173
竣工产值(万元)	308980	406324
固定资产折旧(万元)	40376	45860
施工面积(万平方米)	146.1	144.8
竣工面积(万平方米)	94.3	100.6
营业利润(万元)	15326	23907
管理费用(万元)	17317	23830
利润总额(万元)	15049	23803
上缴税金(万元)	17878	35026
实收资本金(万元)	90658	105398
资产总计(万元)	350126	453112
负债合计(万元)	242672	307435
所有者权益合计(万元)	107454	145676

9-2 建筑企业签订合同额

单位:万元

指　标	2010	2011
总　计	**660966**	**782263**
其中:国有及国有控股企业	375733	436268
一、按登记注册类型分组		
内资企业	647623	770275
国有企业	366583	426904
集体企业	68099	89032
有限责任公司	106171	71987
其他有限责任公司		71987
股份有限公司	106171	2795
私营企业	13112	171397
私营独资企业	93658	65
私营有限责任公司	5565	160074
外商投资企业	19350	11988
中外合资经营企业	68743	11988
二、按国民经济行业分组		
房屋和土木工程建筑业	13343	715325
房屋工程建筑		216379
土木工程建筑业	602901	498946
建筑安装业	213574	26788
建筑装饰业	389328	2170
其他建筑业	25589	37980
提供施工设备服务	25589	3313
其他未列明的建筑活动	1405	25667
三、按隶属关系分组		
中央	31071	229475
省(自治区、直辖市)		2000
地区(州、盟、省辖市)	5767	300835
县(区、市、旗)	25304	66704
乡		9900
其他	238721	173349
四、按企业资质等级分组		
施工总承包	180973	646835
一级	73420	359787
二级	3578	129242
三级及以下	163411	157805
专业承包		135428
一级	567543	14650
二级		570
三级及以下	299552	120209
五、按地区分		
朔城区	465928	469512
开发区	50423	60495
平鲁区	7161	12595
山阴县	56059	38013
应　县	21078	33367
右玉县	1870	13649
怀仁县	58447	60495

9-3 建筑业总产值

单位:万元

指　标	2010	2011
总　计	**479881**	**572173**
其中:国有及国有控股企业	228481	237738
一、按登记注册类型分组		
内资企业	466538	560186
国有企业	221341	229521
集体企业	58304	91859
有限责任公司	87461	70730
其他有限责任公司	87461	70730
股份有限公司	12001	2795
私营企业	87431	156829
私营独资企业	5430	65
私营合伙企业	16820	1342
私营有限责任公司	65181	145994
外商投资企业	13343	11988
中外合资经营企业	13343	11988
二、按国民经济行业分组		
房屋和土木工程建筑业	426294	508860
房屋工程建筑	184625	198472
土木工程建筑业	241669	310388
建筑安装业	25374	26396
建筑装饰业	1405	2269
其他建筑业	26809	34649
提供施工设备服务	5739	2258
其他未列明的建筑活动	21070	22812
三、按隶属关系分组		
中央	135122	79496
省(自治区、直辖市)	864	390
地区(州、盟、省辖市)	136330	254973
县(区、市、旗)	66728	68783
乡	292	9500
其他	140545	9500
四、按企业资质等级分组		
施工总承包	393948	432694
一级	163917	171407
二级	83023	112393
三级及以下	147107	148894
专业承包	85934	139480
一级	12099	13837
二级	1406	570
三级及以下	72429	125073
五、按地区分		
朔城区	251983	317202
开发区	98000	111622
平鲁区	6771	12604
山阴县	50371	33176
应　县	17322	28269
右玉县	1870	12638
怀仁县	53564	56662

9-4 在省外完成的产值

单位:万元

指　标	2010	2011
总　计	**52523**	**30121**
其中:国有及国有控股企业	50502	29023
一、按登记注册类型分组		
内资企业	50750	29023
国有企业	50502	29023
集体企业		
有限责任公司		
其他有限责任公司		
股份有限公司	248	
私营企业		
私营独资企业		
私营有限责任公司		
外商投资企业	1774	1098
中外合资经营企业	1774	1098
二、按国民经济行业分组		
房屋和土木工程建筑业	52523	30121
房屋工程建筑		
土木工程建筑业	52523	30121
建筑安装业		
建筑装饰业		
其他建筑业		
提供施工设备服务		
其他未列明的建筑活动		
三、按隶属关系分组		
中央	50502	29023
省(自治区、直辖市)		
地区(州、盟、省辖市)	2022	1098
县(区、市、旗)		
乡		
其他		
四、按企业资质等级分组		
施工总承包	50502	29023
一级	50502	29023
二级		
三级及以下		
专业承包	2022	1098
一级		
二级		
三级及以下	2022	1098
五、按地区分		
朔城区	5252	30121
平鲁区		
山阴县		
应　县		
右玉县		
怀仁县		

9-5 建筑工程产值

单位:万元

指　标	2010	2011
总　计	**312013**	**404819**
其中:国有及国有控股企业	149864	184394
一、按登记注册类型分组		
内资企业	312013	404819
国有企业	146247	180229
集体企业	49738	70335
有限责任公司	51660	45486
其他有限责任公司	51660	45486
股份有限公司	11044	
私营企业	53324	104225
私营独资企业	4116	
私营有限责任公司	38176	102136
外商投资企业		
中外合资经营企业		
二、按国民经济行业分组		
房屋和土木工程建筑业	300417	378747
房屋工程建筑	149255	173164
土木工程建筑业	151162	205583
建筑安装业	4906	1691
建筑装饰业	775	1390
其他建筑业	5916	22991
提供施工设备服务	3989	1435
其他未列明的建筑活动	1927	11977
三、按隶属关系分组		
中央	77909	47282
省(自治区、直辖市)	864	390
地区(州、盟、省辖市)	96909	192673
县(区、市、旗)	48962	49338
乡	292	9500
其他	87077	105636
四、按企业资质等级分组		
施工总承包	271022	342989
特级		
一级	106605	138685
二级	58937	94108
三级及以下	105480	110196
专业承包	40991	61831
一级	11149	10953
二级	75	570
三级及以下	29768	50308
五、按地区分		
朔城区	220517	193734
开发区	10120	106662
平鲁区	6081	12471
山阴县	24411	23601
应　县	11938	22242
右玉县	1870	6922
怀仁县	37076	39187

9-6 安装工程产值

指　标	2010	2011
总　　计	**105290**	**109353**
其中:国有及国有控股企业	59237	41127
一、按登记注册类型分组		
内资企业	105167	109353
国有企业	57032	38603
集体企业	8567	21334
有限责任公司	16449	22283
其他有限责任公司	16449	22283
股份有限公司	957	27950
私营企业	22162	242031
私营独资企业	1314	65
私营有限责任公司	15060	24138
外商投资企业	123	
中外合资经营企业	123	
二、按国民经济行业分组		
房屋和土木工程建筑业	83895	85200
房屋工程建筑	28055	19835
土木工程建筑业	55840	65366
建筑安装业	20468	22577
建筑装饰业	510	754
其他建筑业	417	823
提供施工设备服务	417	823
其他未列明的建筑活动		
三、按隶属关系分组		
中央	42688	26345
省(自治区、直辖市)		
地区(州、盟、省辖市)	23074	41541
县(区、市、旗)	13308	16481
乡		
其他	26220	24986
四、按企业资质等级分组		
施工总承包	84299	63597
特级		
一级	42688	26663
二级	7651	12602
三级及以下	33960	24332
专业承包	20990	45755
一级	950	996
二级	1331	
三级及以下	18710	44760
五、按地区分		
朔城区	92843	87688
开发区	900	114
平鲁区	690	
山阴县	6548	3218
应　县	4309	6027
右玉县		
怀仁县		12306

9-7 其他产值

单位:万元

指　标	2010	2011
总　计	**62579**	**58001**
其中:国有及国有控股企业	19380	12216
一、按登记注册类型分组		
内资企业	49359	46014
国有企业	18063	10690
集体企业		190
有限责任公司	19351	2962
其他有限责任公司	19351	2962
股份有限公司		
私营企业	11945	28401
私营独资企业		
私营有限责任公司	11945	19720
外商投资企业	13220	
中外合资经营企业	13220	
二、按国民经济行业分组		
房屋和土木工程建筑业	41982	44913
房屋工程建筑	7315	5474
土木工程建筑业	34667	39439
建筑安装业		2128
建筑装饰业	120	125
其他建筑业	20477	10835
提供施工设备服务	1334	
其他未列明的建筑活动	19143	10835
三、按隶属关系分组		
中央	14525	5869
省(自治区、直辖市)		
地区(州、盟、省辖市)	16347	20759
县(区、市、旗)	4459	2964
乡		
其他	27249	28410
四、按企业资质等级分组		
施工总承包	38627	26108
特级		
一级	14525	6059
二级	16435	5683
三级及以下	7667	14366
专业承包	23952	31894
一级		1888
二级		
三级及以下	23952	30005
五、按地区分		
朔城区	3572	35779
开发	34000	4847
平鲁区		133
山阴县	19412	6357
应　县	1075	
右玉县		5716
怀仁县	4520	5169

9-8 建筑业竣工产值

单位:万元

指　标	2010	2011
总　计	**308980**	**406324**
其中:国有及国有控股企业	138595	186403
一、按登记注册类型分组		
内资企业	308980	406324
国有企业	131455	178187
集体企业	30483	19367
有限责任公司	64910	65555
其他有限责任公司	64910	65555
股份有限公司	12001	2795
私营企业	70130	136560
私营独资企业	5430	
私营有限责任公司	55350	
外商投资企业		
中外合资经营企业		
二、按国民经济行业分组		
房屋和土木工程建筑业	278157	356384
房屋工程建筑	137039	126631
土木工程建筑业	141118	229753
铁路、道路、隧道和乔梁工程建筑		29622
水利和港口工程建筑		12658
工矿工程建筑		13975
架线和管道工程建筑		164338
其他土木工程建筑		9159
建筑安装业	24096	25622
建筑装饰业	255	1639
其他建筑业	6472	22680
工程准备	4345	9564
提供施工设备服务	2127	863
其他未列明的建筑活动		12253
三、按隶属关系分组		
中央	78462	123625
省(自治区、直辖市)	864	390
地区(州、盟、省辖市)	72535	88425
县(区、市、旗)	53477	55372
乡	220	
其他	103422	138513
四、按企业资质等级分组		
施工总承包	137455	299122
一级	78950	123625
二级	40968	45672
三级及以下	126245	129826
专业承包	62817	107202
一级	12099	13837
二级	1406	
三级及以下	49313	93365
五、按地区分		
朔城区	192691	262757
开发区	11200	
平鲁区	4521	9370
山阴县	31340	25959
应　县	13795	24058
右玉县	1870	12638
怀仁县	53563	56630

9-9 建筑业企业房屋建筑施工面积

单位:平方米

指　标	2010	2011
总　计	**1460480**	**1448315**
其中:国有及国有控股企业	453621	543822
一、按登记注册类型分组		
内资企业	1460480	1448315
国有企业	453621	543822
集体企业	402789	367423
有限责任公司	295543	72045
其他有限责任公司	295543	72045
股份有限公司		
私营企业	308527	434715
私营独资企业	21577	
私营合伙企业	20195	4500
私营有限责任公司		430215
外商投资企业		
中外合资经营企业		
二、按国民经济行业分组	1460480	1448315
房屋和土木工程建筑业	1237526	1248395
房屋工程建筑	222954	199920
土木工程建筑业		
铁路、道路、隧道和乔梁工程建筑		39000
水利和港口工程建筑		
工矿工程建筑		
架线和管道工程建筑		160920
其他土木工程建筑		
建筑安装业		
建筑装饰业		
其他建筑业		
提供施工设备服务		
其他未列明的建筑活动		
三、按隶属关系分组	152122	
中央		160840
省(自治区、直辖市)	400913	
地区(州、盟、省辖市)	427879	464145
县(区、市、旗)	14689	333717
乡	464877	24588
其他		465025
四、按企业资质等级分组		
施工总承包	1374545	1246962
一级	158622	164140
二级	487321	502759
三级及以下	728602	580063
专业承包	85935	201353
一级	85935	201273
二级		
三级及以下		80
五、按地区分		
朔城区	1275128	795696
开发区	11000	72356
平鲁区	3900	50000
山阴县	15386	101441
应　县	134029	161838
右玉县	2360	65935
怀仁县	18677	201049

9-10 建筑业企业房屋建筑竣工面积

单位:平方米

指　标	2010	2011
总　计	**942532**	**1005804**
其中:国有及国有控股企业	280478	470520
一、按登记注册类型分组		
内资企业	942532	1005804
国有企业	280478	470520
集体企业	159839	63200
有限责任公司	220318	72045
其他有限责任公司	220318	72045
股份有限公司		
私营企业	281897	380059
私营独资企业	21577	
私营有限责任公司	17532	380059
其他企业		19980
外商资经营企业		
二、按国民经济行业分组		
房屋和土木工程建筑业	942532	1005804
房屋工程建筑	877948	864686
土木工程建筑业	64584	141118
铁路、道路、隧道和乔梁工程建筑		26000
水利和港口工程建筑		
工矿工程建筑		
架线和管道工程建筑		115118
其他土木工程建筑		
建筑安装业		
建筑装饰业		
其他建筑业		
工程准备		
提供施工设备服务		
其他未列明的建筑活动		
三、按隶属关系分组		
中央	25984	115118
省(自治区、直辖市)		
地区(州、盟、省辖市)	209931	230845
县(区、市、旗)	331874	259802
乡	1489	
其他	373254	400039
四、按企业资质等级分组		
施工总承包	874897	804531
一级	28734	115118
二级	262237	228683
三级及以下	583926	460730
专业承包	67635	201273
一级	67635	201273
二级		
三级及以下		
五、按地区分		
朔城区	882739	442096
开发区	14830	51360
平鲁区	1200	30000
山阴县	14786	101441
应　县	10603	134258
右玉县	2360	45600
怀仁县	16014	201049

9-11 住宅竣工面积

单位:平方米

指　标	2010	2011
总　计	**579476**	**532632**
其中:国有及国有控股企业	152407	148451
一、按登记注册类型分组		
内资企业	579476	532632
国有企业	152407	148451
集体企业	70489	38530
有限责任公司	127238	49856
其他有限责任公司	127238	49856
股份有限公司		
私营企业	229342	295795
私营独资企业	21577	
私营有限责任公司	122765	295795
外商投资企业		
中外合资经营企业		
二、按国民经济行业分组		
房屋和土木工程建筑业	57948	532632
房屋工程建筑	565176	522632
土木工程建筑业	1430	10000
铁路、道路、隧道和乔梁工程建筑		10000
建筑安装业		
建筑装饰业		
其他建筑业		
工程准备		
提供施工设备服务		
其他未列明的建筑活动		
三、按隶属关系分组		
中央		
省(自治区、直辖市)	67243	
地区(州、盟、省辖市)	213237	78686
县(区、市、旗)	1489	158151
乡	297507	
其他		295795
四、按企业资质等级分组		
施工总承包	579476	470257
一级	144285	
二级	407046	151694
三级及以下	28145	318563
专业承包		62375
一级		62375
二级		
三级及以下		
五、按地区分		
朔城区	503766	148838
开发区	46800	31380
平鲁区	700	30000
山阴县	9944	73915
应　县	5407	70458
右玉县	2100	45600
怀仁县	10759	132441

9-12 办公用房竣工面积

单位:平方米

指　标	2010	2011
总　计	**7420**	**172653**
其中:国有及国有控股企业	5740	162453
一、按登记注册类型分组		
内资企业	7420	172653
国有企业	5740	162453
集体企业	1000	1200
有限责任公司	680	9000
其他有限责任公司	680	9000
股份有限公司		
私营企业		
私营独资企业		
私营有限责任公司		
外商投资企业		
中外合资经营企业		
二、按国民经济行业分组		
房屋和土木工程建筑业	7420	172653
房屋工程建筑	7020	165653
土木工程建筑业	400	7000
铁路、道路、隧道和乔梁工程建筑		7000
建筑安装业		
建筑装饰业		
其他建筑业		
工程准备		
提供施工设备服务		
其他未列明的建筑活动		
三、按隶属关系分组		
中央		
省(自治区、直辖市)	3928	
地区(州、盟、省辖市)	3492	137000
县(区、市、旗)		35653
乡		
其他		
四、按企业资质等级分组	4172	
施工总承包		45853
一级	2060	
二级	2112	23783
三级及以下	3248	22070
专业承包		126800
一级		126800
二级		
三级及以下		
五、按地区分		
朔城区	4860	137000
开发区		
平鲁区	500	
山阴县		11870
应　县	2060	23783
右玉县		
怀仁县		

9-13 厂房竣工面积

单位:平方米

指　标	2010	2011
总　计	**9616**	**155592**
其中:国有及国有控股企业	4364	124593
一、按登记注册类型分组		
内资企业	9616	155592
国有企业	4364	124593
集体企业	535	3400
有限责任公司	4717	11943
其他有限责任公司	4717	11943
股份有限公司		
私营企业		15656
私营独资企业		15656
私营有限责任公司		
外商投资企业		
中外合资经营企业		
二、按国民经济行业分组		
房屋和土木工程建筑业	9616	155592
房屋工程建筑	5687	40474
土木工程建筑业	3928	115118
铁路、道路、隧道和乔梁工程建筑		
水利和港口工程建筑		
工矿工程建筑		
架线和管道工程建筑		115118
其他土木工程建筑		
建筑安装业		
建筑装饰业		
其他建筑业		
工程准备		
提供施工设备服务		
其他未列明的建筑活动		
三、按隶属关系分组		
中央	2598	115118
省(自治区、直辖市)		
地区(州、盟、省辖市)	3741	11943
县(区、市、旗)	2238	12875
乡	1038	
其他		15656
四、按企业资质等级分组		
施工总承包	9616	155592
一级	2873	115118
二级	1047	21418
三级及以下	5690	19056
专业承包		
一级		
二级		
三级及以下		
五、按地区分		
朔城区	7378	130461
开发区		
平鲁区		
山阴县	931	15656
应　县	1047	9475
右玉县	260	
怀仁县		

9-14 其他用房竣工面积

单位:平方米

指　标	2010	2011
总　计	**100**	**19980**
其中:国有及国有控股企业	100	
一、按登记注册类型分组		
内资企业	100	19980
国有企业	100	
集体企业		
有限责任公司		
其他有限责任公司		
股份有限公司		
私营企业		
私营独资企业		
私营有限责任公司		
其他企业	19980	
中外合资经营企业		
二、按国民经济行业分组		
房屋和土木工程建筑业	100	19980
房屋工程建筑		19980
土木工程建筑业	100	
建筑安装业		
建筑安装业		
建筑装饰业		
建筑装饰业		
其他建筑业		
提供施工设备服务		
其他未列明的建筑活动		
三、按隶属关系分组		
中央		
省(自治区、直辖市)		
地区(州、盟、省辖市)		
县(区、市、旗)	100	
乡		
其他		19980
四、按企业资质等级分组		
施工总承包	100	19980
一级		
二级	100	19980
三级及以下		
专业承包		
一级		
二级		
三级及以下		
五、按地区分		
朔城区		
开发区		19980
平鲁区		
山阴县		
应　县	100	
右玉县		
怀仁县		

9-15 建筑业企业房屋建筑竣工价值

单位:万元

指　标	2010	2011
总　计	**132908**	**135083**
其中:国有及国有控股企业	34470	57795
一、按登记注册类型分组		
内资企业	132908	135083
国有企业	34470	57795
集体企业	24336	6010
有限责任公司	30905	13161
其他有限责任公司	30905	13161
股份有限公司		
私营企业	43197	56828
私营独资企业	1998	
私营有限责任公司	31850	56828
其他企业		1290
外商投资企业		
中外合资经营企业		
二、按国民经济行业分组		
房屋和土木工程建筑业	132908	135083
房屋工程建筑	123672	104721
土木工程建筑业	9236	30362
铁路、道路、隧道和乔梁工程建筑		3309
架线和管道工程建筑		
建筑安装业		
建筑装饰业		
其他建筑业		
提供施工设备服务		
其他未列明的建筑活动		
三、按隶属关系分组		
中央	4364	27053
省(自治区、直辖市)		
地区(州、盟、省辖市)	29352	16811
县(区、市、旗)	40416	33102
乡	149	
其他	58627	58118
四、按企业资质等级分组		
施工总承包	123916	125084
一级	4852	27053
二级	37678	36360
三级及以下	81387	61672
专业承包	8992	9999
一级	8992	9999
二级		
三级及以下		
五、按地区分		
朔城区	56207	54465
开发区	6800	7315
平鲁区	1540	3200
山阴县	24789	16758
应　县	11705	18254
右玉县	1870	3674
怀仁县	29997	31418

9-16 住宅竣工价值

单位:万元

指标	2010	2011
总计	**80164**	**73181**
其中:国有及国有控股企业	18746	15640
一、按登记注册类型分组		
内资企业	80164	73181
国有企业	18746	15640
集体企业	9549	3855
有限责任公司	18629	10146
其他有限责任公司	18629	10146
股份有限公司		
私营企业	33240	43541
私营独资企业	1998	
私营有限责任公司	21892	43541
外商投资企业		
中外合资经营企业		
二、按国民经济行业分组		
房屋和土木工程建筑业	80164	
房屋工程建筑	78431	
土木工程建筑业	1732	
铁路、道路、隧道和乔梁工程建筑		1210
架线和管道工程建筑		
建筑安装业		
建筑装饰业		
其他建筑业		
提供施工设备服务		
其他未列明的建筑活动		
三、按隶属关系分组		
中央		
省(自治区、直辖市)		
地区(州、盟、省辖市)	9897	11100
县(区、市、旗)	25368	18540
乡	149	
其他	44750	43541
四、按企业资质等级分组		
施工总承包	75327	67189
一级		
二级	19591	24152
三级及以下	55736	43038
专业承包	4837	5992
一级	4837	5992
二级		
三级及以下		
五、按地区分		
朔城区	28145	19431
开发区	7000	6025
平鲁区	560	3200
山阴县	17121	12156
应　县	5618	7981
右玉县	1680	3674
怀仁县	20040	20714

9-17 办公用房竣工价值

单位:万元

指　标	2010	2011
总　计	**8459**	**9253**
其中:国有及国有控股企业	5959	7933
一、按登记注册类型分组		
内资企业	8459	9253
国有企业	5959	7933
集体企业	1480	240
有限责任公司	1020	1080
其他有限责任公司	1020	1080
股份有限公司		
私营企业		
私营独资企业		
私营有限责任公司		
外商投资企业		
中外合资经营企业		
二、按国民经济行业分组		
房屋和土木工程建筑业	8459	
房屋工程建筑	7889	
土木工程建筑业	570	
铁路、道路、隧道和乔梁工程建筑		858
架线和管道工程建筑		
建筑安装业		
建筑装饰业		
其他建筑业		
提供施工设备服务		
其他未列明的建筑活动		
三、按隶属关系分组		
中央		
省(自治区、直辖市)		
地区(州、盟、省辖市)	3970	3510
县(区、市、旗)	4489	5743
乡		
其他		
四、按企业资质等级分组		
施工总承包	5509	7063
一级		
二级	2492	3724
三级及以下	3018	3339
专业承包	2950	2190
一级	2950	2190
二级		
三级及以下		
五、按地区分		
朔城区	4987	3510
开发区		
平鲁区	980	
山阴县	2492	2019
应　县		3724
右玉县		
怀仁县		

9-18 厂房竣工价值

单位:万元

指　标	2010	2011
总　计	**12279**	**333915**
其中:国有及国有控股企业	6667	288719
一、按登记注册类型分组		
内资企业	12279	333915
国有企业	6667	288719
集体企业	678	2380
有限责任公司	4935	16984
其他有限责任公司	4935	16984
股份有限公司		
私营企业		25832
私营独资企业		
私营有限责任公司		25832
外商投资企业		
中外合资经营企业		
二、按国民经济行业分组		
房屋和土木工程建筑业	12279	
房屋工程建筑	6156	
土木工程建筑业	6124	
铁路、道路、隧道和乔梁工程建筑		
架线和管道工程建筑		27053
建筑安装业		
建筑装饰业		
其他建筑业		
提供施工设备服务		
其他未列明的建筑活动		
三、按隶属关系分组		
中央	4364	27053
省(自治区、直辖市)		
地区(州、盟、省辖市)	3485	1698
县(区、市、旗)	2834	2057
乡		
其他	1597	2583
四、按企业资质等级分组		
施工总承包	12279	33392
一级	4852	27053
二级	1298	3518
三级及以下	6130	2821
专业承包		
一级		
二级		
三级及以下		
五、按地区分		
朔城区	9445	28989
开发区		
平鲁区		
山阴县	1346	2583
应　县	1298	1819
右玉县	190	
怀仁县		

9-19 其他用房竣工价值

单位:万元

指 标	2010	2011
总 计	**100**	**1290**
其中:国有及国有控股企业		
一、按登记注册类型分组		
内资企业	100	1290
国有企业		
集体企业		
有限责任公司	100	
其他有限责任公司	100	
股份有限公司		
私营企业	100	
私营独资企业		
私营有限责任公司		
外商投资企业		
中外合资经营企业		
二、按国民经济行业分组		
房屋和土木工程建筑业	100	
房屋工程建筑	100	
土木工程建筑业		1290
铁路、道路、隧道和乔梁工程建筑		
架线和管道工程建筑		
建筑安装业		
建筑装饰业		
其他建筑业		
提供施工设备服务		
其他未列明的建筑活动		
三、按隶属关系分组		
中央		
省(自治区、直辖市)		
地区(州、盟、省辖市)		
县(区、市、旗)	100	
乡		
其他		
四、按企业资质等级分组		
施工总承包	100	
一级		
二级	100	
三级及以下		
专业承包		1290
一级		
二级		1290
三级及以下		
五、按地区分		
朔城区		
开发区		1290
平鲁区		
山阴县		
应 县	100	
右玉县		
怀仁县		

9-20 建筑业企业自有机械设备年末总台数

单位:台

指　标	2010	2011
总　计	**1092**	**10143**
其中:国有及国有控股企业	510	4191
一、按登记注册类型分组		
内资企业	1053	9759
国有企业	485	3941
集体企业	97	596
有限责任公司	263	1605
其他有限责任公司	263	1605
股份有限公司	13	517
私营企业	195	3050
私营独资企业	4	5
私营有限责任公司	185	3050
外商投资企业	38	384
中外合资经营企业	38	384
二、按国民经济行业分组		
房屋和土木工程建筑业	974	9224
房屋工程建筑	531	4333
土木工程建筑业	443	4891
铁路、道路、隧道和乔梁工程建筑		1876
水利和港口工程建筑		192
工矿工程建筑		1209
架线和管道工程建筑		1576
其他土木工程建筑		38
建筑安装业	9	532
建筑装饰业	3	13
其他建筑业	67	374
提供施工设备服务	7	
其他未列明的建筑活动	60	354
三、按隶属关系分组		
中央	150	1117
省(自治区、直辖市)	1	5
地区(州、盟、省辖市)	401	3950
县(区、市、旗)	216	1967
乡	2	8
其他	322	3096
四、按企业资质等级分组		
施工总承包	865	8175
一级	234	2131
二级	199	2133
三级及以下	432	3911
专业承包	227	1968
一级	75	286
二级	4	5
三级及以下	148	1677
五、按地区分		
朔城区	481	5182
开发区	200	1423
平鲁区	15	225
山阴县	154	1013
应　县	91	986
右玉县	3	86
怀仁县	148	1228

9-21 建筑业企业自有机械设备年末净值

单位:万元

指　标	2010	2011
总　计	**61092**	**52285**
其中:国有及国有控股企业	19746	14971
一、按登记注册类型分组		
内资企业	59873	50577
国有企业	18971	14317
集体企业	6951	1196
有限责任公司	19671	8168
其他有限责任公司	19671	8168
股份有限公司	3037	831
私营企业	11244	23037
私营独资企业	2105	757
私营合伙企业		378
私营有限责任公司	8697	18933
私营股份有限公司	8697	2969
其他企业		3028
外商投资企业	1219	1708
中外合资经营企业	1219	1708
二、按国民经济行业分组		
房屋和土木工程建筑业	50701	43426
房屋工程建筑	30416	13961
土木工程建筑业	20285	29466
铁路、道路、隧道和乔梁工程建筑		9440
水利和港口工程建筑		2463
工矿工程建筑		4203
架线和管道工程建筑		12476
其他土木工程建筑		884
建筑安装业	1276	2140
建筑装饰业	209	266
其他建筑业	8907	6453
工程准备		868
提供施工设备服务	3272	
其他未列明的建筑活动	5635	5585
三、按隶属关系分组		
中央	5931	6749
省(自治区、直辖市)	600	600
地区(州、盟、省辖市)	12463	15610
县(区、市、旗)	13694	5272
乡	341	95
其他	28062	23960
四、按企业资质等级分组		
施工总承包	47446	33744
一级	6253	7373
二级	15938	6530
三级及以下	25255	19841
专业承包	13646	18541
一级	2366	2104
二级	147	228
三级及以下	11134	16209
五、按地区分		
朔城区	35322	32520
开发区	2100	6888
平鲁区	1209	2524
山阴县	15301	2474
应　县	3065	3810
右玉县	235	1451
怀仁县	3860	2617

9-22 建筑业企业自有机械设备年末总功率

单位:万千瓦

指　标	2010	2011
总　计	**16762**	**23290**
其中:国有及国有控股企业	11130	12588
一、按登记注册类型分组		
内资企业	16549	23077
国有企业	10702	12160
集体企业	472	2422
有限责任公司	3660	2422
其他有限责任公司	3660	2422
股份有限公司	137	201
私营企业	1578	5806
私营独资企业	35	2
私营合伙企业		37
私营有限责任公司	1520	5720
私营股份有限公司		47
其他企业		66
外商投资企业	214	214
中外合资经营企业	214	214
二、按国民经济行业分组		
房屋和土木工程建筑业	14889	21788
房屋工程建筑	6236	8700
土木工程建筑业	8653	13089
铁路、道路、隧道和乔梁工程建筑		5377
水利和港口工程建筑		1287
工矿工程建筑		915
架线和管道工程建筑		5406
其他土木工程建筑		104
建筑安装业	627	903
建筑装饰业	15	12
其他建筑业	1232	587
提供施工设备服务	164	
其他未列明的建筑活动	1068	572
三、按隶属关系分组		5406
中央	4594	4183
省(自治区、直辖市)	86	40
地区(州、盟、省辖市)	4410	8966
县(区、市、旗)	3677	4252
乡	20	20
其他	3976	5830
四、按企业资质等级分组		572
施工总承包	12625	18109
一级	5269	8623
二级	2559	3494
三级及以下	4797	5992
专业承包	4138	5182
一级	1705	1434
二级	16	7
三级及以下	2416	3741
五、按地区分		
朔城区	12143	13190
开发区	1200	4352
平鲁区	315	955
山阴县	154	1331
应　县	1694	1993
右玉县	30	217
怀仁县	1226	1253

9-23 计算建筑业劳动生产率的平均人数

单位:人

指　标	2010	2011
总　计	**28682**	**33414**
其中:国有及国有控股企业	11810	12880
一、按登记注册类型分组		
内资企业	27353	32101
国有企业	11391	12520
集体企业	3602	4186
有限责任公司	6974	4677
国有独资公司	6974	
其他有限责任公司	768	4677
股份有限公司	4618	
私营企业	295	10188
私营独资企业	3603	30
私营合伙企业		279
私营有限责任公司	1329	9249
私营股份有限公司		630
其他企业		414
外商投资企业	1329	1313
中外合资经营企业		1313
二、按国民经济行业分组		
房屋和土木工程建筑业	24452	
房屋工程建筑	12172	
土木工程建筑业	1228	
铁路、道路、隧道和乔梁工程建筑		5090
水利和港口工程建筑		1610
工矿工程建筑		2499
架线和管道工程建筑		6415
其他土木工程建筑		400
建筑安装业	2522	2924
建筑装饰业	2522	135
其他建筑业	125	1608
工程准备		410
提供施工设备服务	422	98
其他未列明的建筑活动	1161	1100
三、按隶属关系分组	4028	
中央	14	3914
省(自治区、直辖市)	10314	90
地区(州、盟、省辖市)	5158	13325
县(区、市、旗)	57	5296
乡	8985	396
其他		10393
四、按企业资质等级分组	20929	
施工总承包		22838
一级	5387	6284
二级	9675	7343
三级及以下	7753	9211
专业承包	1025	10576
一级	235	1617
二级	6493	30
三级及以下		8929
五、按地区分		
朔城区	1170	21100
开发区	980	3523
平鲁区	365	1183
山阴县	2616	1754
应　县	1531	2822
右玉县	189	677
怀仁县	2469	2355

9-24 建筑业年末从业人数

单位:人

指　标	2010	2011
总　计	**23287**	**23184**
其中:国有及国有控股企业	10462	9399
一、按登记注册类型分组		
内资企业	21972	21869
国有企业	10042	9066
集体企业	2287	895
股份合作企业		
有限责任公司	599	2965
其他有限责任公司	599	2965
股份有限公司	36	
私营企业	3299	8383
私营独资企业	195	30
私营合伙企业		279
私营有限责任公司		7968
私营股份有限公司	2603	106
其他企业		478
外商投资企业	1315	1315
中外合资经营企业	1315	1315
二、按国民经济行业分组		
房屋和土木工程建筑业	19578	19121
房屋工程建筑	8667	7040
土木工程建筑业	10911	12081
铁路、道路、隧道和乔梁工程建筑		3042
水利和港口工程建筑		1449
工矿工程建筑		2468
架线和管道工程建筑		4721
其他土木工程建筑		401
建筑安装业	2239	2529
建筑装饰业	5	182
其他建筑业	142	1352
工程准备		210
提供施工设备服务	273	98
其他未列明的建筑活动	1147	1044
三、按隶属关系分组		
中央	4035	3828
省(自治区、直辖市)	17	158
地区(州、盟、省辖市)	8889	8487
县(区、市、旗)	2963	2004
乡	73	71
其他	7157	8636
四、按企业资质等级分组		
施工总承包	16489	14523
一级	6002	5731
二级	3342	2514
三级及以下	7145	6278
专业承包	6798	8661
一级	117	1265
二级	184	40
三级及以下	5444	7356
五、按地区分		
朔城区	1082	14362
开发区	790	3299
平鲁区	338	387
山阴县	2158	1570
应　县	478	557
右玉县	36	704
怀仁县	1553	2305

9-25 工程技术人员

单位:人

指　标	2010	2011
总　计	**4059**	**3554**
其中:国有及国有控股企业	1474	1190
一、按登记注册类型分组		
内资企业	3387	3466
国有企业	1429	1145
集体企业	384	311
股份合作企业		15
有限责任公司	88	492
其他有限责任公司	88	492
股份有限公司	88	
私营企业	606	1439
私营独资企业	17	10
私营有限责任公司	53	
私营合伙企业		156
私营有限责任公司		1250
私营股份有限公司		23
其他企业		64
外商投资企业	672	88
中外合资经营企业	672	88
二、按国民经济行业分组		
房屋和土木工程建筑业	3342	2873
房屋工程建筑	1192	1321
土木工程建筑业	215	1552
铁路、道路、隧道和乔梁工程建筑		621
水利和港口工程建筑		133
工矿工程建筑		314
架线和管道工程建筑		450
其他土木工程建筑		34
建筑安装业	34	425
建筑装饰业	3	50
其他建筑业	35	206
工程准备		62
提供施工设备服务	15	30
其他未列明的建筑活动	21	114
三、按隶属关系分组		
中央	4	185
省(自治区、直辖市)	5	30
地区(州、盟、省辖市)	185	1268
县(区、市、旗)	57	523
乡	1	35
其他	123	1513
四、按企业资质等级分组		
施工总承包	242	2420
一级	76	544
二级	66	545
三级及以下	101	1331
专业承包	164	1134
一级	11	96
二级	7	12
三级及以下	147	1026
五、按地区分		
朔城区	1785	2003
开发区	150	749
平鲁区	115	116
山阴县	262	187
应　县	238	237
右玉县	11	87
怀仁县	117	175

9-26 一级建造师

单位:人

指 标	2010	2011
总 计	**150**	**143**
其中:国有及国有控股企业	95	64
一、按登记注册类型分组		
内资企业	140	142
国有企业	95	64
集体企业	16	20
股份合作企业		
有限责任公司	17	15
其他有限责任公司	17	15
股份有限公司	5	
私营企业	7	34
私营独资企业		2
私营合伙企业		0
私营有限责任公司	7	28
私营股份有限公司		28
其他企业		9
外商投资企业		
中外合资经营企业		
二、按国民经济行业分组		
房屋和土木工程建筑业	137	99
房屋工程建筑	19	19
土木工程建筑业	118	80
铁路、道路、隧道和乔梁工程建筑		24
水利和港口工程建筑		3
工矿工程建筑		4
架线和管道工程建筑		46
其他土木工程建筑		3
建筑安装业	8	19
建筑装饰业	1	7
其他建筑业	4	18
工程准备		3
提供施工设备服务	2	3
其他未列明的建筑活动	2	12
三、按隶属关系分组		
中央	50	36
省(自治区、直辖市)	20	3
地区(州、盟、省辖市)	45	47
县(区、市、旗)	12	20
乡	1	2
其他	22	35
四、按企业资质等级分组		
施工总承包	117	78
一级	70	61
二级	19	5
三级及以下	28	12
专业承包	33	65
一级		9
二级	3	
三级及以下	30	56
五、按地区分		
朔城区	129	108
开发区	10	31
平鲁区		1
山阴县		
应 县	11	
右玉县		
怀仁县		2

9-27 现场施工人员

单位:人

指　标	2010	2011
总　计	**12067**	**11878**
其中:国有及国有控股企业	4304	4555
一、按登记注册类型分组		
内资企业	11039	10869
国有企业	4154	4267
集体企业	1325	345
股份合作企业		25
有限责任公司	3883	1401
其他有限责任公司	3883	1401
股份有限公司	166	
私营企业	1511	4535
私营独资企业	70	10
私营合伙企业	120	50
私营有限责任公司	1321	4399
私营股份有限公司		76
其他企业		296
外商投资企业	1028	1009
中外合资经营企业	1028	1009
二、按国民经济行业分组		
房屋和土木工程建筑业	10459	9774
房屋工程建筑	4907	4233
土木工程建筑业	5552	5541
铁路、道路、隧道和乔梁工程建筑		2208
水利和港口工程建筑		133
工矿工程建筑		1749
架线和管道工程建筑		1292
其他土木工程建筑		159
建筑安装业	880	1461
建筑装饰业	25	56
其他建筑业	703	587
工程准备		115
提供施工设备服务	103	46
其他未列明的建筑活动	600	426
三、按隶属关系分组		
中央	871	853
省(自治区、直辖市)	65	50
地区(州、盟、省辖市)	5835	5230
县(区、市、旗)	1283	1056
乡	20	18
其他	3993	4671
四、按企业资质等级分组		
施工总承包	7794	7250
一级	2480	2298
二级	1741	1235
三级以下	3573	3717
专业承包	4273	4628
一级	921	1072
二级	46	20
三级以下	3306	3536
五、按地区分		
朔城区	7985	6166
开发区	1300	2209
平鲁区	259	243
山阴县	1530	493
应　县	125	422
右玉县	2	188
怀仁县	866	2157

9-28 流动资产情况

单位:万元

指 标	2010	2011
总 计	**269256**	**347328**
其中:国有及国有控股企业	124615	153697
一、按登记注册类型分组		
内资企业	264972	342830
国有企业	121943	151025
集体企业	52648	53852
有限责任公司	41000	64118
其他有限责任公司	41000	64118
股份有限公司	25313	
私营企业	24069	62111
私营独资企业	6807	1571
私营合伙企业		799
私营有限责任公司	13912	52224
私营股份有限公司		7517
其他企业		8900
外商投资企业	4284	4498
中外合资经营企业	4284	4498
二、按国民经济行业分组		
房屋和土木工程建筑业	243779	313204
房屋工程建筑	85457	101723
土木工程建筑业	158322	211480
铁路、道路、隧道和乔梁工程建筑		70018
水利和港口工程建筑		2735
工矿工程建筑		17661
架线和管道工程建筑		119090
其他土木工程建筑		1976
建筑安装业	10633	13489
建筑装饰业	370	2343
其他建筑业	14474	18293
工程准备		1417
提供施工设备服务	4269	1526
其他未列明的建筑活动	10205	15350
三、按隶属关系分组		
中央	70248	78210
省(自治区、直辖市)	808	843
地区(州、盟、省辖市)	118234	172140
县(区、市、旗)	23033	22154
乡	3078	6428
其他	53855	67553
四、按企业资质等级分组		
施工总承包	197991	259588
一级	111978	144546
二级	38083	49983
三级以下	47930	65059
专业承包	71265	87740
一级	7299	6784
二级	353	930
三级以下	63613	80026
五、按地区分		
朔城区	158514	242786
开发区	79000	71895
平鲁区	8484	10222
山阴县	13673	8072
应 县	2663	3640
右玉县	191	1862
怀仁县	6731	8851

9-29 固定资产情况

单位:万元

指　标	2010	2011
总　计	**73605**	**89347**
其中:国有及国有控股企业	29348	25181
一、按登记注册类型分组		
内资企业	72386	87639
国有企业	28573	24406
集体企业	8039	2946
股份合作企业		831
有限责任公司	20431	15853
他有限责任公司	20431	15853
股份有限公司	3355	
私营企业	11988	36530
私营合伙企业		378
私营独资企业	2105	766
私营有限责任公司	9441	32004
私营股份有限公司		3382
其他企业		7073
外商投资企业	1219	1708
中外合资经营企业	1219	1708
二、按国民经济行业分组		
房屋和土木工程建筑业	63125	71382
房屋工程建筑	32697	31727
土木工程建筑业	30428	39655
铁路、道路、隧道和乔梁工程建筑		16786
水利和港口工程建筑		2463
工矿工程建筑		4789
架线和管道工程建筑		14666
其他土木工程建筑		951
建筑安装业	1365	3018
建筑装饰业	209	1574
其他建筑业	8907	13372
工程准备		962
提供施工设备服务	3272	1330
其他未列明的建筑活动	5635	11080
三、按隶属关系分组		
中央	10510	8653
省(自治区、直辖市)	600	600
地区(州、盟、省辖市)	18732	28319
县(区、市、旗)	13648	13120
乡	341	95
其他	29775	38560
四、按企业资质等级分组		
施工总承包	59770	64116
一级	15901	13913
二级	17019	17012
三级以下	26850	33191
专业承包	13835	25231
一级	2366	2217
二级	147	228
三级以下	11323	22785
五、按地区分		
朔城区	40000	47582
开发区	13000	15786
平鲁区	1209	5112
山阴县	15301	9136
应　县	3065	4911
右玉县	235	1461
怀仁县	3860	5359

9-30 累计折旧

单位:万元

指 标	2010	2011
总 计	**40376**	**45860**
其中:国有及国有控股企业	23820	24729
一、按登记注册类型分组		
内资企业	39339	44627
国有企业	23429	24296
集体企业	2380	2192
股份合作企业		8
有限责任公司	8361	5039
其他有限责任公司	8361	5039
股份有限公司	231	
私营企业	4938	11658
私营独资企业	1889	38
私营合伙企业		639
私营有限责任公司	2551	10876
私营股份有限公司		105
其他企业		1434
外商投资企业	1038	1234
中外合资经营企业	1038	1234
二、按国民经济行业分组		
房屋和土木工程建筑业	34372	38583
房屋工程建筑	10241	12431
土木工程建筑业	24131	26152
铁路、道路、隧道和乔梁工程建筑		9346
水利和港口工程建筑		858
工矿工程建筑		2154
架线和管道工程建筑		13616
其他土木工程建筑		177
建筑安装业	1253	1710
建筑装饰业	130	353
其他建筑业	4622	5216
工程准备		57
提供施工设备服务	1028	232
其他未列明的建筑活动	3594	4927
三、按隶属关系分组		
中央	11587	11679
省(自治区、直辖市)	80	70
地区(州、盟、省辖市)	13761	17221
县(区、市、旗)	4372	4269
乡	100	88
其他	10477	12534
四、按企业资质等级分组		
施工总承包	29345	33540
一级	17606	18394
二级	3472	5088
三级以下	8267	10059
专业承包	11031	12320
一级	1636	1823
二级	82	245
三级以下	9314	10252
五、按地区分		
朔城区	24427	27097
开发区	9800	10902
平鲁区	202	415
山阴县	3820	3901
应 县	860	1928
右玉县	16	79
怀仁县	1251	1539

9-31 资产合计

单位:万元

指　标	2010	2011
总　计	**350126**	**453112**
其中:国有及国有控股企业	155992	186066
一、按登记注册类型分组		
内资企业	344623	446846
国有企业	152544	182618
集体企业	60912	57007
股份合作企业		3655
有限责任公司	65545	81866
其他有限责任公司	65545	81866
股份有限公司	28762	
私营企业	36860	104693
私营独资企业	9681	2367
私营合伙企业		2177
私营有限责任公司	23386	89250
私营股份有限公司		10899
其他企业		17007
外商投资企业	5502	6266
中外合资经营企业	5502	6266
二、按国民经济行业分组		
房屋和土木工程建筑业	312070	396199
房屋工程建筑	120084	135929
土木工程建筑业	191986	260270
铁路、道路、隧道和乔梁工程建筑		87599
水利和港口工程建筑		5204
工矿工程建筑		22686
架线和管道工程建筑		141754
其他土木工程建筑		3027
建筑安装业	12074	
建筑装饰业	579	
其他建筑业	25404	
工程准备		2379
提供施工设备服务	7574	2856
其他未列明的建筑活动	17830	29447
三、按隶属关系分组		
中央	82111	93032
省(自治区、直辖市)	1468	1443
地区(州、盟、省辖市)	139081	203462
县(区、市、旗)	36714	36487
乡	3539	6523
其他	87213	112166
四、按企业资质等级分组		
施工总承包	261538	333563
一级	129640	164998
二级	55410	68264
三级以下	76489	100301
专业承包	88588	119549
一级	9664	9401
二级	500	1158
三级以下	78423	108990
五、按地区分		
朔城区	84000	301203
开发区	38819	92920
平鲁区	96956	15334
山阴县	38200	17217
应　县	57283	8683
右玉县	4560	3374
怀仁县	105908	14381

9-32 负债合计

单位:万元

指　标	2010	2011
总　计	**242672**	**307436**
其中:国有及国有控股企业	132478	159680
一、按登记注册类型分组		
内资企业	241198	305299
国有企业	129963	157164
集体企业	42565	45541
股份合作企业		2795
有限责任公司	31229	50738
其他有限责任公司	31229	50738
股份有限公司	22881	
私营企业	14560	40584
私营独资企业	4367	1567
私营合伙企业		97
私营有限责任公司	8479	32051
私营股份有限公司		6870
其他企业		8476
外商投资企业	1474	2136
中外合资经营企业	1474	2136
二、按国民经济行业分组		
房屋和土木工程建筑业	222232	277630
房屋工程建筑	66420	69208
土木工程建筑业	155812	208422
铁路、道路、隧道和乔梁工程建筑		66306
水利和港口工程建筑		654
工矿工程建筑		11766
架线和管道工程建筑		128213
其他土木工程建筑		1484
建筑安装业	4921	7759
建筑装饰业	110	2600
其他建筑业	15409	19447
工程准备		40
提供施工设备服务	3524	1329
其他未列明的建筑活动	11885	18078
三、按隶属关系分组		
中央	76509	89428
省(自治区、直辖市)	808	643
地区(州、盟、省辖市)	104631	145970
县(区、市、旗)	20713	21503
乡	2019	5845
其他	37993	44047
四、按企业资质等级分组		
施工总承包	184693	230960
一级	120391	151849
二级	26450	28189
三级以下	37852	50923
专业承包	57979	76475
一级	7416	6552
二级	56	633
三级以下	50507	69291
五、按地区分		
朔城区	155129	214165
开发区	56000	63621
平鲁区	5311	10591
山阴县	20676	10635
应　县	955	2221
右玉县	161	772
怀仁县	4440	5430

9-33 所有者权益

单位:万元

指　标	2010	2011
总　计	**107454**	**145676**
其中:国有及国有控股企业	23514	26386
一、按登记注册类型分组		
内资企业	103425	141547
国有企业	22581	25454
集体企业	18346	11466
股份合作企业		860
有限责任公司	34316	31128
其他有限责任公司	34316	31128
股份有限公司	5882	
私营企业	22300	64109
私营独资企业	5314	800
私营合伙企业		2080
私营有限责任公司	14906	57199
私营股份有限公司		4029
其他企业		8531
外商投资企业	4029	4129
中外合资经营企业	4029	4129
二、按国民经济行业分组		
房屋和土木工程建筑业	89838	118569
房屋工程建筑	53664	66721
土木工程建筑业	36173	51848
铁路、道路、隧道和乔梁工程建筑		21293
水利和港口工程建筑		4550
工矿工程建筑		10920
架线和管道工程建筑		13542
其他土木工程建筑		1543
建筑安装业	7153	9963
建筑装饰业	469	1910
其他建筑业	9995	15235
工程准备		2339
提供施工设备服务	4050	1527
其他未列明的建筑活动	5945	11369
三、按隶属关系分组		
中央	5602	3604
省(自治区、直辖市)	660	800
地区(州、盟、省辖市)	34451	57491
县(区、市、旗)	16001	14984
乡	1520	678
其他	49221	68119
四、按企业资质等级分组		
施工总承包	76846	102603
一级	9249	13149
二级	28960	40076
三级以下	38637	49378
专业承包	30608	43074
一级	2248	2850
二级	444	525
五、按地区分		
朔城区	73752	87038
开发区	9800	29299
平鲁区	4385	4743
山阴县	8298	6583
应　县	4773	6462
右玉县	295	2602
怀仁县	6151	8951

9-34 实收资本金

单位:万元

指 标	2010	2011
总 计	**123730**	**105398**
其中:国有及国有控股企业		24792
一、按登记注册类型分组		
内资企业	123730	101269
国有企业		23860
集体企业	98931	8890
股份合作企业	5909	860
有限责任公司	5909	13842
其他有限责任公司		13842
私营企业		47001
私营独资企业		800
私营合伙企业		2080
私营有限责任公司		40107
私营股份有限公司		4014
其他企业		6816
外商投资企业		4129
中外合资经营企业		4129
二、按国民经济行业分组		
房屋和土木工程建筑业	121161	84275
房屋工程建筑	86630	39002
土木工程建筑业	34531	45272
铁路、道路、隧道和乔梁工程建筑		14002
水利和港口工程建筑		3858
工矿工程建筑		10445
架线和管道工程建筑		15425
其他土木工程建筑		1543
建筑安装业	2569	9019
建筑装饰业		1745
其他建筑业		10360
工程准备		1100
提供施工设备服务		1500
其他未列明的建筑活动		7760
三、按隶属关系分组		
中央		9643
省(自治区、直辖市)		800
地区(州、盟、省辖市)	94819	31018
县(区、市、旗)	13708	13616
乡	15203	678
其他		49643
四、按企业资质等级分组		
施工总承包	95108	72026
一级	10261	13759
二级	47458	16892
三级以下	37389	41375
专业承包	28622	33372
一级		1890
二级		525
三级以下	28622	30958
五、按地区分		
朔城区	98541	66844
开发区	6300	13428
平鲁区	4385	4172
山阴县	3487	3997
应 县	4773	6418
右玉县	295	2540
怀仁县	5949	7999

9-35 工程结算收入

单位:万元

指　标	2010	2011
总　计	**447738**	**583846**
其中:国有及国有控股企业	244981	239478
一、按登记注册类型分组		
内资企业	435141	570828
国有企业	244377	231262
集体企业	58376	92619
股份合作企业		2795
有限责任公司	79456	70342
其他有限责任公司	79456	70342
股份有限公司	11948	
私营企业	40985	161818
私营合伙企业		3563
私营独资企业	5462	65
私营有限责任公司	26173	149143
私营股份有限公司		9046
其他企业		11992
外商投资企业	12597	13018
中外合资经营企业	12597	13018
二、按国民经济行业分组		
房屋和土木工程建筑业	403733	519636
房屋工程建筑	150883	204182
土木工程建筑业	252851	315454
铁路、道路、隧道和乔梁工程建筑		125364
水利和港口工程建筑		14009
工矿工程建筑		33410
架线和管道工程建筑		133512
其他土木工程建筑		9159
建筑安装业	16104	26593
建筑装饰业	875	2928
其他建筑业	27026	34689
工程准备		9579
提供施工设备服务	6381	2298
其他未列明的建筑活动	20646	22812
三、按隶属关系分组		
中央	135056	82439
省(自治区、直辖市)	864	390
地区(州、盟、省辖市)	154658	255117
县(区、市、旗)	63956	68626
乡	292	10363
其他	92912	166910
四、按企业资质等级分组		
施工总承包	377082	439053
一级	191284	172568
二级	83123	111926
三级以下	102674	154559
专业承包	70657	144793
一级	5838	14475
二级	1596	1234
三级以下	63223	129084
五、按地区分		
朔城区	272469	327022
开发区	92346	112736
平鲁区	6821	13456
山阴县	50371	33176
应　县	17322	28269
右玉县	1870	12525
怀仁县	6539	56662

9-36 工程结算成本

单位:万元

指　标	2010	2011
总　计	**387635**	**498998**
其中:国有及国有控股企业	223167	207071
一、按登记注册类型分组		
内资企业	376758	486719
国有企业	222718	199945
集体企业	52205	83916
股份合作企业		2385
限责任公司	62882	58419
其他有限责任公司	62882	58419
股份有限公司	9508	
私营企业	29445	133280
私营独资企业	3500	15
私营合伙企业		1918
私营有限责任公司	19089	123581
私营股份有限公司		7767
其他企业		8774
外商投资企业	10878	12279
中外合资经营企业	10878	12279
二、按国民经济行业分组		
房屋和土木工程建筑业	353375	446577
房屋工程建筑	122590	170137
土木工程建筑业	230785	276440
铁路、道路、隧道和乔梁工程建筑		103589
水利和港口工程建筑		12598
工矿工程建筑		29529
架线和管道工程建筑		122965
其他土木工程建筑		7758
建筑安装业	12546	21977
建筑装饰业	330	1915
其他建筑业	21385	28530
工程准备		8109
提供施工设备服务	4478	1727
其他未列明的建筑活动	16906	18693
三、按隶属关系分组		
中央	127000	77861
省(自治区、直辖市)	771	321
地区(州、盟、省辖市)	134820	217074
县(区、市、旗)	53248	56890
乡	189	9950
其他	71608	136903
四、按企业资质等级分组		
施工总承包	331403	375333
一级	179323	151772
二级	71338	94065
三级以下	80742	129496
专业承包	56233	123665
一级	4189	12034
二级	1330	1064
三级以下	50714	110567
五、按地区分		
朔城区	270336	287921
开发区	50100	90996
平鲁区	6133	11725
山阴县	41997	26269
应　县	13691	22763
右玉县	1453	11386
怀仁县	3925	47939

9-37 工程结算税金及附加

单位:万元

指 标	2010	2011
总 计	**15621**	**18861**
其中:国有及国有控股企业	8216	7925
一、按登记注册类型分组		18561
内资企业	15552	7678
国有企业	8185	2804
集体企业	2106	150
股份合作企业		2321
有限责任公司	3494	2321
其他有限责任公司	3494	
股份有限公司	398	5070
私营企业	1369	1
私营独资企业	438	121
私营合伙企业		4637
私营有限责任公司	619	311
私营股份有限公司		538
其他企业		538
外商投资企业		300
中外合资经营企业	69	300
二、按国民经济行业分组		
房屋和土木工程建筑业	13558	17032
房屋工程建筑	5442	6590
土木工程建筑业	8116	10442
铁路、道路、隧道和乔梁工程建筑		4196
水利和港口工程建筑		499
工矿工程建筑		987
架线和管道工程建筑		4468
其他土木工程建筑		291
建筑安装业	1134	798
建筑装饰业	23	195
其他建筑业	906	836
工程准备		321
提供施工设备服务	67	39
其他未列明的建筑活动	840	476
三、按隶属关系分组		
中央	4464	2737
省(自治区、直辖市)	11	29
地区(州、盟、省辖市)	5012	8102
县(区、市、旗)	2205	2314
乡	23	334
其他	3906	5346
四、按企业资质等级分组		
施工总承包	13023	14471
一级	6458	5800
二级	2790	3462
三级以下	3776	5210
专业承包	2598	4390
一级	183	440
二级	53	41
三级以下	2363	3909
五、按地区分		
朔城区	10940	10504
开发区	2100	3717
平鲁区	230	430
山阴县	1643	1049
应 县	564	978
右玉县	63	463
怀仁县	81	1721

9-38 其他业务利润

单位:万元

指 标	2010	2011
总 计	**2958**	**489**
其中:国有及国有控股企业	2540	476
一、按登记注册类型分组		
内资企业	2953	488
国有企业	2540	476
集体企业	31	10
有限责任公司	335	
其他有限责任公司	335	
股份有限公司	34	
私营企业	13	2
私营独资企业	2	
私营有限责任公司	11	1
私营股份有限公司		1
外商投资企业	5	1
中外合资经营企业	5	1
二、按国民经济行业分组		
房屋和土木工程建筑业	2939	487
房屋工程建筑	55	10
土木工程建筑业	2884	477
铁路、道路、隧道和乔梁工程建筑		
水利和港口工程建筑		
工矿工程建筑		1
架线和管道工程建筑		566
其他土木工程建筑		
建筑安装业	11	1
建筑装饰业	6	
其他建筑业	4	1
工程准备		1
提供施工设备服务	2508	
其他未列明的建筑活动	2508	
三、按隶属关系分组		
中央	-1	566
省(自治区、直辖市)	110	
地区(州、盟、省辖市)		
县(区、市、旗)	340	
乡		
其他	2578	2
四、按企业资质等级分组	2440	
施工总承包	7	486
一级	131	486
二级	379	
三级以下	14	
专业承包	2	3
一级	364	
二级		
三级以下		3
五、按地区分		
朔城区	1844	489
开发区		
平鲁区	25	
山阴县	45	
应 县	15	
右玉县	10	
怀仁县	1019	

9-39 管理费用

单位:万元

指　标	2010	2011
总　计	**17317**	**23830**
其中:国有及国有控股企业	8228	9107
一、按登记注册类型分组		
内资企业	17058	23637
国有企业	8182	9061
集体企业	1791	3781
股份合作企业		55
有限责任公司	4373	3535
其他有限责任公司	4373	3535
股份有限公司	847	
私营企业	1865	6605
私营独资企业	181	30
私营独资企业		700
私营有限责任公司	1246	5515
私营股份有限公司		361
其他企业		601
外商投资企业	260	193
中外合资经营企业	260	193
二、按国民经济行业分组		
房屋和土木工程建筑业	14603	20475
房屋工程建筑	6406	7445
土木工程建筑业	8197	13031
铁路、道路、隧道和乔梁工程建筑		3152
水利和港口工程建筑		245
工矿工程建筑		1253
架线和管道工程建筑		8089
其他土木工程建筑		292
建筑安装业	1425	1555
建筑装饰业	22	170
其他建筑业	1267	1631
工程准备		221
提供施工设备服务	214	67
其他未列明的建筑活动	1054	1343
三、按隶属关系分组		
中央	3888	4262
省(自治区、直辖市)	7	7
地区(州、盟、省辖市)	6272	8813
县(区、市、旗)	2877	3818
乡	49	35
其他	4225	6896
四、按企业资质等级分组		
施工总承包	12880	15663
一级	5071	6279
二级	2845	4176
三级以下	4963	5208
专业承包	4438	8167
一级	381	457
二级	148	85
三级以下	3909	7625
五、按地区分		
朔城区	12598	15773
开发区	890	3553
平鲁区	50	182
山阴县	2306	2320
应　县	1104	1387
右玉县	38	260
怀仁县	331	356

9-40 财务费用

单位:万元

指　标	2010	2011
总　计	**1884**	**2407**
其中:国有及国有控股企业	802	736
一、按登记注册类型分组		
内资企业	1871	2403
国有企业	798	731
集体企业	88	36
有限责任公司	492	30
股份有限公司		
私营企业	492	1478
私营独资企业	55	
私营合伙企业	439	1
私营有限责任公司	27	1250
营股份有限公司	168	226
其他企业		128
外商投资企业	244	4
中外合资经营企业		4
二、按国民经济行业分组		
房屋和土木工程建筑业	13	1662
房屋工程建筑		667
土木工程建筑业	1169	995
铁路、道路、隧道和乔梁工程建筑		594
水利和港口工程建筑		40
工矿工程建筑		12
架线和管道工程建筑		348
其他土木工程建筑		1
建筑安装业	741	57
建筑装饰业	429	30
其他建筑业	434	658
工程准备	5	
提供施工设备服务	275	3
其他未列明的建筑活动		656
三、按隶属关系分组	196	
中央	80	366
省(自治区、直辖市)		1
地区(州、盟、省辖市)	258	213
县(区、市、旗)	1	323
乡	383	
其他	351	1506
四、按企业资质等级分组	3	
施工总承包	888	1663
一级		416
二级	1122	688
三级以下	288	560
专业承包	215	743
一级	619	29
二级	762	20
三级以下	39	695
五、按地区分		
朔城区	812	1131
开发区	600	892
平鲁区	24	103
山阴县	331	77
应　县	85	158
右玉县	11	20
怀仁县	21	27

9-41 营业利润

单位:万元

指　标	2010	2011
总　计	**15326**	**23907**
其中:国有及国有控股企业	2699	7091
一、按登记注册类型分组		
内资企业	15031	23799
国有企业	2686	6364
集体企业	1441	1872
股份合作企业		205
有限责任公司	4597	2662
其他有限责任公司	4597	2662
股份有限公司	837	
私营企业	5470	11192
私营独资企业	387	18
私营合伙企业		822
私营有限责任公司	3584	10288
私营股份有限公司		65
其他企业		1503
外商投资企业	295	108
中外合资经营企业	295	108
二、按国民经济行业分组		
房屋和土木工程建筑业	12582	20031
房屋工程建筑	8901	11272
土木工程建筑业	3682	8758
铁路、道路、隧道和乔梁工程建筑		10735
水利和港口工程建筑		487
工矿工程建筑		1194
架线和管道工程建筑		
其他土木工程建筑		774
建筑安装业	706	1340
建筑装饰业	454	370
其他建筑业	1584	2166
工程准备		859
提供施工设备服务	426	153
其他未列明的建筑活动	1158	1154
三、按隶属关系分组		
中央	1923	
省(自治区、直辖市)	66	28
地区(州、盟、省辖市)	1921	14098
县(区、市、旗)	2231	2722
乡	27	47
其他	9158	11852
四、按企业资质等级分组		
施工总承包	10908	17900
一级	986	3765
二级	3821	5341
三级以下	6101	8795
专业承包	4419	6007
一级	902	1117
二级	59	
三级以下	3458	4911
五、按地区分		
朔城区	11237	2796
开发区	1036	11271
平鲁区	206	806
山阴县	2448	920
应　县	491	1444
右玉县	196	191
怀仁县	2160	6479

9-42 利润总额

单位:万元

指　标	2010	2011
总　计	**15049**	**23803**
其中:国有及国有控股企业	2617	7140
一、按登记注册类型分组		
内资企业	14758	23702
国有企业	2604	6412
集体企业	1436	1873
股份合作企业		205
有限责任公司	4496	2666
其他有限责任公司	4496	2666
股份有限公司	835	
私营企业	5388	11137
私营独资企业	386	18
私营合伙企业		822
私营有限责任公司	3504	10233
私营股份有限公司		65
其他企业		1409
外商投资企业	291	101
中外合资经营企业	291	101
二、按国民经济行业分组		
房屋和土木工程建筑业	12318	19593
房屋工程建筑	8569	10886
土木工程建筑业	3749	8707
铁路、道路、隧道和乔梁工程建筑		10643
水利和港口工程建筑		487
工矿工程建筑		1173
架线和管道工程建筑		
其他土木工程建筑		774
建筑安装业	699	1339
建筑装饰业	452	370
其他建筑业	1580	2502
工程准备		859
提供施工设备服务	424	153
其他未列明的建筑活动	1157	1489
三、按隶属关系分组		
中央	2078	
省(自治区、直辖市)	65	28
地区(州、盟、省辖市)	1928	14131
县(区、市、旗)	1880	2678
乡	27	47
其他	9070	11702
四、按企业资质等级分组		
施工总承包	10610	17478
一级	1112	3858
二级	3725	5297
三级以下	5773	8324
专业承包	4440	6325
一级	947	1117
二级	57	
三级以下	3436	5229
五、按地区分		
朔城区	8934	2734
开发区	1033	11642
平鲁区	204	797
山阴县	2192	679
应　县	399	1281
右玉县	196	191
怀仁县	2091	6479

9-43 应付工资

单位:万元

指　标	2010	2011
总　计	**42711**	**63833**
其中:国有及国有控股企业	18054	27298
一、按登记注册类型分组		
内资企业	37692	57597
国有企业	17785	26624
集体企业	2842	6872
股份合作企业		223
有限责任公司	10025	6337
其他有限责任公司	10025	6337
股份有限公司	994	
私营企业	6045	16629
私营独资企业	377	26
私营合伙企业		310
私营有限责任公司	4518	15952
私营股份有限公司		341
其他企业		911
外商投资企业	5019	6237
中外合资经营企业	5019	6237
二、按国民经济行业分组		
房屋和土木工程建筑业	36835	57851
房屋工程建筑	15827	21623
土木工程建筑业	21008	36228
铁路、道路、隧道和乔梁工程建筑		7822
水利和港口工程建筑		3547
工矿工程建筑		8243
架线和管道工程建筑		16096
其他土木工程建筑		520
建筑安装业	3402	3266
建筑装饰业	156	75
其他建筑业	2318	2641
工程准备		531
提供施工设备服务	412	252
其他未列明的建筑活动	1906	1858
三、按隶属关系分组		
中央	8303	13258
省(自治区、直辖市)	204	79
地区(州、盟、省辖市)	12589	23463
县(区、市、旗)	8408	9825
乡	15	210
其他	13191	16998
四、按企业资质等级分组		
施工总承包	29720	45028
一级	9751	17721
二级	6711	13156
三级以下	13258	14151
专业承包	12991	18805
一级	675	1256
二级	384	8
三级以下	11933	17541
五、按地区分		
朔城区	28905	41738
开发区	3100	6719
平鲁区	355	1270
山阴县	4609	2926
应　县	2954	5626
右玉县	264	905
怀仁县	2524	4650

9-44 应收工程款

单位:万元

指　标	2010	2011
总　计	**103969**	**136387**
其中:国有及国有控股企业	54985	84019
一、按登记注册类型分组		
内资企业	102364	134537
国有企业	54985	84019
集体企业	7473	18909
有限责任公司	13956	9850
其他有限责任公司	13956	9850
股份有限公司	547	
私营企业	25403	18273
私营独资企业	1866	
私营合伙企业		
私营有限责任公司	23537	16596
私营股份有限公司		1678
其他企业		3486
外商投资企业	1605	1851
中外合资经营企业	1605	1851
二、按国民经济行业分组		
房屋和土木工程建筑业	93643	121057
房屋工程建筑	14959	27115
土木工程建筑业	78684	93942
铁路、道路、隧道和乔梁工程建筑		47732
水利和港口工程建筑		361
工矿工程建筑		6848
架线和管道工程建筑		39000
其他土木工程建筑		
建筑安装业	2440	3827
建筑装饰业		232
其他建筑业	7887	11271
工程准备		241
提供施工设备服务	3077	1089
其他未列明的建筑活动	4811	9941
三、按隶属关系分组		
中央	28832	34165
省(自治区、直辖市)	320	390
地区(州、盟、省辖市)	29241	75489
县(区、市、旗)	11764	6100
乡	6	
其他	33806	20243
四、按企业资质等级分组		
施工总承包	67680	108527
一级	47293	80564
二级	4731	17058
三级以下	15657	10905
专业承包	36289	27860
一级	1611	2962
二级	231	73
三级以下	34447	24825
五、按地区分		
朔城区	98320	82200
开发区	3100	49340
平鲁区	3330	2251
山阴县	508	391
应　县	1845	2147
右玉县	196	58
怀仁县		

9-45 应收竣工工程款

单位:万元

指 标	2010	2011
总 计	**55733**	**96282**
其中:国有及国有控股企业	33805	68891
一、按登记注册类型分组		
内资企业	55733	94431
国有企业	33805	68891
集体企业	1336	10557
有限责任公司	13571	2903
其他有限责任公司	13571	2903
股份有限公司	313	
私营企业	6708	10849
私营独资企业	1449	
私营有限责任公司	5259	
私营股份有限公司		9171
其他企业		1678
外商投资企业	1605	1231
中外合资经营企业	1605	1851
二、按国民经济行业分组		1851
房屋和土木工程建筑业	47066	
房屋工程建筑	7494	89546
土木工程建筑业	39572	15127
铁路、道路、隧道和乔梁工程建筑		74419
水利和港口工程建筑		44659
工矿工程建筑		361
架线和管道工程建筑		4126
其他土木工程建筑		25274
建筑安装业	2440	
建筑装饰业		2029
其他建筑业	7833	147
工程准备		4560
提供施工设备服务	3077	140
其他未列明的建筑活动	4757	
三、按隶属关系分组		4420
中央	8543	
省(自治区、直辖市)	320	24682
地区(州、盟、省辖市)	28790	
县(区、市、旗)	4763	56286
乡		2496
其他	14922	
四、按企业资质等级分组		12819
施工总承包	39529	
一级	26873	85551
二级	4202	65574
三级以下	8454	12936
专业承包	17809	7042
一级	1611	10730
二级	231	867
三级以下	15968	73
五、按地区分		
朔城区	47770	47557
开发区	3100	45568
平鲁区	3296	2033
山阴县		123
应 县	1371	1001
右玉县	196	
怀仁县		

主要统计指标解释

建筑业统计单位　指从事房屋、构筑物建造和设备安装活动的法人企业。建筑业法人企业应同时具备的条件是:①依法成立,有自己的名称、组织机构和场所,能够承担民事责任;②独立拥有和使用资产,承担负债,有权与其他单位签订合同;③独立核算盈亏,能够编制资产负债表。

建筑业总产值　以货币表现的建筑安装企业在一定时期内生产的建筑业产品和服务的总和。建筑业总产值包括:

(1)建筑工程产值:指列入建筑工程预算内的各种工程价值。

(2)设备安装工程产值:指设备安装工程价值,不包括被安装设备本身价值。

(3)其他产值:指建筑业总产值中除建筑工程、安装工程以外的产值。包括房屋构筑物修理产值、非标准设备制造产值、总包企业向分包企业收取的管理费以及不能明确划分的施工活动所完成的产值。

装修装饰产值　包括装修、装饰两部分产值。装修装饰指对新旧房屋及建筑物进行的内外装修装饰;对新建房屋及建筑物经过施工后,尚未完全达到使用标准,而进行的二次装修装饰;以及对原有房屋经使用若干年后进行的二次内外装饰。包括抹灰、门窗、玻璃、吊顶、隔断、饰面板(砖)、涂料、裱糊、刷浆、花饰等。

在外省完成的产值　指建筑业企业在其他省份施工所完成的建筑业产值。

竣工产值　一般是以单位工程为对象,当该工程按照设计所规定的工程内容全部完成,达到了设计规定的交工条件,经有关部门检查验收鉴定合格的单位工程价值,即为竣工产值。竣工产值包括范围应是报告期内竣工单位工程从开工到竣工的全部自行完成的价值,如果一个单位工程跨两个年度施工,其竣工价值应当包括上年度完成的价值。有些大型单位工程,如大型厂房、高级宾馆、各种管道、公路、铁路等,能够分跨、分层、分段施工并按合同规定,能够分开交付使用的,可以分开计算竣工产值。竣工产值不包括附属辅助企业或内部核算的其他单位为外单位生产和服务的价值。

房屋建筑施工面积　指在报告期内施工的全部房屋建筑面积,包括本期新开工的房屋面积、上期施工跨入本期继续施工的房屋面积、上期停缓建在本期恢复施工的房屋面积、本期竣工的房屋面积及本期施工后又停缓建的房屋面积。

本年新开工面积　指在报告期内新开工的各个房屋单位工程的建筑面积之和。它不包括在上期开工跨入报告期继续施工的房屋建筑面积和上期停缓建而在本期复工的建筑面积。新开工面积用于反映报告期内投入施工的房屋建筑规模,为科学组织施工提供依据。

年末自有施工机械设备净值　本企业(或单位)自有机械设备经过使用、磨损后实际存在的价值,即原值减去折旧后的净额。

年末自有机械设备总台数　年末本企业(或单位)自有的直接用于工程施工的各种机械设备的台数。但不包括附属辅助生产机械设备、运输机械设备、生产试验机械设备的台数。

年末自有施工机械设备总功率　年末本企业(或单位)自有的直接用于工程施工的各种机械设备年末总功率,按设定能力或查定能力计算。包括机械本身的动力和为该机械服务的单独动力设备,如电动机等。计量单位用千瓦,动力换算可按 1 马力 = 0.735 千瓦折合成千瓦数。电焊机、变压器、锅炉不计算动力。

计算建筑业劳动生产率的平均人数　建筑业企业(或单位)报告期实际拥有的、与建筑施工活动有关的人员的平均人数,包括参加本企业(或单位)建筑施工活动的非本企业(或单位)人员,但不包括企业内部社会服务性机构的人员以及由本企业支付工资但所从事的工作与本企业生产基本无关的人员。

房屋建筑竣工面积　指在报告期内房屋建筑按

照设计要求全部完工，达到了住人和使用条件，经检查验收签定合格的房屋建筑面积。

资产总计 指企业拥有或控制的能以货币计量的经济资源，包括各种财产、债权和其他权利。建筑业企业的资产其按流动性分为：流动资产、长期投资、固定资产、无形资产、递延资产和其他资产根据会计“资产负债表”中“资产总计”项的年末数填列。

固定资产 企业使用期限超过一年的房屋、建筑物、机器、机械、运输工具以及其他与生产、经营有关的设备、器具、工具等。不属于生产经营主要设备的物品，单位价值在2000元以上，并且使用年限超过2年的，也应当作为固定资产。

负债合计 企业所承担的能以货币计量、将以资产或劳务偿付的债务。

所有者权益合计 企业投资人对企业净资产的所有权，企业净资产等于企业全部资产减去全部负债后的余额。其中包括实收资本、资本公积、盈余公积和未分配利润四部分。

实收资本 企业实际收到的投资投入的资本。按照投资主体划分为国家资本、集体资本、法人资本、个人资本、港澳台资本和外商资本六种。

工程结算收入 本企业承包工程实现的工程价款结算收入以及向发包单位收取的除工程价款以外按规定列作营业收入的各种款项，如临时设施费、劳动保险费、施工机械调迁费等以及向发包单位收取的各种索赔款。

工程结算成本 在报告期内与发包单位办理工程价款结算的已完工程实际成本。

工程结算税金附加 因从事建筑业生产活动，取得工程价款结算收入而按规定应该缴纳的营业税、城市维护建设税等以及随同营业税金一并计算缴的教育费附加等。

营业利润 企业生产经营活动所实现的利润，分为主营业务利润和其他利润。

利润总额 指企业在工程施工生产过程中，取得工程价款收入、机械作业收入等，扣除投入的成本及其他一系列费用，再加减非经营性质的收支及投资收益，即为施工企业全年实现的利润总额(或亏损总额)。

本年应付工资总额 指报告期内企业应付给与工程施工直接有关的职工的工资。

应收工程款 指建筑业企业在报告期末应向发包单位收取而未收取的工程款。

10

交通运输业

2012

朔州统计年鉴

SHUOZHOU STATISTICAL YEARBOOK

资料整理人员

郭焕珍

10-1 民用汽车拥有量(2011 年)

单位:辆

指　标	合　计	营　运	非营运	#个　人
一、民用汽车	128897	18690	81354	79250
1.载客汽车	67865	3798	64067	54432
#大　型	1301	886	415	105
中　型	1030	542	488	356
#轿　车	55649	2138	53511	47698
2.载货汽车	18575	11136	7439	12901
#重　型	6189	5934	255	3725
中　型	2091	2009	82	1448
#普通载货汽车	11517	8135	3382	7983
3.其他汽车	1797	766	1031	1210
二、拖拉机	28853			
#大中型	10934			
小型方向盘式	17919			
三、摩托车	9560	805	8755	9505
#普　通	9453	805	8648	9398
轻　便	107		107	107
四、载货挂车	2247	2185	62	1202

注:民用汽车拥有量包括三轮汽车和低速货车。

主要统计指标解释

交通运输业 指国民经济中从事运送货物和旅客的社会生产部门。运输活动按其企业核算方式分为营业性运输和非营业性运输。

营运汽车 指领有公安交通监理部门核发的车辆牌照,并经当地工商行政管理机关核准,领取营业执照,参加营业性运输的载客和载货汽车,包括使用权属于公路运输企业的租入、借入、代管的营运汽车。

民用汽车 指由公安交通监理部门所掌管的领有本地区车辆牌照的机动车辆的一部分。不包括拖拉机、摩托车、其他机动车等。民用汽车包括普通载货汽车、专用载货汽车、载客汽车、其他专用汽车、特种汽车等。

载客汽车 指有专门的客运设备,用于旅客运输的汽车,对于临时作为“代客车”使用的载货汽车,不能作为载客汽车统计。

普通载货汽车 指只有一般构造的栏板式、平板式货运汽车,包括自卸车、半挂车等。

大型载货(客)汽车 凡符合下列情况之一的即为大型汽车:

(1)总质量(即车辆自重和载重量之和)为4.5吨以上的;

(2)总座位数(驾驶员座位除外)在20座以上的;

(3)车长在6米和6米以上的。

专用载货汽车 指具有特殊构造和专门用途的货运汽车如冷藏车、罐车、活畜运输车、散装水泥车等。

其他专用汽车 指特种汽车和专用载货汽车以外的有专门设备和单一用途的汽车,如起重车、卫生车等。

特种汽车 指警车、消防车、工程抢险车、救护车等担负特种任务的汽车。

轮胎式拖拉机 指主要用于从事公路运输活动的并领取机动车牌照的轮式拖拉机。

摩托车 指二轮、三轮摩托车及轻便型摩托车(发动机气缸容积不超过50毫升,最大设计时速不超过50公里,只供单人乘骑用)。

其他机动车 指除民用汽车、轮胎式拖拉机及摩托车以外的其它民用机动车辆,如简易机动车、电车等。

载货挂车 指挂车本身没有动力,需要依靠货车或牵引车拖带,进行运输货物的车辆与它组成一个整体,共同构成汽车的运输能力。

公路里程 也称“公路通车里程”,是指实际达到交通部制定的公路工程技术标准规定的等级公路长度。它包括大中城市的郊区以及通过小城镇街道的公路里程,也包括桥梁、渡口的长度,但不包括城市街道以及厂矿、林区和农村生产用道的里程,两条或多条公路共同经由同一路段,只计算一次,不得重复计算里程长度。公路里程是反映公路建设发展规模的重要指标,也是计算运输网密度等指标的资料。

国道 指具有全国性政治、经济意义的主要干线公路,包括重要的国际公路、国防公路、连接首都与各省、自治区首府和直辖市、各大军区的公路、连接各大经济中心、港站枢纽、商品生产基地和战略要地的公路。

省道 指具有全省(自治区、直辖市)政治、经济意义,连接省内中心城市和主要经济区的公路,以及不属于国道的省际间的重要公路。

县道 指具有全县政治、经济意义,连接县城和县内主要乡(镇)、主要商品生产和集散地的公路以及不属于国道、省道的县际间的公路。

乡道 指主要为乡(镇)村经济、文化、行政服务的公路,以及不属于县道以上公路的乡与乡之间及乡与外部联络的公路。

有路面公路 指铺有各种路面的公路。包括高级路面、次高级路面、中高级路面、中级路面和低级路面。

货(客)运量 指运输业实际运送的货物(旅客)

数量。货物不论运输距离长短，货物类别，均按实际重量统计；旅客不论行程远近或票价多少，均按一人一次作为客运量统计。半价票、小孩票也按一人统计。货（客）运量反映运输业为国民经济和人民生活服务的数量指标，也是制定和检查运输生产计划，研究运输发展规模和速度的重要指标。

货物（旅客）周转量 指运输业运送的货物（旅客）数量与其相应运输距离的乘积之总和，通常以吨公里和人公里为计算单位。计算货物周转量通常按发出站与到达站之间最短距离，也就是计费距离计算。它是反映运输业生产总成果的重要指标，也是编制和检查运输生产计划、计算运输效率、劳动生产率以及核算运输单位成本的主要基础资料。

11

批发零售贸易 餐饮业

2012

朔州统计年鉴

SHUOZHOU STATISTICAL YEARBOOK

365~417

资料整理人员

王银枝　刘海波

11-1 社会消费品零售总额

单位：万元

指　　标	2010	2011
社会消费品零售总额	**1395968.8**	**1641384.8**
按销售地区分		
城　镇	1071859.0	1261304.6
#城　区	465885.2	552380.4
乡　村	324109.8	380080.2
按行业分		
批发零售贸易业	1182602.6	1392123.8
限额以上贸易企业	279929.1	395241.1
限额以下及个体户贸易业	902673.5	996882.7
住宿和餐饮业	213366.2	249261.0
限额以上企业	45380.0	60039.7
限额以下企业及个体户	167986.2	189221.3

11-2 限额以上批发和零售业法人

指　　标	法人企业数（个）	从业人员期末人数（人）	商品购进额
总　计	141	13436	3481837
一、批发业	47	6190	3136057
1. 按批发行业小类分			
农畜产品批发	2	42	30553
谷物、豆及薯类批发	1	32	24531
其他农畜产品批发	1	10	6022
食品、饮料及烟草制品批发	4	431	107955
果品、蔬菜批发	1	17	10487
盐及调味品批发	2	68	2746
烟草制品批发	1	346	94721
医药及医疗器材批发	1	23	2655
中药材及中成药批发	1	23	2655
矿产品、建材及化工产品批发	36	5596	2978245
煤炭及制品批发	33	5071	2682347
石油及制品批发	2	456	266011
金属及金属矿批发	1	69	29887
机械设备、五金交电及电子产品批发	3	40	14051
农业机械批发	2	20	5871
其他机械设备及电子产品批发	1	20	8179
2. 按登记注册类型分			
内资企业	47	6190	3136057
国有企业	14	2218	1839046
集体企业	8	2041	264520
有限责任公司	3	190	151850
其他有限责任公司	3	190	151850
股份有限公司	2	676	44569
私营企业	18	986	800163
私营独资企业	1	8	3238
私营合伙企业	2	35	5288
私营有限责任公司	14	840	726926
私营股份有限公司	1	103	64711
其他企业	2	79	35909
3. 按控股情况分			
国有控股	18	3610	2017729
集体控股	8	1485	208949
私人控股	18	1075	859698
其他	2		41502
4. 按经营形式分			
独立门店	25	2119	1042878
连锁总店（总部）	2	55	25183
其他	15	3220	917085

商品购进、销售和库存（2011年）

单位：万元

商品销售额	批发额	零售额	期末商品库存额	年末零售营业面积（平方米）
3821811	3454922	366889	4410273	4998905
3156466	3119244	37223	3742599	4501830
28432	28432		46147	1650
21608	21608		46145	
6825	6825		2	1650
149281	141983	7299	67125	20600
16339	9040	7299	1535	16600
4334	4334		4149	4000
128609	128609		61441	
3189	3189		2654	
3189	3189		2654	
2960390	2936063	24327	3597959	4479200
2644112	2624112	20000	3543086	4379867
285503	281176	4327	35034	99333
30775	30775		19839	
12435	6838	5597	27754	180
6838	6838		1931	
5597		5597	25823	180
3156466	3119244	37223	3742599	4501830
1726068	1706068	20000	2368461	224973
329351	329351		371315	3006130
146311	146311		218806	204436
146311	146311		218806	204436
52257	52257		133920	
864880	847657	17223	630256	1064641
3821	3821		1701	
6205	6205		2884	
769831	752608	17223	580385	1064641
85022	85022		45286	
37600	37600		19841	1650
1930918	1910918	20000	2747980	232273
254833	254833		293814	3016130
921340	909715	11626	641023	1252047
43778	43778		33959	1200
884184	871288	12896	2939814	3975784
37794	37794		12793	81396
1082908	1078581	4327	763196	437950

11-2 **续表**

指 标	法人企业数（个）	从业人员期末人数（人）	商品购进额
二、零售业	94	7246	345781
1. 按零售行业小类分			
综合零售	16	2523	77973
百货零售	12	2002	47655
超级市场零售	2	315	20896
食品、饮料及烟草制品专门零售	4	374	9634
粮油零售	1	15	836
肉、禽、蛋及水产品零售	1	30	901
烟草制品零售	1	15	1950
其他食品零售	1	314	5947
纺织、服装及日用品专门零售	10	1586	34365
纺织品及针织品零售	2	278	4920
服装零售	8	1308	29445
文化、体育用品及器材专门零售	8	229	14262
文具用品零售	1	28	149
图书零售	5	91	9277
珠宝首饰零售	2	110	4836
医药及医疗器材专门零售	3	163	2897
药品零售	3	163	2897
汽车、摩托车、燃料及零配件专门零售	29	1646	157673
汽车零售	20	796	107573
汽车零配件零售	1	5	650
机动车燃料零售	8	845	49450
家用电器及电子产品专门零售	12	495	22224
家用电器零售	11	485	21578
通信设备零售	1	10	646
五金、家具及室内装修材料专门零售	5	57	6606
家具零售	2	30	814
其他室内装修材料零售	3	27	5792
无店铺及其他零售	7	173	20147
生活用燃料零售	3	71	16182
其他未列明的零售	4	102	3966

表1

单位：万元

商品销售额			期末商品库存额	年末零售营业面积（平方米）
	批发额	零售额		
665345	335678	329667	667674	497075
86439	2249	84191	142390	73200
59306	2249	57058	81191	66800
21030		21030	26516	5400
9615		9615	4752	12572
808		808	489	360
868		868	345	6000
1800		1800	1800	400
6139		6139	2118	5812
45044		45044	44171	37392
5378		5378	24697	9312
39666		39666	19474	28080
14075		14075	27142	3116
568		568	995	280
8469		8469	8183	1696
5037		5037	17964	1140
2984	848	2136	4442	2320
2984	848	2136	4442	2320
440153	332292	107861	385304	60488
110336	17561	92775	179282	28308
550		550	1700	100
329267	314731	14536	204322	32080
35449		35449	36786	23240
34807		34807	36329	23040
642		642	457	200
7462	218	7244	16552	10829
2238		2238	10641	2000
5224	218	5007	5911	8829
24124	71	24053	6135	273918
19017		19017	5614	271500
5107	71	5036	521	2418

11-2 **续表**

指　　标	法人企业数（个）	从业人员期末人数（人）	商品购进额
2. 按登记注册类型分			
内资企业	94	7246	345781
国有企业	10	1350	54909
集体企业	7	746	29298
股份合作企业	1	21	8327
有限责任公司	4	106	14347
其他有限责任公司	4	106	14347
股份有限公司	2	55	2820
私营企业	68	4864	226424
私营独资企业	9	410	10714
私营有限责任公司	54	3657	187793
私营股份有限公司	5	797	27916
其他企业	2	104	9655
3. 按控股情况分			
国有控股	9	1102	50880
集体控股	10	1050	43517
私人控股	60	4011	206726
其他	15	1083	44658
4. 按经营形式分			
独立门店	77	4710	233760
连锁总店（总部）	5	1101	43226
连锁门店	5	175	11530
其他	4	314	12887
5. 按零售业态分			
有店铺零售	93	6506	310825
食杂店	16	944	52349
超市	4	356	27654
大型超市	1	41	364
百货店	14	2949	65812
专业店	36	1470	118114
专卖店	17	448	34927
家居建材商店	2	27	5252
购物中心	2	251	5394
厂家直销中心	1	20	958

表2

单位：万元

商品销售额	批发额	零售额	期末商品库存额	年末零售营业面积（平方米）
665345	335678	329667	667674	497075
334478	313772	20706	223021	19126
37011	2180	34831	23712	59872
9390		9390	13827	600
13584	218	13366	18113	9229
13584	218	13366	18113	9229
3360		3360	4056	940
265070	19509	245561	312934	403308
14670	1099	13571	26169	23170
220002	18410	201592	258870	367759
30398		30398	27895	12379
2454		2454	72011	4000
329705	313772	15933	201174	15614
53602	2180	51422	63153	64624
244630	18878	225752	260192	376977
37408	848	36560	143155	39860
272334	19657	252676	350988	253757
44244	2180	42064	42294	60748
13052	69	12983	26572	6440
15911	71	15840	24404	165130
351644	21977	329667	478941	487075
68838	15435	53403	102815	25512
27149		27149	32926	6296
1230	69	1161	17324	2600
79909	2180	77730	77609	88392
130824	1878	128946	186243	164129
35762	2198	33565	23491	188017
4714	218	4497	5604	8829
2285		2285	32640	3000
932		932	289	300

11-3 限额以上批发零售

指　　标	流动资产合计	存货	固定资产合计	累计折旧
总　计	**1359442**	**199919**	**234290**	**87160**
一、批发业	1245335	169431	176241	76162
1.按批发行业小类分				
农畜产品批发	6403	4615	2601	294
谷物、豆及薯类批发	6309	4615	1901	294
其他农畜产品批发	94		700	
食品、饮料及烟草制品批发	27505	5818	10558	5599
果品、蔬菜批发	754	154	2094	405
盐及调味品批发	690	414	436	322
烟草制品批发	26062	5251	8028	4872
医药及医疗器材批发	614	265	749	20
中药材及中成药批发	614	265	749	20
矿产品、建材及化工产品批发	1205668	156383	161516	69800
煤炭及制品批发	1157763	150434	158979	68717
石油及制品批发	39913	3627	2411	1032
金属及金属矿批发	7992	2322	127	51
机械设备、五金交电及电子产品批发	5033	2350	712	190
农业机械批发	447	193	485	33
其他机械设备及电子产品批发	4586	2157	227	156
2.按登记注册类型分				
内资企业	1245335	169431	176241	76162
国有企业	696105	36185	45384	23961
集体企业	67713	31919	15053	31970
有限责任公司	71817	26117	4290	4609
其他有限责任公司	71817	26117	4290	4609
股份有限公司	56913	13880	3432	4371

法人企业财务状况（2011年）

单位：万元

资产总计	流动负债合计	负债合计	所有者权益合计	实收资本
1700961	1237226	1361232	339728	195086
1519054	1120323	1239115	279939	162368
9003	3807	3807	5196	2698
8209	3713	3713	4496	2000
794	94	94	700	698
38817	5014	5047	33770	2263
2848	694	694	2154	1477
1150	511	544	606	207
34819	3809	3809	31010	579
1362	548	548	814	500
1362	548	548	814	500
1462506	1105390	1223950	238556	155933
1406954	1060240	1178559	228395	148933
42479	33376	33376	9103	6000
13073	11774	12015	1058	1000
6009	5075	5075	934	920
1195	475	475	720	720
4814	4600	4600	214	200
1519054	1120323	1239115	279939	162368
804271	607179	698270	106001	28873
93728	47356	56376	37353	17218
78845	73803	73816	5029	4843
78845	73803	73816	5029	4843
60577	51263	57605	2972	1856

11-3 续

指标名称	流动资产合计	存货	固定资产合计	累计折旧
私营企业	344700	59007	107256	11202
私营独资企业	315	170	17	1
私营合伙企业	745	288	1217	52
私营有限责任公司	268003	54610	99513	11149
私营股份有限公司	75637	3939	6510	
其他企业	8086	2322	827	51
3.按控股情况分				
国有控股	803398	77554	49165	45933
集体控股	60285	27829	14866	14461
私人控股	369697	57940	109669	13972
其他	7370	3952	2314	1640
4.按经营形式分				
独立门店	373178	68581	51354	26256
连锁总店(总部)	9881	3385	62258	126
其他	402871	85063	39026	40709
二、零售业	114107	30488	58049	10998
1.按零售行业小类分	18815	7687	9781	1742
百货零售	11660	4246	8680	1356
超级市场零售	4953	2652	81	115
食品、饮料及烟草制品专门零售	2872	565	2520	152
粮油零售	208	49	2000	
肉、禽、蛋及水产品零售	11		13	2
烟草制品零售	400	160		
其他食品零售	2253	356	507	150
纺织、服装及日用品专门零售	6626	2456	4313	585
纺织品及针织品零售	1177	407	402	59

表1

单位：万元

资产总计	流动负债合计	负债合计	所有者权益合计	实收资本
467767	328855	340940	126826	107880
595	275	275	320	320
1962	748	748	1214	900
382534	252692	263217	119317	101660
82675	75140	76700	5976	5000
13867	11868	12109	1758	1698
923694	702906	804207	119487	37425
77875	49795	54959	22915	12359
502852	353830	366157	136695	111943
9820	9192	9192	628	441
444107	359948	375424	68683	44936
72139	10414	10414	61725	60038
511369	402963	422013	89356	35492
181906	116904	122117	59789	32718
30145	19619	19878	10267	3585
21791	14307	14566	7225	2905
5039	3861	3861	1178	154
5765	2957	4016	1749	1649
2510	220	1100	1410	1409
89	27	27	62	24
400	180	320	80	60
2766	2530	2569	197	156
10973	5264	5885	5088	2868
1610	968	978	632	584

11-3 **续**

指　　标	流动资产合计	存货	固定资产合计	累计折旧
服装零售	5448	2049	3912	526
文化、体育用品及器材专门零售	6685	2276	1928	540
文具用品零售	282	100	12	12
图书零售	4005	381	699	381
珠宝首饰零售	2399	1796	1216	146
医药及医疗器材专门零售	952	463	388	2
药品零售	952	463	388	2
汽车、摩托车、燃料及零配件专门零售	51473	11559	30133	7021
汽车零售	44632	11154	5405	288
汽车零配件零售	760		45	3
机动车燃料零售	6080	405	24682	6730
家用电器及电子产品专门零售	6884	3370	1321	383
家用电器零售	6711	3209	1319	383
通信设备零售	172	161	2	
五金、家具及室内装修材料专门零售	6909	1184	2989	26
家具零售	147	2	158	
其他室内装修材料零售	6762	1183	2831	26
无店铺及其他零售	12892	927	4677	547
生活用燃料零售	5341	561	3563	300
其他未列明的零售	7551	366	1114	247
2.按登记注册类型分				
内资企业	114107	30488	58049	10998
国有企业	11959	1389	26178	7173
集体企业	8782	2708	4720	636
股份合作企业	38	12	25	21
有限责任公司	14062	1607	3025	105

表2

单位：万元

资产总计	流动负债合计	负债合计	所有者权益合计	实收资本
9363	4296	4907	4456	2284
9979	6744	6744	3236	576
294	84	84	210	200
4861	3477	3477	1384	46
4825	3183	3183	1642	330
1585	743	947	638	555
1585	743	947	638	555
86829	53225	54509	32320	18990
54057	40955	42134	11923	12649
805	637	637	169	150
31967	11633	11739	20228	6191
8537	5551	6082	2455	832
8363	5433	5964	2399	782
174	119	119	56	50
9898	9100	9986		696
305	5	89	216	180
9593	9095	9897		516
18197	13703	14071	4126	2967
9354	6494	6862	2492	1471
8843	7208	7209	1634	1496
181906	116904	122117	59789	32718
38441	16789	16799	21642	5431
14336	9834	9927	4409	1989
63			63	63
17591	16595	16595	996	901

11-3 续

指　　标	流动资产合计	存货	固定资产合计	累计折旧
其他有限责任公司	14062	1607	3025	105
股份有限公司	1023	489	1284	192
私营企业	76109	23931	21876	2842
私营独资企业	2933	875	4491	129
私营有限责任公司	68617	20776	13294	1863
私营股份有限公司	4559	2281	4091	850
其他企业	2133	351	940	31
3.按控股情况分				
国有控股	11469	1267	26098	7121
集体控股	9916	3219	5809	800
私人控股	74188	19802	21421	2751
其他	18534	6200	4720	326
4.按经营形式分				
独立门店	82674	24379	25699	3272
连锁总店(总部)	18287	4026	2618	482
连锁门店	1491	809	1647	293
其他	4929	485	2931	373
5.按零售业态分				
有店铺零售	109582	30488	33916	4693
食杂店	24060	7687	3797	331
超市	8318	2909	178	343
百货店	14814	5456	9863	1817
专业店	36585	9769	8832	876
专卖店	18054	2643	8004	1170
家居建材商店	6584	1183	2830	17
购物中心	748	730	37	
厂家直销中心	418	113	300	100

表3

单位：万元

资产总计	流动负债合计	负债合计	所有者权益合计	实收资本
17591	16595	16595	996	901
3517	1660	1660	1857	430
104886	71433	75414	29471	22598
8532	4324	5524	3008	2502
87678	61172	63904	23774	18925
8676	5937	5987	2689	1171
3073	593	1722	1351	1306
37840	16349	16349	21491	5328
17799	11483	11587	6212	2456
102224	71286	74702	27522	20643
24044	17786	19480	4564	4292
112749	75389	80192	32558	21501
24124	21606	21629	2495	3820
4697	2828	2838	1859	405
8363	5450	5828	2535	1467
153248	106722	111936	41311	27718
28414	22711	23004	5410	4815
8577	6264	6264	2312	159
25821	14706	15223	10598	4639
49962	35202	37348	12614	11087
29207	18352	19798	9409	6238
9414	8501	9303	112	61
785	244	244	541	550
718	450	450	268	130

11-3 **续**

国家资本	集体资本	法人资本	个人资本	主营业务收入
19350	19105	88325	68307	3834885
14222	15776	78759	53612	3186753
		2000	698	28432
		2000		21608
			698	6825
5	202	579	1477	130576
			1477	16339
5	202			4315
		579		109922
			500	3189
			500	3189
14163	15573	76180	50017	3009548
14163	15573	75180	44017	2698001
			6000	285243
		1000		26303
			920	12269
			720	6838
			200	5431
14222	15776	78759	53612	3186753
11523	3681	13669		1717790
265	10840	6114		352448
578			4265	168362
578			4265	168362
1856				51997

表4

单位：万元

主营业务成本	主营业务税金及附加	其他业务利润	销售费用
3466400	18659	29424	162910
2889596	17019	25826	131722
26144			1270
20002			861
6142			410
95399	6645	38	3293
11437	2		1433
3545	9	26	284
80417	6634	12	1577
2838	1		155
2838	1		155
2751323	10374	25788	126749
2446430	10368	25788	122477
279882	4	1	3772
25012	1		501
11294			254
6154			147
5140			107
2889596	17019	25826	131722
1616418	12674	24586	11407
276373	1292	26	53456
138368	860	83	18905
138368	860	83	18905
43969	212	1	2426

11-3 续

国家资本	集体资本	法人资本	个人资本	主营业务收入
	1255	57976	48649	863028
			320	3821
			900	6205
	1255	52976	47429	767979
		5000		85022
		1000	698	33128
13716	3681	19783	245	1906521
265	12094			290327
		58876	53067	937704
241		100	100	46770
1954	6037	28316	8629	912591
	38	30660	29340	37794
7047	6019	6783	15643	1082054
5128	3329	9566	14695	648132
63	1084	1815	624	85560
63	1084	1488	270	59268
			154	21030
	156	524	969	9414
		500	909	808
		24		668
			60	1800
	156			6139
57	595	1698	518	45046
57	494	33		5378

表5

单位：万元

主营业务成本	主营业务税金及附加	其他业务利润	销售费用
783314	1981	1131	44618
3439			96
5553	1		207
699215	1643	1131	43160
75108	337		1156
31154	1		910
1770330	13319	24591	37056
229117	1005	489	40202
850245	2217	668	45357
34763	479	78	9000
792255	3613	6265	59580
29419	78	58	9121
960721	9415	3699	61970
576804	1639	3598	31188
67658	307	3022	6663
45166	259	432	4018
18177	40	2590	1987
8240	47	20	191
655	24		49
50	1		
1600	20		80
5935	2	20	62
33826	92	52	6453
4574	12	52	35

11-3 续

国家资本	集体资本	法人资本	个人资本	主营业务收入
	101	1665	518	39668
8	315	238	15	13840
		200		568
8		38		7586
	315		15	5686
		500	55	2984
		500	55	2984
	273	3680	10037	425009
5000		3425	9224	114020
		150		550
	273	105	813	310439
5000	23	383	426	34533
	23	383	376	34000
			50	533
		536	160	7621
		30	150	2238
		506	10	5384
	884	192	1891	24124
	884		588	19017
		192	1304	5107
	3329	9566	14695	648132
	13	290		313926
	1954	3	33	37011
	63			9390
		701	200	14502

表6

单位：万元

主营业务成本	主营业务税金及附加	其他业务利润	销售费用
29252	80		6418
10545	180	27	1306
266			23
5791	3	23	927
4488	177	4	356
2499			200
2499			200
395986	772	14	12670
106647	380	14	2881
495	1		
288844	391		9789
30493	94	18	1921
30001	94	18	1884
493			37
6046	27	299	903
1626	1	299	120
4420	26		784
21512	120	146	881
17018	35		699
4494	85	146	183
576804	1639	3598	31188
290207	425	35	11404
29799	16	119	1453
9054	49		
13496	6		238

11-3 **续**

国家资本	集体资本	法人资本	个人资本	主营业务收入
		701	200	14502
	300		130	3360
	899	8367	13333	267551
		861	1642	14470
	899	6976	11050	222212
		530	641	30869
	101	205	1000	2393
5071		257		309153
57	2330	36	33	53602
	884	6588	13171	247519
	116	2685	1491	37859
63	1249	7668	12521	274032
0	884	1303	1633	45002
8	300	43	54	13051
57	897	225	288	15911
128	3329	9566	14695	353259
	257	1258	3300	71016
		5	154	26250
121	1578	2544	396	79911
	411	2783	7893	130811
8	1084	2584	2562	35950
		51	10	4874
		300	250	2285
			130	932

表7

单位：万元

主营业务成本	主营业务税金及附加	其他业务利润	销售费用
13496	6		238
2695	151		150
229348	985	3443	17787
10010	60	1	1943
190627	887	3412	15064
28712	38	30	781
2204	8		157
286178	423	23	11369
44762	190	131	1626
211792	770	3289	16884
34073	257	154	1309
231992	922	3357	18136
39886	162	202	1534
11814	128	27	537
13685	84	12	582
301691	1304	3598	21447
64210	430	598	1587
22162	40	2591	2545
64540	284	243	4973
111920	361	169	10101
30652	132		1634
4272	10		452
1992	18		145
816	28		11

11-3 续

管理费用	财务费用	利息支出	营业利润
93073	30434	18743	89598
78344	26520	17938	66144
238	133	10	647
102	91	10	553
137	43		94
7225	22	10	18030
349	53	42	3066
363	2	1	139
6513	1	1	14826
36	1	1	159
36	26274	17870	159
70354	25688	17286	47028
68528	249	246	47063
1402	337	339	30
423	89	47	210
423	38		204
295	51	47	5
128			
78344	26520		66144
40866	12307	17938	45472
16463	704	7408	4185
2882	633	8	6795
2882	633	8	6795
2721	2012	1839	658

表8

单位：万元

利润总额	应交所得税	应付职工薪酬	应交增值税	其他费用
55766	11983	29987	69636	313
41267	10867	20390	61873	284
647	138	57	258	
553	138	38	1	
94		18	257	
14757	3688	4323	5534	56
		20	22	
		177	304	
14757	3688	4126	5208	56
159	40	45	6	
159	40	45	6	
25495	6999	15773	55604	228
25535	6966	14786	55424	228
39	22	790	45	
210	11	197	135	
204	1	121	468	
5		53	465	
	1	69	3	
41267	10867	20390	61873	284
25936	8267	9465	16126	284
4097	1204	5638	18563	
5149	3	429	10855	
5149	3	429	10855	
482	163	1496	1597	

11-3 续

管理费用	财务费用	利息支出	营业利润
14852	10485	8354	8909
172	19		96
159	19	1	267
12031	7718	7619	5343
2491	2728	735	3202
560	379	339	124
46988	14260	9192	45924
14978	704	8647	4811
14506	11446	60	14601
1745	59		803
		9522	
27010	13012		23171
1261	114	118	
26436	6592	2642	20639
14730	3914	805	23454
3807	359	219	9789
3051	359	219	6847
525			2890
91	25	13	841
34	13	13	34
			617
20	12		68
37			123
2246	173	37	2308
145	5		659

表9

单位：万元

利润总额	应交所得税	应付职工薪酬	应交增值税	其他费用
5471	1220	3147	14341	
96		27	260	
267	40	71	211	
1906	333	2387	10928	
3202	847	662	2942	
133	11	216	392	
25219	8432	12829	21810	284
4383	1204	4032	15874	
11663	1223	3341	23667	
	6	119	519	
19528	2568	6740	43330	5
		105	29	
15429	4517	12599	17634	56
14499	1116	9597	7763	30
5446	299	2904	2150	
2504	204	2420	1725	
2890	78	321	420	
35	9	460	287	
34	9	25	24	
1		23	1	
		36	252	
		377	10	
1616	213	1607	1454	
11		330	61	

11-3 **续**

管理费用	财务费用	利息支出	营业利润
2101	167	37	1649
839	183	160	814
273	1	1	5
229	2		659
337	181	159	150
186	7		92
186	7		92
5431	2753	228	7411
3178	2380	195	
35			19
2218	373	33	8823
413	162	12	1468
413	162	12	1464
			4
657			288
412	4		374
245			
1060	254	137	443
747	115	29	405
314	140	108	39
14730	3914	805	23454
2785	404		8735
1114	174	159	4575
48	7		232
527	107		127

表10

单位：万元

利润总额	应交所得税	应付职工薪酬	应交增值税	其他费用
1605	213	1277	1392	
767	167	567	331	
5	1	43	11	
626	162	340	303	
136	4	184	17	
92	1	127	185	
92	1	127	185	
5043	71	2872	1974	19
	25	1835	1817	19
19		10	1	
7584	46	1028	156	
1360	355	476	101	
1357	355	441	99	
4	1	35	2	
		142	97	
76		72	77	
		70	20	
149	2	442	1184	11
405		181	1105	
	2	261	80	11
14499	1116	9597	7763	30
8051	181	2062	673	
1560	25	850	81	
232	43	42	103	
127		158	203	

11-3 续

管理费用	财务费用	利息支出	营业利润
527	107		127
157	34	22	174
9970	3188	624	9716
578	158	13	1722
8588	3024	609	7434
804	7	3	560
129			
2715	404		8087
1373	192	159	5590
8726	2896	394	9740
1916	423	253	36
9351	1279	605	15711
2196	2206	171	
303	16		280
596	86	29	890
12677	3585	805	16154
2087	311	157	2990
644			3453
3771	359	230	6228
4360	2735	349	1504
1403	164	47	1961
229			
114			17
16	22	22	39

表11

单位：万元

利润总额	应交所得税	应付职工薪酬	应交增值税	其他费用
127		158	203	
172		44	16	
4461	864	6361	6684	30
853	11	653	877	
3025	639	4203	4731	30
583	214	1505	1076	
	3	80	2	
8051	181	1764	621	
1927	68	1211	246	
4483	855	5896	6487	30
37	12	726	408	
7239	1047	7238	6691	30
	25	562	166	
232	26	291	323	
242	2	456	556	
7198	1116	8709	7743	30
60	26	1579	166	19
3453	224	508	567	
2627	235	3195	2156	
1101	589	2336	4445	11
	33	922	146	
		33	5	
17	10	48	100	
37		23	6	

11-4 限额以上批发零售业商品销售类值(2011年)

单位：万元

指　标	销售额	批发额	零售额
总　计	**3099954.1**	**3066961.1**	**32993.0**
一、批发业			
1.粮油、食品、饮料、烟酒类	175952.5	168653.8	7298.7
#粮油、食品类	47343.5	40044.8	7298.7
饮料类			
烟酒类	128609.0	128609.0	
2.服装、鞋帽、针纺织品类			
#服装类			
鞋帽类			
针纺织品			
3.化妆品类			
4.金银珠宝类			
5.日用品类			
#洗涤用品类			
儿童玩具类			
6.五金、电料类			
7.体育、娱乐用品类			
8.书报杂志类			
9.电子出版物及音像制品类			
10.家用电器和音像器材类			
11.中西药品类	3188.6	3188.6	
#西　药	1740.2	1740.2	
中草药及中成药类	1448.2	1448.2	
12.文化办公用品类			
13.家具类			
14.通讯器材类			
15.煤炭及制品类	2632310.2	2632310.2	
16.木材及制品类			
17.石油及制品类	248151.0	222456.7	25694.3
18.化工材料及制品类	2739.0	2739.0	
#化肥类			
19.金属材料类	30774.8	30774.8	
20.建筑及装潢材料类			
21.机电产品及设备类	5454.6	5454.6	
#农机类	5058.0	5058.0	
22.汽车类	1383.4	1383.4	
23.种子饲料类			
24.棉麻类			
25.其他类			

11-4 续表

单位：万元

指　　标	销售额	批发额	零售额
二、零售业			
1.粮油、食品、饮料、烟酒类	31825.2	53	31771.9
#粮油、食品类	24084.7	53	24031.4
饮料类	3917.1		3917.1
烟酒类	3823.4		3823.4
2.服装、鞋帽、针纺织品类	67120.6	61	67060.1
#服装类	40927.7	61	40867.2
鞋帽类	19565.6		19565.6
针纺织品	6627.3		6627.3
3.化妆品类	4874.8	63	4811.5
4.金银珠宝类	7155.1	38	7116.9
5.日用品类	6950.5	168	6782.7
#洗涤用品类	2663.9		2663.9
儿童玩具类	858.0		858.0
6.五金、电料类	507.0	73	434.1
7.体育、娱乐用品类	370.8	56	315.1
8.书报杂志类	11570.8		11570.8
9.电子出版物及音像制品类	689.8	5	685.0
10.家用电器和音像器材类	38235.7	20	38215.6
11.中西药品类	3436.7		3436.7
#西　药	2341.7		2341.7
中草药及中成药类	712.5		712.5
12.文化办公用品类	902.5	18	884.5
13.家具类	8154.7		8154.7
14.通讯器材类	641.8		641.8
15.煤炭及制品类	19016.7		19016.7
16.木材及制品类			
17.石油及制品类	295163.0	274850	20313.0
18.化工材料及制品类	547.0	547	
#化肥类	547.0	547	
19.金属材料类			
20.建筑及装潢材料类	5064.2	60	5004.3
21.机电产品及设备类	4961.9		4961.9
#农机类			
22.汽车类	103379.9		103379.9
23.种子饲料类			
24.棉麻类	57.5	55	3.0
25.其他类	28732.4	1045	27687.9

11-5 限额以上住宿和餐饮业

指　　标	法人企业数（个）	从业人员期末人数（人）	营业额
总　计	**55**	**6373**	**76892**
一、住宿业	13	1827	15589
1.按住宿行业小类分			
旅游饭店	4	603	5875
一般旅馆	8	1059	9424
其他住宿服务	1	165	290
2.按登记注册类型分			
内资企业	13	1827	15589
国有企业	1	120	264
有限责任公司	2	225	891
其他有限责任公司	2	225	891
私营企业	10	1482	14433
私营独资企业	2	383	3805
私营有限责任公司	7	1029	10080
私营股份有限公司	1	70	549
3.按控股情况分			
私人控股	12	1707	15325
其他	1	120	264
4.按经营形式分			
独立门店	12	1767	14987
连锁总店(总部)	1	60	602
5.按星级分			
五星	1	320	6477
四星	2	339	3447

法人企业经营情况（2011年）

单位：万元

客房收入	餐费收入	商品销售收入	其他收入	年末餐饮营业面积(平方米)
21178	**52841**	**1048**	**1825**	**209789**
8286	6433	61	808	43435
3047	2674	9	145	21454
5230	3760	51	383	21981
10			280	
8286	6433	61	808	43435
211	53			2500
204	407		280	2000
204	407		280	2000
7871	5973	61	528	38935
1352	2453			19166
6360	3132	61	528	17769
160	389			2000
8075	6381	61	808	40935
211	53			2500
8092	6026	61	808	41435
194	407			2000
1705	4772			30000
2513	754		180	1058

11-5 **续**

指　标	法人企业数（个）	从业人员期末人数（人）	营业额
三星	3	406	4362
二星	2	365	4472
一星	10	1153	10405
其他	13	1505	12192
二、餐饮业	42	4546	61304
1.按餐饮行业小类分			
正餐服务	36	3621	48120
快餐服务	1	8	763
2.按登记注册类型分			
内资企业	42	4546	61304
国有企业	2	268	3486
有限责任公司	2	293	4051
其他有限责任公司	2	293	4051
私营企业	37	3959	52727
私营独资企业	14	1379	18385
私营合伙企业	1	85	633
私营有限责任公司	19	2272	31570
私营股份有限公司	3	223	2139
其他企业	1	26	1040
3.按控股情况分			
国有控股	1	158	2337
私人控股	35	4039	52722
其他	6	349	6245
4.按经营形式分			
独立门店	41	4496	60959
连锁门店	1	50	345

表1

单位：万元

客房收入	餐费收入	商品销售收入	其他收入	年末餐饮营业面积(平方米)
1548	2814			7920
1558	2915			21000
3601	6338	9	457	25410
4357	7173	61	602	41095
12892	46407	988	1017	166354
8743	37474	988	915	126599
	763			200
12892	46407	988	1017	166354
679	2807			7000
867	3184			12500
867	3184			12500
11346	39376	988	1017	146534
4464	13584	10	328	81668
	630		3	2000
6663	23243	978	687	55630
220	1919			7236
	1040			320
351	1985			2000
11473	39245	988	1017	152704
1068	5177			11650
12892	46063	988	1017	163754
	345			2600

11-6 限额以上住宿和餐饮业

指　　标	流动资产合计	存货	固定资产合计
总　计	**34504**	**4058**	**61774**
一、住宿业	8142	1025	27986
1.按住宿行业小类分			
旅游饭店	3517	359	8832
一般旅馆	4592	639	18573
其他住宿服务	33	27	581
2.按登记注册类型分			
内资企业	8142	1025	27986
国有企业	34	14	344
有限责任公司	183	27	1753
其他有限责任公司	183	27	1753
私营企业	7925	984	25889
私营独资企业	1810	279	7948
私营合伙企业			
私营有限责任公司	6115	704	17941
私人控股	8108	1011	27642
其他	34	14	344
3.按经营形式分			
独立门店	7992	1025	26814
连锁总店(总部)	150		1172
五星	2090	331	634
四星	774	284	10225
三星	2007	140	3199

法人财务状况（2011年）

单位：万元

累计折旧	本年折旧	资产总计	负债合计	所有者权益合计
11750	3499	130697	63438	67259
2372	363	62120	39248	22872
413	155	12864	12119	745
1871	120	48092	26931	21162
87	87	1164	199	965
2372	363	62120	39248	22872
5		379	34	344
109	87	2584	549	2035
109	87	2584	549	2035
2257	275	59158	38665	20493
187	90	10267	10138	128
2070	186	48381	28427	19954
2367	363	61741	39214	22528
5	0	379	34	344
2350	363	60700	38898	21802
22		1420	350	1070
3401	1593	3844	475	3369
1018		11133	8795	2338
932	202	7228	3610	3618

11-6 续

指　　标	流动资产合计	存货	固定资产合计
二星	1596	202	8170
一星	4160	968	3046
其他	7955	1116	16229
二、餐饮业	26361	3033	33787
1.按餐饮行业小类分			
正餐服务	19518	2065	27063
快餐服务	28	1	329
2.按登记注册类型分			
内资企业	26361	3033	33787
国有企业	1154	4	578
有限责任公司	10902	258	531
其他有限责任公司	10902	258	531
私营企业	14223	2771	32593
私营独资企业	3887	896	5101
私营合伙企业	233	71	17
私营有限责任公司	9487	1730	27099
私营股份有限公司	616	74	377
其他企业	83		86
3.按控股情况分			
国有控股	903		321
私人控股	14502	2864	31414
其他	10957	169	2053
4.按经营形式分			
独立门店	26256	3033	33783
连锁门店	105		5

表1

单位：万元

累计折旧	本年折旧	资产总计	负债合计	所有者权益合计
297	114	10275	10091	184
619	116	7422	4952	2470
2031	544	53771	27146	26625
9379	3136	68577	24190	44387
3916	956	51778	21598	30181
1		382	69	313
9379	3136	68577	24190	44387
110	25	1731	1494	237
386	146	11873	1598	10275
386	146	11873	1598	10275
8875	2961	54804	20980	33825
3727	1620	10312	3141	7171
21	13	278	112	166
5126	1328	43145	17077	26068
1		1070	651	419
8	4	169	119	50
		1223	1073	150
8889	2988	54094	21189	32905
490	148	13260	1928	11331
9375	3135	68447	24080	44367
4	1	130	110	20

11-6 续

实收资本			
	国家资本	集体资本	法人资本
29708	237	20	21956
20113			18918
655			
18458			17918
1000			1000
20113			18918
330			
2070			2070
2070			2070
17713			16848
128			
17575			16848
19783			18918
330			
19043			17848
1070			1070
1000			1000
96			50
1882			

表2

单位：万元

个人资本	主营业务收入	主营业务成本	主营业务税金及附加	其他业务利润
7495	77208	45551	3161	2
1195	15589	7285	928	
655	5875	2018	377	
540	9424	5132	536	
	290	136	15	
1195	15589	7285	928	
330	264	182	15	
	891	386	15	
	891	386	15	
865	14433	6717	898	
128	3805	1276	261	
727	10080	5082	605	
865	15325	7103	913	
330	264	182	15	
1195	14987	7035	928	
	602	250		
	6565	1973	368	
46	3447	1268	190	
1882	4337	2562	169	2

11-6 续

实收资本	国家资本	集体资本	法人资本
184	87		
2090			95
19414		20	18979
9595	237	20	3038
6378	237		1952
250			
9595	237	20	3038
237	237		
1116			1116
1116			1116
8192		20	1922
3250			1280
150			100
4443		20	474
349			68
50			
150	150		
7811		20	1792
1634	87		1246
9575	237	20	3018
20			20

表3

单位：万元

个人资本	主营业务收入	主营业务成本	主营业务税金及附加	其他业务利润
97	4472	1724	264	
1995	10330	5055	441	
416	12631	8151	714	
6300	61620	38266	2233	2
4190	48261	31734	1549	
250	763	596	1	
6300	61620	38266	2233	2
	3486	2257	107	
	4051	2428	241	
	4051	2428	241	
6250	53043	32876	1844	2
1970	18388	9291	662	
50	630	334	35	
3949	31886	21896	1097	
281	2139	1354	50	
50	1040	705	42	
	2337	1636	93	
5998	53040	32919	1938	2
302	6243	3711	202	
6300	61275	38016	2233	2
	345	250		

11-6 续

销售费用	管理费用	财务费用	利息支出
13618	9387	930	294
2368	2955	407	56
1002	1435	50	44
1363	1348	357	12
3	171		
2368	2955	407	56
55	15		12
3	231	10	0
3	231	10	0
2310	2708	401	44
276	1322	15	15
2034	1387	386	29
2313	2939	411	44
55	15		12
2368	2895	397	56
	60	10	
1718	2421	16	
891	759	259	
398	710	180	135

表4

单位：万元

营业利润	利润总额	应交所得税	应付职工薪酬	应交增值税
4563	3503	354	11387	25
1646	1400	70	3104	10
993	917	70	1054	
688	518		1880	10
			170	
1646	1400	70	3104	10
1			60	
247	247		254	
247	247		254	
1398	1166	70	2790	10
655	647	69	675	
587	519	1	2031	
1645	1413	70	3044	10
1			60	
1365	1119	70	3020	10
282	282		84	
69	60		263	
80	80		721	
320	313	26	737	

11-6 续

销售费用	管理费用	财务费用	利息支出
422	1395	24	
2755	751	104	99
1638	1153	139	12
11250	6433	523	238
8909	3328	344	110
57	4	8	6
11250	6433	523	238
889	95	67	
881	693	10	10
881	693	10	10
9272	5626	441	229
3432	3254	114	45
124	122	2	
5265	2161	317	177
452	89	8	6
208	18	5	
467	22	43	
9892	5776	411	194
892	635	69	45
11230	6383	503	238
20	50	20	

表5

单位：万元

营业利润	利润总额	应交所得税	应付职工薪酬	应交增值税
643	643	43	634	
1223	464	32	2194	15
837	533	25	2653	10
2917	2103	284	8283	15
2398	1595	261	6715	15
98	98		21	
2917	2103	284	8283	15
71	71		429	
		6	690	
		6	690	
2985	2148	278	7117	15
1634	807	97	2140	15
13	16	3	126	
1152	1148	176	4463	
185	176	2	388	
63	63		48	
75	75		285	
2107	1690	212	7379	15
735	338	72	619	
2912	2098	284	8163	15
5	5		120	

主要统计指标解释

批发零售贸易业 指专门从事批发和零售贸易活动的经济部门。我国长期以来把专门从事商品流通的机构分为国内商业、对外贸易业和物资供销业。新的国家统计报表制度根据《国民经济行业分类与代码》(国标修订方案),将专门从事商品流通的行业统称为批发零售贸易业。

批发零售贸易业法人企业 指具备如下条件的批发零售贸易企业:(1)依法成立,有自己的名称、组织机构和场所,能够承担民事责任;(2)独立拥有和使用资产,承担负债,有权与其他单位签订合同;(3)独立核算盈亏,并能够编制包括资产负债表在内的全部会计帐户。

限额以上批发贸易企业 年销售额 2000 万元以上或从业人员 20 人以上为限额以上企业;

限额以上零售企业 年销售额 500 万元以上或从业人员 60 人以上为限额以上零售企业;

限额以上餐饮企业 年营业额 200 万元以上或从业人员 40 人以上为限额以上餐饮企业。

社会消费品零售总额 指各种经济类型的批发零售贸易、餐饮业和其他行业对城乡居民和社会集团的消费品零售额总额。其中,对居民的消费品零售额,是指售给城乡居民用于生活消费的商品金额;对社会集团的消费品零售额,是指售给机关、社会团体、部队、学校、企事业单位、居委会或村委会等,公款购买的用作非生产、非经营使用与公共消费的商品金额。社会消费品零售总额包括:售给城乡居民作为生活消费用的商品金额和修建房屋用的建筑材料,以及售给来华的外国人、华侨、港澳台同胞的消费品总额。不包括城市居民间或居民委托信托商店卖出的商品和售给农业、工业、建筑业等行业用于生产的商品。

市的零售额 指设立在中央直辖市、省、地辖市的市区和郊区以及县级市的市区的各行业消费品零售额,不包括市属县的消费品零售额。

县的零售额 指设立在县城关区的各行业消费品零售额。

县以下的零售额 指设立在县城关区以及县级市的市区以外的集镇和农村的各行业消费品零售额。但不包括分布在农村的独立工矿、林区的商品零售额。

住宿和餐饮零售额 指专门从事提供食宿服务、进行食品烹饪调制的住宿和餐饮业企业、产业活动单位和个体户,直接向居民和社会集团出售主食、菜肴、烟酒饮料和其他商品取得的餐费收入和商品销售额,包括各行业企业或单位附设的对我营业的旅馆、火车餐车、轮船餐厅、机场餐厅的零售额,不包括机关、团体、学校、企事业单位不对外营业的职工食堂所出售的餐费收入。

其他行业零售额 指批发和零售业、住宿和餐饮业法人企业、产业活动单位、个体户以外的其他行业的法人企业、产业活动单位或个体户,从事生活消费品零售活动或者提供食宿服务所取得的商品销售额和餐费收入。

门店总数 指该连锁企业所拥有的全部连锁门店数量,包括总店(如果总公司有门店的话)和全部直营分店、加盟分店数。其中,总店作为一个直营店处理。此外,有的地区分出控股店,控股店按直营店统计。直营店和加盟店之和应小于等于门店总数。

连锁企业(或称连锁店、连锁公司) 指在核心企业或总店的领导下,由分散的、经营同类商品或服务的企业或活动单位,采取共同方针,实行集中采购和分散销售的有机结合,通过规范化经营,实现规模效益的经济联合组织形式。一般连锁店应由若干个分店组成。其经营特征:(1)经营同类商品;(2)使用统一商号;(3)统一采购配送,采购与销售相分离(部分商品可根据物流合理和保质保鲜原则由供应商直接送货到门店,其余均由总部统一配送)。连锁店总店(总部)指连锁店的核心企业或管理中心。连锁店分店指连锁店所属各分散经营的企业或活动单位，也可称分店或成员店。

连锁店包括下列两种形式：

直营连锁也叫正规连锁。连锁门店均由总部全资或控股开设，在总部的直接领导下统一经营。连锁总店或核心店作为一个直营店统计。

加盟连锁包括特许连锁和自由连锁。

特许连锁：各连锁门店（被特许人）通过合同形式，取得使用总部（特许人）商标、商号、经营技术和销售总部开发的商品的特许权，各加盟连锁门店为独立法人，但无自主经营权，在总部指导下统一经营。

自由连锁：也称自愿连锁，连锁公司的门店均为独立法人，各自的资产所有权关系不变，在公司总部的指导下共同经营。各成员店使用共同的店名，与总部订阅有关购、销、宣传等方面的合同，并按合同开展经营活动。在合同规定的范围之外，各成员店可以自由活动。根据自愿原则，各成员店可自由加入连锁体系，也可自由退出。

系统内企业，如新华书店、烟草公司、石油公司等，应注意是否具备连锁经营特征，如果不具备连锁经营特征，则不能纳入连锁统计范畴。

亿元以上商品交易市场　指经乡镇及以上政府主管部门批准，有固定交易场所，进行经常性常年交易、并设有专职管理人员的年成交额在亿元以上的现货商品交易市场。

12

财政　金融保险业

2012

朔州统计年鉴

SHUOZHOU STATISTICAL YEARBOOK

资料整理人员

师德军　贾晓婧

12-1 主要年份财政收支总额

单位:万元

年 份	财政总收入	一般预算收入	一般预算支出	一般预算收支指数(上年 =100)	
				收 入	支 出
1988	14091	14091	13364	123.6	116.9
1989	15070	15070	18161	106.9	135.9
1990	18223	18223	22635	120.9	124.6
1995	32421	32421	47821	121.7	118.5
2000	64626	40619	63713	105.8	110.4
2005	350533	113127	203434	169.6	128.0
2006	514210	170111	374223	150.4	184.0
2007	800166	302023	441174	177.5	117.9
2008	1020009	377989	605317	125.2	137.2
2009	1100008	462213	721488	122.3	119.2
2010	1325029	557535	901318	120.6	124.9
2011	1750000	709189	1154207	127.2	128.1

12-2 财政一般预算收入

单位:万元

项 目	2010	2011
收入总计	**557535**	**709189**
一、税收收入	**113633**	**507304**
增值税		136669
国内增值税		
# 国有企业增值税		
集体企业增值税		
股份制企业增值税		
联营企业增值税		
港澳台和外商投资企业增值税		
私营企业增值税		
营业税	69210	89854
金融保险业营业税(地方)		
一般营业税		
营业税税款滞纳金、罚款收入		
企业所得税	56865	105109
个人所得税	13256	24439
资源税	33867	38470
固定资产投资方向调节税		
城市维护建设税	40802	57408
房产税	4570	7952
印花税	4944	7071
城镇土地使用税	10304	14134
土地增值税	3013	5003
车船税(款)	2419	3356
耕地占用税(款)	5754	12244
契税(款)	4160	5595
烟叶税(款)		
二、非税收入		201885
专项收入	108265	113467
行政事业性收费收入	33578	30795
罚款收入	16916	26032
国有资本经营收入	918	397
国有资源(资产)有偿使用收入	8675	12322
其他收入		18872
# 捐赠收入		

12-3 财政一般预算支出

单位:万元

项　　目	2010	2011
收入总计	**901318**	**1154207**
一、一般公共服务	124078	143864
二、国　　防	1943	7817
三、公共安全	53094	54451
四、教　育	160290	203036
#普通教育	118944	152147
职业教育	7665	11123
五、科学技术	7314	9782
六、文化体育与传媒	15331	32961
#文　化	7067	9407
体　育	930	1227
七、社会保障和就业	73413	97470
#财政对社会保险基金的补助	11531	21508
行政事业单位离退休补助	8770	8120
企业改革补助	1831	5353
就业补助	6848	6070
抚　恤	5423	6293
城市居民最低生活保障	12629	16054
农村最低生活保障	7521	10908
八、医疗卫生	49783	68577
#医疗卫生管理事务	2452	2523
公立医院	10094	13222
公共卫生	7956	11085
九、环境保护	45893	39508
#污染防治	10216	9222
天然林保护	155	732
退耕还林	21643	12458
风沙荒漠治理	289	3340
十、城乡社区事务	63037	81896
#城乡社区公共设施	33813	37509
十一、农林水事务	101060	121229
十二、交通运输	39383	25854
十三、资源勘探电力信息等事务	21337	27399
十四、商业服务业等事务	9615	12506
十五、金融监管等事务支出	2009	1709
十六、地震灾后恢复重建支出	5705	
十七、国土资源气象等事务	55325	109796
十八、住房保障支出	27548	71274
十九、粮油物资储备管理事务	4341	4320
二十、国债还本付息支出	4662	5712
二十一、其他支出(类)	36157	32484

12-4 金融机构人民币信贷收支

单位:万元

项目	2010	2011
资金来源		
一、各项存款	7641191	9117672
企业存款	2006392	
活期存款	1725134	3136403
定期存款	281258	400913
财政存款	387720	
机关团体存款	409813	
储蓄存款	4447782	5195005
活期储蓄	1740302	
定期储蓄	2707480	
农业存款	241220	
信托存款		
委托存款	37274	
其他存款	110990	761
二、金融债券		
三、应付及暂收款	164895	138983
四、同业往来	5854	7290
五、各项准备	116107	146470
六、所有者权益	96942	99809
#实收资本	26004	35565
七、其 他	-736044	-769488
资金运用		
一、各项贷款	1976763	2625434
短期贷款	1128724	1259871
个人贷款及透支		681517
单位贷款及透支		536726
普通并购贷款		
银团贷款		
贸易融资		41628
中长期贷款	781811	1149761
个人贷款		169742
单位贷款		787379
普通并购贷款		92800
银团贷款		99840
贸易融资		
信托贷款		
融资租赁		
委托贷款		
票据融资	66228	215802
各项垫款		
二、有价证券及投资	6034	-699
三、应收及预付款	11016	16515
四、同业往来		
五、行内资金往来	5188759	5980615
六、金银占款		
七、外汇占款	-8	94144
八、固定资产	61447	65050
九、库存现金	44931	53700
十、投资性房地产		

12-5 金融机构本外币信贷收支

单位:万元

项　　目	2010	2011
资金来源		
一、各项存款	7693172	9117672
企事业单位存款	2043265	
活期存款	1761823	3136403
定期存款	281441	400913
储蓄存款	4453745	5195005
活期储蓄	1742044	
定期储蓄	2711700	
委托存款	37274	825
其他存款	1158889	761
二、所有者权益	99491	99809
# 实收资本	26004	
三、其　他	-5685506	-769488
资金运用		
一、各项贷款	2101121	2625434
短期贷款	1128724	1259871
中长期贷款	905894	1149761
信托贷款		
委托贷款		
其他贷款	275	
票据融资	66228	215802
各项垫款		
二、有价证券及投资	6034	-699

12-6 主要年份金融机构人民币各项存贷款余额

单位:万元

年 份	各项存款合 计	企业存款	城乡居民储蓄存款	各项贷款合 计	短期贷款	中长期贷款	基本建设贷款
1989	53420	31329	21709	101371			43900
1990	69677	38983	30793	182683			80951
1991	115607	44591	43268	267332			131240
1992	130743	59325	56927	302816			183424
1993	221106	80166	116604	440442			241758
1994	324233	108261	164607	517364	248537	261634	239058
1995	459127	136447	287975	596024	290083	269231	237891
1996	528789	168539	362448	656816	374952	267260	225344
1997	565913	146525	423451	709759	438455	262636	211476
1998	705942	151264	491746	919293	531426	331310	299949
1999	738352	180584	554917	917717	545087	327615	290555
2000	846237	178034	649666	887858	513807	316938	281105
2001	960178	210591	724334	904991	527489	325883	271542
2002	1116882	258360	807803	985036	602089	338973	274256
2003	1359504	343373	954864	1079268	700056	316361	236536
2004	1727842	434317	1183621	1001612	611929	332643	236794
2005	2343916	567152	1567342	892322	569895	275934	175851
2006	3059956	731938	1982058	1131051	814501	216030	120774
2007	3771282	849629	2411723	1152819	912740	212837	98918
2008	5247196	1096940	3434901	1437093	1043426	258310	128917
2009	6398662	1462890	3988243	1789634	1119319	463087	237867
2010	7641190	2006392	4447782	1976763	1128724	781811	
2011	9117672	3558922	5195005	2625434	1259871	1242815	

注:2010年因人行统计制度调整,取消基本建设贷款。

12-7 主要年份城乡居民人民币储蓄存款

单位:万元

年份	年底余额			年增加额		
	总计	活期	定期	总计	活期	定期
1989	21709	2671	19038			
1990	30793	3716	27077			
1991	43268					
1992	56927	8732	47195			
1993	116604	15435	101169			
1994	164607					
1995	287975					
1996	362448					
1997	423451			61003		
1998	491746	55868	435878	68293	5166	63127
1999	554917	73725	481192	62938	17807	45131
2000	649666	93418	556248	50290	15561	34728
2001	724334	119892	604442	74669	26475	48194
2002	807803	157303	650500	83461	37404	46057
2003	954864	212944	741920	147069	55649	91420
2004	1183621	310144	873477	228755	9669	132056
2005	1567342	452753	1114589	383721	142608	241113
2006	1982058	657091	1324967	414716	204339	210378
2007	2411723	844504	1567219	429665	187412	242253
2008	3434901	1180398	2254503	1023179	335895	687285
2009	3988243	1536478	2451765	553342	356080	197262
2010	4447782	1740302	2707480	459539	203824	255715
2011	5195005	2078396	3116609	747223	338094	409129

12-8 主要年份金融机构现金投放与回笼

单位:万元

年 份	现金收入	商品销售收入	现金支出	工资支出
1990	68454	25346	97294	28956
1991	85227	30003	122627	35913
1992	115944	31339	167554	44640
1993	273301	51540	365431	75636
1994	376657	52827	481484	107821
1995	511106	62660	621248	118204
1996	615124	71090	750631	1370914
1997	748974	71597	912318	150368
1998	1088463	88783	1256146	192629
1999	2187896	96947	2187896	197842
2000	2515561	123093	2515561	252250
2001	1982658	158389	2148320	262719
2002	2118799	179600	2306663	290207
2003	3356785	286926	3532915	467023
2004	5418526	448673	5586342	694768
2005	6794112	570423	7029067	970067
2006	8414310	781853	8674929	1336493
2007	10723689	831614	11118359	1514605
2008	12072909	1065639	12559224	1782811
2009	11251918	845635	11636216	1025292
2010	12412910	852848	12835438	1101939
2011				

注:2011 年现金收入与现金支出指标取消统计。

12-9 保险业务基本情况

单位:万元

项　　目	2010	2011
全市合计		
保费收入	113427	229402
赔付支出	27721	21458
资产总额	191070	225534
机构数	46	60
职工人数	666	985
中国人民财产保险股份有限公司朔州市分公司		
保费收入	24159	138227
赔付支出	13404	13387
资产总额	5778	6675
机构数(个)	13	12
职工人数(人)	111	289
中国平安财产保险股份有限公司朔州中心支公司		
保费收入	2291	2541
赔付支出	764	1234
资产总额	1899	2248
机构数(个)	1	1
职工人数(人)	28	42
中国太平洋财产保险股份有限公司朔州中心支公司		
保费收入	1221	1811
赔付支出	237	538
资产总额	102	159
机构数(个)	1	1
职工人数(人)	12	23
阳光财产保险股份有限公司朔州中心支公司		
保费收入	1783	1497
赔付支出	423	529
资产总额	26	29
机构数(个)	3	3
职工人数(人)	16	16
中国人寿保险股份有限公司朔州市分公司		
保费收入	45000	41145
赔付支出	7281	88
资产总额	157641	171916
机构数(个)	16	16
职工人数(人)	256	239
中国平安人寿保险股份有限公司朔州中心支公司		
保费收入	405	506
赔付支出	7	
资产总额	648	197
机构数(个)	1	1
职工人数(人)	10	12
业务员(人)	94	

12-9 续表

单位:万元

项　目	2010	2011
中国人寿财产保险股份有限公司朔州中心支公司		
保费收入	6803	10270
赔付支出	2638	3449
资产总额	5348	8996
机构数(个)	5	7
职工人数(人)	34	154
中国人民人寿保险股份有限公司朔州中心支公司		
保费收入	20109	18058
赔付支出	366	382
资产总额	18890	33549
机构数(个)	1	7
职工人数(人)	43	41
中国大地财产保险股份有限公司朔州中心支公司		
保费收入	3283	4000
赔付支出	1416	1615
资产总额	190	309
机构数(个)	4	4
职工人数(人)	80	79
中国太平洋人寿保险股份有限公司朔州中心支公司		
保费收入	8091	8652
赔付支出	1114	150
资产总额	441	1283
机构数(个)	5	5
职工人数(人)	96	51
泰康人寿保险股份有限公司朔州中心支公司		
保费收入	282	2695
赔付支出	71	86
资产总额	107	173
机构数(个)	3	2
职工人数(人)	27	27

主要统计指标解释

财政总收入 指一般预算收入与上划中央收入之和,反映本地区当年组织的财政收入总规模,是计算当年地方可用财力的主要依据。与国内生产总值比较,可反映财政的集中程度。

一般预算收入 指按照财政体制规定列入地方预算,直接缴入地方金库的经常性财政收入。1996年政府性基金纳入预算管理后,为区别于基金预算,将地方预算收入改称一般预算收入。具体包括增值税、企业所得税、个人所得税的地方分享部分,其他工商税收、农业四税、专项收入及行政性收费、罚没收入和其他收入。

上划中央收入 指实行分税制财政体制后,增值税的75%部分和消费税划为中央收入,以及从2002年起实行所得税分享改革后,所得税(包括企业所得税、个人所得税)由中央分享部分,这部分收入直接缴入中央金库。根据《预算法》和财政体制规定,上划中央收入属于列入中央预算范围的收入,地方总预算中不予包括。

一般预算支出 指列入地方预算的经常性财政支出,其项目包括经济建设支出、教科文卫等事业支出、国家管理费用支出、国防支出、各项补贴支出及其他支出等。其资金来源包括用地方可用财力安排的支出、上年结余、调入资金和中央专款补助形成的财政支出等。

基本建设支出 指按照国家有关规定,属于基本建设范围内的基本建设有偿使用、拨款、资本金支出以及经国家批准对专业和政策性基建投资贷款,在部门的基建投资额中统筹支付的贴息支出。

企业挖潜改造资金 指预算内拨给的用于企业挖潜、革新和改造方面的资金。包括各部门企业挖潜改造资金和企业挖潜改造贷款资金,为农业服务的县办"五小"企业技术改造补助,挖潜改造贷款贴息资金。

地质勘探费用 指预算用于地质勘探单位的勘探工作费用,包括地质勘探管理机构及其事业单位经费、地质勘探经费。

科技三项费用 指预算用于科技支出的费用,包括新产品试制费、中间试验费、重要科学研究补助费。

农业支出 指财政用于种植、畜牧、水产、农机、农垦、农场、农业产业化经营组织、乡镇企业等方面的支出。

林业支出 指包括森林救灾、天然林保护、退耕还林、森林生态效益、森工、造林、防沙治沙及林场、苗圃、工作站、推广与培训等行业管理方面的支出。

水利和气象支出 指包括防汛抗旱、水文水质水土水资源管理、水利建设、气象支出及水利行业管理等费用。

流通部门和事业费 指预算支付给流通部门用于事业发展的人员和公用经费支出。

文体广播事业费 指文化部门、出版事业系统、文物系统、体育系统、档案局直属档案馆等机构、地震事业费、海洋事业费、通讯事业费、广播电影电视事业费、计划生育事业费、党政群干部训练事业费和其他文体广播事业费。

抚恤和社会福利救济费 指反映按规定由民政部门管理开支的各项抚恤金、伤残补助费等。

行政事业单位离退休支出 指反映实行归口管理的行政事业单位离退休经费。行政事业单位未实行归口管理的离退休经费仍列入原有关科目。

当年可用财力 指按照现行财政体制规定,在预算年度内可统筹安排使用的预算内资金,其来源包括当年一般预算收入、税收返还收入、下级上解收入、转移支付补助,并从中扣减上解上级及补助下级的资金。当年可用财力不包括上年结余资金及中央专款补助。根据《预算法》的规定,当年支出预算应当小于或等于当年可用财力。

存款 指企业、机关、团体或居民根据可以收回的原则,把货币资金存入银行或其他信用机构保管并取得一定利息的一种信用活动形式。根据存款对象的不同可划分:企业存款、财政存款、机关团体存款、城镇居民储蓄存款、农村存款等项目。

贷款 指银行或其他信用机构根据必须归还的原则，按一定利率，为企业、个人等提供资金的一种信用活动形式。银行贷款，分流动资金贷款、农业贷款、固定资产贷款等科目。

城乡居民储蓄年末余额 指城镇居民储蓄和农民个人储蓄两部分的年末余额。不包括工矿企业、部队、机关团体等集体存款。

13

教育　科技

2012

朔州统计年鉴

SHUOZHOU STATISTICAL YEARBOOK

433~442

资料整理人员

张嘉伟

13-1 中等专业(技工)学校基本情况

项　　目	2010	2011
一、学校数(所)	4	4
二、毕业生数(人)	1461	1573
三、招生数(人)	1241	2827
四、在校生数(人)	3199	4820
五、教职工数(人)	693	693
六、专任教师(人)	440	443
其中:副高级职称	78	79
中级职称	149	148
初级级职称	70	90
无职称	143	126

13-2　普通中学基本情况

项　　目	2010	2011
一、学校数(所)	107	101
其中:初级中学	68	56
高级中学	13	14
完全中学	9	9
九年一费制学校	17	22
二、毕业生数(人)	51417	54430
其中:高中	16325	17371
初中	35092	37059
三、招生数(人)	55683	54931
其中:高中	20639	20847
初中	35044	34084
四、在校生数(人)	159968	161708
其中:高中	55697	61466
初中	104271	100242
五、教职工数(人)	11797	13696
六、专任教师(人)	9325	11023
其中:高中	3097	4393
初中	6228	6630
(一)初中专任教师学历情况		
1. 专科毕业及以上(人)	6108	6523
占专任教师的比重(%)	98.1	98.4
2. 高中阶段毕业及以下(人)	120	107
占专任教师的比重(%)	1.9	1.5
(二)高中专任教师学历情况		
1. 本科毕业及以上(人)	2923	4160
占专任教师的比重(%)	94.4	94.7
2. 专科毕业及以下(人)	174	233
占专任教师的比重(%)	5.6	5.3
(三)初中专任教师职称情况(人)		
中教高级	286	362
中教一级	1364	1435
中教二级	2777	2904
中教三级	543	752
(四)高中专任教师职称情况(人)		
中教高级	475	496
中教一级	796	908
中教二级	1062	1456
中教三级	189	821

13-3 职业高中学校基本情况

项　目	2010	2011
一、学校数(所)	11	12
二、毕业生数(人)	2579	2510
三、招生数(人)	3568	4181
四、在校生数(人)	9787	9919
五、教职工数(人)	585	683
六、专任教师(人)	474	546
其中:副高级职称	17	26
中级职称	161	178
初级级职称	261	293
无职称	35	49

13-4 小学基本情况

项　目	2010	2011
一、学校数(所)	472	353
二、毕业生数(人)	35050	34458
三、招生数(人)	27851	27326
四、在校生数(人)	189946	181252
班数(个)	4566	
其中:复式班	34	
五、教职工数(人)	13336	12186
六、专任教师(人)	11695	10309
(一)小学专任教师学历情况		
1.高中阶段毕业及以上(人)	11666	10298
占专任教师的比重(%)	99.7	99.9
2.高中阶段毕业及以下(人)	29	11
占专任教师的比重(%)	0.3	0.1
(二)小学专任教师职称情况(人)		
中教高级	53	53
小教高级	2729	2752
小教一级	5631	5692
小教二级	776	814
小教三级	118	516
无职称	2388	482

13-5 特殊教育学校基本情况

项　　目	2010	2011
一、学校数(所)	2	2
二、毕业生数(人)	29	12
三、招生数(人)	39	39
四、在校生数(人)	221	224
班数(个)	16	
五、教职工数(人)	58	51
六、专任教师(人)	46	40

13-6 幼儿园基本情况

项　　目	2010	2011
一、园数(所)	17	188
二、班数(个)	458	
其中:学前班	176	
三、在园幼儿数(人)	12215	32963
其中:学前班	4491	
四、教职工数(人)	723	2077
五、专任教师(人)	512	1461

13-7 科技活动基本情况(2011年)

指标	单位	2011
一、组织各类科技计划项目	个	**177**
其中:国家级	个	3
省级	个	32
市级	个	142
二、规模以上工业企业 R&D 活动情况		
1.R&D 人员合计	人	523
其中:管理和服务人员	人	65
其中:全时人员	人	286
2.R&D 人员折合全时当量合计	人年	419.4
3.R&D 经费内部支出合计	万元	26678.5
4.R&D 经费外部支出合计	万元	10404.3
5.R&D 项目数	个	70
6.参加项目人员合计	人	458
其中:项目人员折合全时当量	人年	366.8
7.全部 R&D 项目经费内部支出	万元	22000.8
三、规模以上工业企业专利申请情况		
1.专利申请数	件	26
其中:发明专利	件	7
2.有效发明专利	件	25

主要统计指标解释

普通高等学校　指按照国家规定的审批程序批准举办，通过全国统一招生考试招收高级中等学校毕业生和具有同等学历者，实施高等教育，培养高等专门人才的学校。包括大学、专门学院、科学院和短期职业大学。

成人高等学校　指按照国家规定的审批程序批准举办，招收在职高中毕业或同等学历者，利用多种形式对成人实施高等教育，培训相当普通高等学校专科或本科毕业水平的专门人才的学校。包括广播电视大学、职工高等学校、农民高等学校、干部管理学院、教育学院、独立函授学院以及普通高等学校举办的函授、夜大学等。

小学适龄儿童入学率　指调查范围内已入小学学习的学龄儿童数占全部小学儿童总数（包括弱智儿童在内，但不包括盲聋哑儿童）的比重。计算公式：

小学学龄儿童入学率 = 已入学的小学学龄儿童数 / 校内外小学学龄儿童总数 × 100%

研究与实验发展（简称 R&D）　指为了增进知识以及利用这些知识去开创新的用途而进行的系统的创造性的工作。它具备四种基本因素：①创造性的因素；②新颖性或创新性的因素；③科学方法的运用；④新知识的产生。它包括三种类型：①基础研究；②应用研究；③实验发展。

基础研究　指不直接考虑用途，以提示客观事物的本质、运动规律，获得新发现、新学说为目的或对有的规律、发现学说作系统性的补充而进行的理论研究或实验。其成果以科学论文、科学著作为主要形式。

应用研究　指利用基础研究所发现的知识，确定特定的目标，为了明确基础研究成果的实用化的可能性，探索新方法（原理性）而进行的独创性研究及对已经实用化的技术探索新的应用方法（原理性）而进行的研究。应用研究实际上并不直接产生新的（或改进）产品或工艺，其成果以科学论文、科学著作、原理性模型和专利等为主要形式。

实验发展　指利用基础研究、应用研究及实际经验所获得的知识，为生产新的材料、产品和装置，建立新的工艺、系统和服务，对已生产和建立的上述各项进行实质性的改进而从事的系统性工作。其成果为一种具有新产品或新技术基本特点的原型、可达到设计定型的新产品或新工艺、实验报告等。

14

文化 体育
旅游 卫生
环保 民政

2012

朔州统计年鉴

SHUOZHOU STATISTICAL YEARBOOK

443~470

资料整理人员

师德军　张嘉伟　王志伟

14-1 艺术表演团体基本情况

项目	单位	2010	2011
一、剧团数	个	8	8
从业人员	个	473	454
其中:高级职称	个	6	6
中级职称	个	80	71
二、本年新排上演剧目	个	3	6
其中:本团创作首演剧目	个	3	6
三、演出场次	场	1680	1380
其中:国内演出场次	场	1680	1350
农村演出场次	场	1380	1140
本年新创剧目演出场次	场		
四、国内演出观众人次	人次	2820000	1601200
农村观众人次	人次	2350000	1315380
本年新创剧目观众人次	人次		
五、本年收入合计	千元	6272	9421
1.财政拨款	千元	2608	2823
2.上级补助收入	千元	1205	3080
3.事业收入	千元	2666	2694
其中:演出收入	千元	2666	2694
本年新创首演剧目演出收入	千元		
4.经营收入	千元	684	
5.附属单位上缴收入	千元		
6.其他收入	千元	314	824
六、本年支出合计	千元	6272	9421
其中:基本支出	千元	5162	4779
项目支出	千元	910	
经营支出	千元	200	
在支出合计中:1.人员支出	千元	3672	4372
社会保障缴费	千元	280	
2.公用支出	千元	60	1087
福利费	千元	50	65
维修费	千元		
各种设备购置费	千元	10	1022
税金支出	千元		
排练制作费	千元		
演出费	千元		
3.对个人和家庭补助支出	千元	727	150
七、本年新创首演剧目费用支出总额	千元		
八、年末固定资产原值	千元	4740	6054
九、公用房屋建筑面积	平方米	7600	6300
其中:排练练功用房	平方米	2500	1600

14-2 艺术表演场馆基本情况

项 目	单 位	2010	2011
一、机构	个	6	7
从业人员	人	77	112
其中:高级职称	人		
中级职称	人	2	3
二、座席数	个	5536	6130
三、屏幕数	个		
四、演(映)出场次合计	场	1615	4960
其中:艺术演出场次	场	136	100
电影放映场次	场	1479	
五、观众人次合计	千人次	538	22487
其中:艺术演出观众人次	千人次	69	6.42
电影放映观众人次	千人次	469	
六、本年收入合计	千元	1117	2869
1.财政拨款	千元	450	1711
2.上级补助收入	千元		
3.事业收入	千元		81
艺术演出分成收入	千元		81
电影放映分成收入	千元		
4.经营收入	千元	5	100
5.附属单位上缴收入	千元		
6.其他收入	千元	160	177
七、本年支出合计	千元	669	2092
其中:基本支出	千元	567	1728
项目支出	千元		
经营支出	千元	210	
在支出合计中:1.人员支出	千元	490	2129
社会保障缴费	千元		
2.公用支出	千元		71
福利费	千元		31
维修费	千元		
各种设备购置费	千元		
税金支出	千元		40
3.对个人和家庭补助支出	千元		
八、年末固定资产原值	千元	138425	139222
九、公用房屋建筑面积	平方米	19165	48020
其中:演(映)业务用房	平方米	15061	36740

14-3 公共图书馆基本情况

项　　目	单　位	2010	2011
一、机构	个	7	7
从业人员	人	59	63
其中:高级职称	人	3	1
中级职称	人	14	16
二、总藏量	册、件	307744	324960
1.图书	册	243441	250840
古籍	册	6318	6320
善本	册	241	240
2.报刊	册	57603	60700
3.视听文献、缩微制品	件(套)	3234	3300
4.其它	册、件	3466	3000
在藏量中:开架书刊	册	112000	116500
三、当年购买的报刊种类	种	388	325
四、书架单层总长度	米	3985	5378
五、累计发放有效借书证数	个	7650	4000
六、总流通人次	人次	36500	69500
其中:书刊文献外借人次	人次	20900	45900
七、书刊文献外借册次	册次	58550	113500
八、为读者举办各种活动	次		74
参加人次	人次	1926	12240
九、信息化装备	---	160	172
1.计算机	台	160	172
电子阅览室终端数	台	117	154
2.网站数	个		
3.因特网总带宽	M		
十、共享工程服务点	个		

14-3 续表

项　　目	单　位	2010	2011
十一、本年收入合计	千元	3829	4213
1.财政拨款	千元	3829	3873
2.上级补助收入	千元		340
3.事业收入	千元		
4.经营收入	千元		
5.附属单位上缴收入	千元		
6.其他收入	千元		
十二、本年支出合计	千元	3829	4213
其中:基本支出	千元	3070	3798
项目支出	千元	700	184
经营支出	千元		
在支出合计中:1.人员支出	千元	2215	2329
社会保障缴费	千元	63	
2.公用支出	千元	1061	894
福利费	千元	2	
维修费	千元		
各种设备购置费	千元	559	559
新增藏量购置费	千元	210	335
图书购置费	千元	290	
税金支出	千元		
3.对个人和家庭补助支出	千元	370	477
十三、本年新购藏量	册、件	6036	9570
其中:新购图书	册		
十四、年末固定资产原值	千元	181093	181861
十五、公用房屋建筑面积	平方米	19580	28060
其中:书　库	平方米	760	1010
阅览室	平方米	1760	1740
书刊阅览室	平方米	1010	1110
电子阅览室	平方米	550	530
十六、阅览室座席数	个	590	590
少儿阅览室座席数	个	150	190

14-4 群众艺术馆、文化馆(站)基本情况

项　　目	单　位	2010	2011
一、机构	个	7	7
从业人员	人	96	99
其中:高级职称	人		2
中级职称	人	29	29
二、举办展览个数	个	18	28
三、组织文艺活动次数	次	121	134
四、藏书	册		300
五、举办训练班班次	次	209	204
训练班结业人次	人次		3600
六、下基层服务次数	次		
七、组织各类理论研讨活动次数	次	1	
八、组织各类讲座次数	次	1	13
九、信息化装备			
1.计算机	台	3	10
2.网站数	个		
十、本年收入合计	千元	4663	5357
1.财政拨款	千元	4663	5357
2.上级补助收入	千元		
3.事业收入	千元		
4.经营收入	千元		
5.附属单位上缴收入	千元		
6.其他收入	千元		
十一、本年支出合计	千元	4663	5357
其中:基本支出	千元	4663	4904
项目支出	千元		
经营支出	千元		
在支出合计中:1.人员支出	千元	2700	3071
社会保障缴费	千元		
2.公用支出	千元	30	4
福利费	千元		4
维修费	千元		
各种设备购置费	千元	30	
税金支出	千元		
3.对个人和家庭补助支出	千元	625	1427
十二、年末固定资产原值	千元	7783	26987
十三、公用房屋建筑面积	平方米	9090	15700
其中:业务用房	平方米	6060	9200
对公众开放阅览室面积	平方米	500	2100
十四、由本馆指导的单位	个		
1.馆办文艺团体	个	5	10
2.基层文化示范点	个		
3.农村集镇文化中心	个		
4.文化户	户		
5.群众业余文艺团队	个	34	43

14-5 广播电台、电视台基本情况

项　　目	单　位	2010	2011
一、广播电台	座	5	5
二、广播综合覆盖率	%	94.06	94.38
三、电视台	座	3	3
四、电视综合人口覆盖率	%	98.56	98.63
五、有线电视用户	万户	91494	99834

14-6 文化主管部门机关事业费收支情况

项　　目	单　位	2010	2011
一、本机关事业编制人数	人	73	67
二、本年收入合计	千元	32075	32702
其中:财政拨款	千元	21304	32662
三、本年支出合计	千元	27355	27714
其中:基本支出	千元	15951	25771
项目支出	千元	1398	1000

14-7 文化站基本情况

项　目	单 位	2010	2011
一、机构数	个	73	73
二、从业人员	个	139	152
其中:高级职称	人	2	2
中级职称	人	5	16
三、举办展览个数	人	51	62
四、组织文艺活动次数	次	337	616
五、藏书	册	148280	317200
六、举办训练班班次	次	51	80
训练班结业人次	人次		8300
七、下基层服务次数	次		
八、本年收入合计	千元	2358	6085
1.财政拨款	千元	2358	5485
2.上级补助收入	千元		600
3.事业收入	千元		
4.经营收入	千元		
5.附属单位上缴收入	千元		
6.其他收入	千元		
九、本年支出合计	千元	2358	6286
其中:基本支出	千元	2243	6200
项目支出	千元	43	30
经营支出	千元		
在支出合计中:1.人员支出	千元	2231	4971
社会保障缴费	千元		
2.公用支出	千元		
福利费	千元		
维修费	千元		
各种设备购置费	千元		
税金支出	千元		
3.对个人和家庭补助支出	千元		25
十、年末固定资产原值	千元	19200	25470
十一、公用房屋建筑面积	平方米	20495	24000
其中:文化活动用房	平方米	16925	22500
十三、本站指导文化户个数	个	126	167

14-8 体育设施及活动情况

项　　目	单　位	2010	2011
室外健身公园、广场	个	20	30
其中:健身路径	个	44	52
青少年俱乐部	个	1	1
《国家体育锻炼标准》达标率	%		
小学	%	86	87
中学	%	84	81
中专中技	%	83	84
举办综合运动会次数	次		
举办单项比赛次数	次	20	16
举办全民健身活动次数	次	28	25
参加活动人数	人	100500	9500
体育电脑彩票销售点	个	82	102
体育彩票销售收入	万元	2572	2744

14-9 主要年份旅游接待人数

年 份	国内旅游接待人数(万人次)	海外旅游者(人次)	外国人	港澳和台湾同胞	#台湾同胞
1995	6.9	851			
1996	8.5	702			
1997	10.1	3409			
1998	15.2	3579			
1999	29.6	8040			
2000	69.5	9525			
2001	84.6	14097			
2002	89.6	15013			
2003	47.0	6566			
2004	103.8	7433	3731	3702	1006
2005	176.4	13306	9544	3762	1046
2006	215.6	18759	13366	5393	2150
2007	264.6	28742	22765	5977	1604
2008	299.1	36358	29715	6643	1219
2009	354.6	33824	28630	5154	1735
2010	430.6	41394	34295	7099	1380
2011	536.9	50923	41850	9073	2030

14-10 主要年份旅游收入

年份	旅游总收入(亿元)	国内旅游收入(亿元)	旅游外汇收入(万美元)	国内旅游人均花费(元/人次)
1991	0.50		301.10	
1992	0.50		362.10	
1993	0.53		280.20	
1994	0.55		231.19	
1995	0.60		221.12	
1996	0.60		178.65	
1997	0.75		194.69	
1998	0.90		180.10	
1999	1.20		182.33	
2000	1.60		201.10	
2001	2.42		244.52	
2002	2.50		264.90	
2003	1.72		104.48	
2004	2.17	1.89	145.82	182.00
2005	5.06	4.88	262.76	276.00
2006	9.50	9.21	411.98	427.00
2007	16.09	15.11	693.69	570.00
2008	19.46	18.83	899.77	630.00
2009	26.99	26.37	1014.22	743.00
2010	36.83	36.03	1292.06	837.00
2011	48.40	47.24	1650.20	880.00

14-11 卫生机构情况(不含诊所)

单位:个

项　　目	2010	2011
总　　计	**214**	**217**
一、医院	61	65
综合医院	29	32
中医医院	11	9
中西医结合医院	2	2
专科医院	19	22
口腔医院	1	1
眼科医院	1	1
精神病医院	1	1
骨科医院	4	4
康复医院	1	1
整形外科医院	1	1
其他专科医院	10	13
二、社区卫生服务中心(站)	27	27
社区卫生服务中心	7	7
社区卫生服务站	20	20
三、卫生院	96	95
街道卫生院	27	26
乡镇卫生院	69	69
中心卫生院	24	24
乡卫生院	45	45
四、门诊部	6	7
综合门诊部	5	5
专科门诊部		2
五、急救中心(站)	1	1
六、采供血机构	1	1
七、妇幼保健院(所、站)	8	7
市属	2	1
县区属	6	6
其他		0
妇幼保健院	2	2
妇幼保健所	1	1
妇幼保健站	5	5
八、疾病预防控制中心	7	7
县区属	6	6
其他		1
九、卫生监督所(中心)	7	7
市属	1	1
县区属	6	6

14-12 卫生床位情况(不含诊所)

单位:张

项　　目	2010	2011
总　　计	**5784**	**6445**
一、医院	4101	4462
综合医院	2786	3056
中医医院	852	838
中西医结合医院	29	29
专科医院	434	539
口腔医院	14	14
眼科医院	14	14
精神病医院	130	130
骨科医院	122	122
康复医院	5	5
整形外科医院	9	9
其他专科医院	140	245
二、社区卫生服务中心(站)	49	150
社区卫生服务中心	49	150
社区卫生服务站		
三、卫生院	1504	1745
街道卫生院	298	408
乡镇卫生院	1206	1337
中心卫生院	523	540
乡卫生院	683	797
四、门诊部	31	28
综合门诊部	31	28
专科门诊部		
五、妇幼保健院(所、站)	102	60
市属	49	
县区属	53	60
其他		
妇幼保健院	84	35
妇幼保健站	18	25

14-13 卫生人员情况(不含诊所)

单位:人

项　目	2010	2011
总　计	**7341**	**7216**
一、医院	5132	5033
综合医院	3718	3685
中医医院	809	725
中西医结合医院	23	33
专科医院	582	590
口腔医院	9	9
眼科医院	26	26
精神病医院	45	45
骨科医院	101	107
康复医院	13	10
整形外科医院	11	11
其他专科医院	377	382
二、社区卫生服务中心(站)	330	348
社区卫生服务中心	84	172
社区卫生服务站	246	176
三、卫生院	1077	1078
街道卫生院	304	262
乡镇卫生院	773	816
中心卫生院	316	311
乡卫生院	457	505
四、门诊部	84	80
综合门诊部	76	63
专科门诊部	8	17
五、急救中心(站)	44	45
六、采供血机构	35	35
七、妇幼保健院(所、站)	195	152
市属	42	5
县区属	153	147
其他		
妇幼保健院	78	41
妇幼保健所	5	5
妇幼保健站	112	106
八、疾病预防控制中心	278	278
县区属	137	278
其他	141	
九、卫生监督所(中心)	166	167
市属	10	10
县区属	156	157

14-14 卫生技术人员情况(不含诊所)

项　　目	2010	2011
总　　计	**6239**	**5856**
一、医院	4223	4001
综合医院	3115	2952
中医医院	657	601
中西医结合医院	19	26
专科医院	432	422
口腔医院	9	9
眼科医院	10	10
精神病医院	26	26
骨科医院	90	89
康复医院	13	10
整形外科医院	9	9
其他专科医院	275	269
二、社区卫生服务中心(站)	287	302
社区卫生服务中心	65	151
社区卫生服务站	222	151
三、卫生院	1025	974
街道卫生院	297	250
乡镇卫生院	728	724
中心卫生院	288	275
乡卫生院	440	449
四、门诊部	80	63
综合门诊部	74	49
专科门诊部	6	14
五、急救中心(站)	44	28
六、采供血机构	35	26
七、妇幼保健院(所、站)	164	123
市属	42	5
县区属	122	118
其他		
妇幼保健院	62	35
妇幼保健所	5	5
妇幼保健站	97	83
八、疾病预防控制中心	238	220
县区属	130	220
其他	108	
九、卫生监督所(中心)	143	119
市属	10	9
县区属	133	110

14-15 执业医师人员情况(不含诊所)

单位:人

项　　目	2010	2011
总　　计	**2654**	**2334**
一、医院	1871	1684
综合医院	1454	1319
中医医院	275	225
中西医结合医院	9	10
专科医院	133	130
口腔医院	2	2
眼科医院	3	3
精神病医院	5	5
骨科医院	34	33
康复医院	6	2
整形外科医院	4	4
其他专科医院	79	81
二、社区卫生服务中心(站)	105	92
社区卫生服务中心	26	39
社区卫生服务站	79	53
三、卫生院	428	317
街道卫生院	127	75
乡镇卫生院	301	242
中心卫生院	126	97
乡卫生院	175	145
四、门诊部	26	29
综合门诊部	21	20
专科门诊部	5	9
五、急救中心(站)	14	14
六、采供血机构	5	5
七、妇幼保健院(所、站)	84	73
市属	17	4
县区属	67	69
其他		
妇幼保健院	35	25
妇幼保健所	4	4
妇幼保健站	45	44
八、疾病预防控制中心	121	120
县区属	79	12
其他	42	108
九、卫生监督所(中心)		
市属		
县区属		

14-16 执业助理医师人员情况(不含诊所)

单位:人

项　目	2010	2011
总　计	**574**	**525**
一、医院	301	233
综合医院	133	88
中医医院	90	76
中西医结合医院	4	4
专科医院	74	65
口腔医院	6	6
眼科医院		
精神病医院	2	2
骨科医院	15	15
康复医院	3	3
整形外科医院	3	2
其他专科医院	45	37
二、社区卫生服务中心(站)	36	50
社区卫生服务中心	10	31
社区卫生服务站	26	19
三、卫生院	164	209
街道卫生院	53	57
乡镇卫生院	111	152
中心卫生院	47	60
乡卫生院	64	92
四、门诊部	21	5
综合门诊部	21	
专科门诊部		5
五、急救中心(站)		
六、采供血机构	3	3
七、妇幼保健院(所、站)	19	8
市属	7	
县区属	12	8
其他		
妇幼保健院	8	1
妇幼保健所		
妇幼保健站	11	7
八、疾病预防控制中心	30	17
县区属	20	17
其他	10	
九、卫生监督所(中心)		
市属		
县区属		

14-17 注册护士人员情况(不含诊所)

单位:人

项　　目	2010	2011
总　　计	**1594**	**1604**
一、医院	1344	1352
综合医院	1029	1050
中医医院	158	149
中西医结合医院	4	5
专科医院	153	148
口腔医院	1	1
眼科医院	2	2
精神病医院	17	17
骨科医院	28	27
康复医院	2	2
整形外科医院	2	2
其他专科医院	101	97
二、社区卫生服务中心(站)	81	68
社区卫生服务中心	17	33
社区卫生服务站	64	35
三、卫生院	87	107
街道卫生院	24	25
乡镇卫生院	63	82
中心卫生院	21	29
乡卫生院	42	53
四、门诊部	14	15
综合门诊部	13	12
专科门诊部	1	3
五、急救中心(站)	11	11
六、采供血机构	7	7
七、妇幼保健院(所、站)	36	24
市属	14	1
县区属	22	23
其他		
妇幼保健院	14	4
妇幼保健所	1	1
妇幼保健站	21	19
八、疾病预防控制中心	14	20
县区属	3	20
其他	11	
九、卫生监督所(中心)		
市属		
县区属		

14-18 药剂师(士)人员情况(不含诊所)

单位:人

项　　目	2010	2011
总　　计	**341**	**295**
一、医院	228	238
综合医院	174	173
中医医院	37	44
中西医结合医院		2
专科医院	17	19
口腔医院		
眼科医院		
精神病医院	2	2
骨科医院	2	
康复医院	2	1
整形外科医院		1
其他专科医院	11	15
二、社区卫生服务中心(站)	18	19
社区卫生服务中心	4	6
社区卫生服务站	14	13
三、卫生院	54	25
街道卫生院	20	8
乡镇卫生院	34	17
中心卫生院	14	7
乡卫生院	20	10
四、门诊部	6	4
综合门诊部	6	2
专科门诊部		2
五、急救中心(站)		
六、采供血机构		
七、妇幼保健院(所、站)	5	4
市属		
县区属		4
其他	5	
妇幼保健院	2	2
妇幼保健所		
妇幼保健站	3	2
八、疾病预防控制中心	7	5
县区属	3	5
其他	4	
九、卫生监督所(中心)		
市属		
县区属		

14-19 检验人员情况(不含诊所)

单位:人

项 目	2010	2011
总 计	**183**	**195**
一、医院	145	149
综合医院	111	112
中医医院	21	21
中西医结合医院	1	2
专科医院	12	14
口腔医院		
眼科医院		
精神病医院		
骨科医院	3	3
康复医院		
整形外科医院		
其他专科医院	9	11
二、社区卫生服务中心(站)	3	4
社区卫生服务中心	1	2
社区卫生服务站	2	2
三、卫生院	5	12
街道卫生院	2	3
乡镇卫生院	3	9
中心卫生院	1	4
乡卫生院	2	5
四、门诊部	2	3
综合门诊部	2	3
专科门诊部		
五、急救中心(站)		
六、采供血机构	5	5
七、妇幼保健院(所、站)	2	3
市属		3
县区属	2	3
其他		1
妇幼保健院	1	1
妇幼保健所		1
妇幼保健站	1	2
八、疾病预防控制中心	21	19
县区属	6	19
其他	15	
九、卫生监督所(中心)		
市属		
县区属		

14-20 非卫生的技术人员情况(不含诊所)

单位:人

项　目	2010	2011
总　计	**317**	**1366**
一、医院	218	1032
综合医院	147	733
中医医院	24	124
中西医结合医院	2	7
专科医院	45	168
口腔医院		
眼科医院	6	16
精神病医院	1	19
骨科医院	5	18
康复医院		
整形外科医院		2
其他专科医院	33	113
二、社区卫生服务中心(站)	14	46
社区卫生服务中心	12	21
社区卫生服务站	2	25
三、卫生院	29	104
街道卫生院	4	12
乡镇卫生院	25	92
中心卫生院	23	36
乡卫生院	2	56
四、门诊部	1	23
综合门诊部		14
专科门诊部		9
五、急救中心(站)	14	17
六、采供血机构	4	9
七、妇幼保健院(所、站)	17	29
市属	13	
县区属	4	29
其他		
妇幼保健院	10	6
妇幼保健所		
妇幼保健站	7	23
八、疾病预防控制中心	10	58
县区属		58
其他	10	
九、卫生监督所(中心)	10	48
市属		
县区属	10	48

14-21 卫生管理人员情况(不含诊所)

单位:人

项　　目	2010	2011
总　　计	**360**	**471**
一、医院	304	370
综合医院	199	144
中医医院	35	43
中西医结合医院	1	3
专科医院	69	80
口腔医院		
眼科医院	7	7
精神病医院	12	12
骨科医院	4	8
康复医院		
整形外科医院	1	1
其他专科医院	45	52
二、社区卫生服务中心(站)	17	18
社区卫生服务中心	5	8
社区卫生服务站	12	10
三、卫生院	11	26
街道卫生院	1	5
乡镇卫生院	10	21
中心卫生院	4	9
乡卫生院	6	12
四、门诊部		1
综合门诊部		
专科门诊部		1
五、急救中心(站)	2	3
六、采供血机构	3	3
七、妇幼保健院(所、站)	5	5
市属	1	1
县区属	4	4
其他		
妇幼保健院	3	3
妇幼保健所		
妇幼保健站	2	2
八、疾病预防控制中心	10	24
县区属	2	24
其他	8	
九、卫生监督所(中心)	8	21
市属		19
县区属	8	12

14-22 卫生工勤技能人员情况(不含诊所)

单位:人

项　目	2010	2011
总　计	**450**	**503**
一、医院	387	406
综合医院	257	296
中医医院	93	72
中西医结合医院	1	1
专科医院	36	37
口腔医院		
眼科医院	3	3
精神病医院	6	6
骨科医院	2	3
康复医院		
整形外科医院	1	1
其他专科医院	24	24
二、社区卫生服务中心(站)	12	15
社区卫生服务中心	2	9
社区卫生服务站	10	6
三、卫生院	12	25
街道卫生院	2	2
乡镇卫生院	10	23
中心卫生院	1	10
乡卫生院	9	13
四、门诊部	3	10
综合门诊部	2	9
专科门诊部	1	1
五、急救中心(站)		
六、采供血机构	2	2
七、妇幼保健院(所、站)	9	14
市属	2	
县区属	7	14
其他		
妇幼保健院	3	3
妇幼保健所		
妇幼保健站	6	11
八、疾病预防控制中心	20	21
县区属	9	6
其他	11	15
九、卫生监督所(中心)	5	10
市属	2	1
县区属	3	9

14-23 工业企业"三废"排放与治理情况

项　　目	2010	2011
废水		
废水排放总量(万吨)	4592.55	4487.33
化学需氧量排放量(吨)		4617.19
废气		
废气排放量(亿标立方米)	961.8	1067.4
二氧化硫排放量(万吨)	13.7	13.89
烟(粉)尘排放量(吨)	24800	32126.5
固体废物		
固体废物产生量(万吨)	1227.87	1193.36
固体废物综合利用量(万吨)	593.62	493.5
固体废物处理量(万吨)	595.32	568.84
固体废物贮存量(万吨)	36.34	59.98
固体废物丢弃量(万吨)	2.61	2.73
污染治理		
当年污染治理施工项目总数(个)	180	74
污染治理项目本年完成投资额(万元)	68014.8	72014
其中:治理废水	18956	12927
治理废气	37492	31454
治理固体物质	6071	707
治理噪音	937.3	1729
治理其他	4558.5	25197

备注:2011 年含有生活废水 1489 万吨。2010 年无法区分。

14-24 体育彩票、福利彩票发行情况

单位:万元

项　　目	2010	2011
体育电脑彩票销售点　(个)	82	102
体育彩票销售收入	2572	2744
福利彩票销售点　(个)	67	88
福利彩票销售收入	4058	5700
用于兑奖金额	235	274

14-25 婚姻登记数

单位:对

项　　目	2010	2011
准予登记结婚数	15203	13824
其中:恢复结婚	27	51
初婚数　(人)	29741	27109
再婚数　(人)	665	539
准予登记离婚数	434	446

主要统计指标解释

文化及相关产业 指为社会公众提供文化、娱乐产品和服务的活动，以及与这些活动有关联的活动的集合。文化及相关产业的活动主要包括：①文化产品制作和销售活动；②文化传播服务；③文化休闲娱乐服务；④文化用品生产和销售活动；⑤文化设备生产和销售活动；⑥相关文化产品制作和销售活动。

文化及相关产业行业构成 《文化及相关产业分类》将文化及相关产业划分为四层。

第一层分为文化服务和相关文化服务。

第二层分为 9 个大类：新闻服务、出版发行和版权服务、广播、电视、电影服务、文化艺术服务、网络文化服务、文化休闲娱乐服务、其他文化服务、文化用品、设备及相关文化产品的生产和文化用品、设备及相关文化产品的销售。

第三层分为 24 个中类。

第四层分为 80 个小类。

为反映党中央关于文化建设和文化体制改革的要求，《文化及相关产业分类》又组合出文化产业核心层、文化产业外围层和文化产业相关层。

文化产业核心层 新闻服务、出版发行和版权服务、广播、电视、电影服务和文化艺术服务。

文化产业外围层 网络文化服务、文化休闲娱乐服务和其他文化服务。

相关文化产业层 文化用品、设备及相关文化产品的生产和文化用品、设备及相关文化产品的销售。

文化事业机构 指从事专业文化工作和为专业文化工作服务的单独核算、独立建制的单位。不包括文化主管部门直属单位举办的其他行业和各部门的业余文化组织。

艺术表演团体 指从事戏曲、音乐、舞蹈、杂技等专业艺术表演，有独立帐户，实行单独核算的团体。不包括半工半艺、半农半艺的业余团体。

等级运动员人数 指经考核正式批准授予等级运动员称号的人数。运动员等级分为国际级运动健将、运动健将、一级运动员、二级运动员、三级运动员、少年级运动员。

等级裁判员人数 指经考核正式批准授予等级裁判员称号的人数。裁判员等级分为国际裁判、国家级裁判、一级裁判、二级裁判、三级裁判。

体育场 指有 400 米跑道（中心含足球场），有固定道牙，路道 6 条以上，并有固定看台的田径场。以看台容纳观众人数分：甲级 25000 人以上，乙级 15000-25000 人，丙级 5000-15000 人，丁级 5000 人以下。

体育馆 指有固定看台可供篮球、排球、羽毛球、乒乓球、体操等项目训练比赛活动用的室内场地。以看台容纳观众人数分：甲级 6000 人以上，乙级 4000-6000 人，丙级 2000-4000 人，丁级 2000 以下。

旅游人数 (1)入境旅游人数:指报告期内来我国观光、度假、探亲访友、就医疗养、购物、参加会议或从事经济、文化、体育、宗教活动的外国人、港澳台同胞等入境游客。统计时,外国人、港澳台同胞每入境一次统计 1 人次。(2)出境人数:指中国(大陆)居民因公或因私出境前往其他国家、中国香港特别行政区、澳门特别行政区和台湾省观光、度假、探亲访友、就医疗养、购物、参加会议或从事经济、文化、体育、宗教活动的人数,即出境游客。统计时,按每出境一次统计 1 人次。(3)国内旅游人数:指在报告期内在中国(大陆)观光游览、度假、探亲访友、就医疗养、购物、参加会议或从事经济、文化、体育、宗教活动的中国(大陆)居民人数,其出游的目的不是通过所从事的活动谋取报酬。统计时,国内游客按每出游一次统计 1 人次。

国际旅游(外汇)收入 指入境游客在中国(大陆)境内旅行、游览过程中用于交通、参观游览、住宿、餐饮、购物、娱乐等全部花费。

国内旅游收入 又称旅游总花费指国内游客在

国内旅行、游览过程中用于交通、参观游览、住宿、餐饮、购物、娱乐等全部花费。

国际旅行社 指经营业务范围包括入境旅游业务、出境旅游业务和国内旅游业务的旅行社。

国内旅行社 指经营范围仅限于国内旅游业务的旅行社。

星级饭店 指设备、设施、服务符合《旅游饭店星级的划分与评定》(GB/T14308-2003)，通过相关旅游管理部门评定,并取得星级饭店称号的饭店(含预备星级饭店)。

卫生技术人员 指在国民经济各行业从事卫生医务工作的自然科学技术的专业人员。包括正副主任医师、主治医师、医师、医（护）士和未评定职称的技术人员。2002 年以后因为口径改变，调整为执业医师、执业助理医师、注册护士、药剂人员、检验人员。

工业废水排放量 指经过企业厂区所有排放口排到企业外部的工业废水量。包括生产废水、外排的直接冷却水、超标排放的矿井地下水和与工业废水混排的厂区生活污水，不包括外排的间接冷却水(清污不分流的间接冷却水应计算在内)。

工业废水排放达标量 指各项指标都达到国家或地方排放标准的外排工业废水量，包括未经处理外排达标和经过处理后外排达标两部分(国家排放标准见 GB89 78-88)。

工业废水处理量 指报告期内各种水治理设施实际处理的工业废水量，包括处理后外排和处理后回用的工业废水量和虽经处理但未达到国家或地方排放标准的废水量。如车间和厂排放口均有治理设施，并对同一废水分级处理时，不应重复计算工业废水处理量。

工业废气排放量 指企业厂区内燃料燃烧和生产工艺过程中产生的各种排入空气的含有污染物的气体总量，按标准状态［273K，101325Pa］计算。

工业二氧化硫排放量 指企业在燃料燃烧和生产工艺过程中排入大气的二氧化硫数量。

工业粉尘排放量 指企业在生产工艺过程中排放的颗粒物重量，如钢铁企业的耐火材料粉尘、焦化企业的筛焦系统粉尘、烧结机的粉尘、石灰窑的粉尘、建材企业的水泥粉尘等。不包括电厂排入大气的烟尘。

工业固体废物产生量 指企业在生产过程中产生的固体状、半固体状和高浓度液体状废弃物的总量、包括危险废物、冶炼废渣、粉煤灰、炉渣、煤矸石、尾矿、放射性废物和其他废物等；不包括矿山开采的剥离废石和掘进废石(煤矸石和呈酸性或碱性的废石除外)。酸性或碱性废石指采掘的废石其流经水、雨淋水的 PH 值小于 4 或 PH 值大于 10.5 者。

工业固体废物综合利用量 指通过回收、加工、循环、交换等方式，从固体废物中提取或者使其转化为可以利用的资源、能源和其他原材料的固体废物量(包括当年利用往年的工业固体废物累计贮存量)，如用作农业肥料、生产建筑材料、筑路等。综合利用量由原产生固体废物的单位统计。

工业固体废物贮存量 指以综合利用或处置为目的，将固体废物暂时贮存或堆存在专设的贮存设施或专设的集中堆存场所内的数量。专设的固体废物贮存场所或贮存设施必须有防扩散、防流失、防渗漏、防止污染大气、水体的措施。

工业固体废物处置量 指将固体废物焚烧或者最终置于符合环境保护规定要求的场所，并不再回取的工业固体废物量（包括当年处置往年的工业固体废物累计贮存量)。处置方法有填埋(其中危险废物应安全填埋)、焚烧、专业贮存场(库)封场处理、深层灌注、回填矿井等。

工业固体废物排放量 指将所产生的固体废物排到固体废物污染防治设施、场所以外的数量、不包括矿山开采的剥离废石和掘进废石（煤矸石和呈酸性或碱性的废石除外）。

15

县区基本情况

2012

朔州统计年鉴

SHUOZHOU STATISTICAL YEARBOOK

471~503

15-1 国民经济核算主要指标(2011 年)

单位:万元

县 区	地区生产总值	第一产业	第二产业	#工 业	第三产业
全 市	**8552006**	**453949**	**4987631**	**4785456**	**3110426**
朔城区	2430256	112700	1039421	977925	1278135
平鲁区	2428240	38041	2051495	2018484	338704
山阴县	1477174	112784	764304	720482	600086
应 县	428382	98374	145621	124127	184387
右玉县	359465	30738	161521	147639	167206
怀仁县	1410791	60291	822901	773919	527599

15-2 国民经济核算主要指标发展速度(2011 年)

上年 =100

县 区	地区生产总值	第一产业	第二产业	#工 业	第三产业
全 市	**115.2**	**100**	**119.9**	**120.1**	**110.5**
朔城区	115.4	106.0	123.7	124.4	110.1
平鲁区	114.9	105.8	115.9	116.0	110.1
山阴县	115.3	104.8	120.9	122.3	111.0
应 县	114.3	108.4	125.8	123.9	110.5
右玉县	117.9	108.7	129.2	128.7	111.0
怀仁县	115.0	99.9	120.7	122.3	109.5

15-3 基本单位数(2011 年)

单位:个

县 区	法人单位数			产业活动单位数	
	合 计	单产业法人	多产业法人	合 计	# 多产业法人单位所属产业活动单位
全 市	**10650**	**10277**	**373**	**13352**	**3075**
朔城区	4135	4041	94	4773	732
平鲁区	1296	1269	27	1501	232
山阴县	1653	1598	55	2148	550
应 县	1225	1180	45	1655	475
右玉县	851	774	77	1158	384
怀仁县	1490	1415	75	2117	702

说明:本表中未包括产业活动单位在省外的三家;市外的三家。

15-4 按投资类型分基本单位数(2011 年)

单位:个

县 区	法人单位数				产业活动单位数			
	合 计	内资单位	港澳台商投资单位	外商投资单 位	合 计	内资单位	港澳台商投资单位	外商投资单 位
全 市	**10650**	**10642**	**2**	**6**	**3075**	**3048**	**18**	**9**
朔城区	4135	4130	1	4	732	729	1	2
平鲁区	1296	1296			232	226		6
山阴县	1653	1652	1		550	550		
应 县	1225	1224		1	475	459	16	
右玉县	851	850		1	384	383	1	
怀仁县	1490	1490			702	701		1

说明:本表中未包括产业活动单位在省外的三家;市外的三家。

15-5 按产业分基本单位数及从业人数(2011 年)

县　区	法人单位							
	单位数(个)	第一产业	第二产业	第三产业	从业人数(人)	第一产业	第二产业	第三产业
全　市	**10650**	**1549**	**1269**	**7832**	**327371**	**17159**	**141261**	**168951**
朔城区	4135	197	423	3515	125773	2319	49065	74389
平鲁区	1296	216	151	929	39503	1756	22264	15483
山阴县	1653	468	180	1005	46172	5561	20098	20513
应　县	1225	283	176	766	28678	3458	10695	14525
右玉县	851	132	94	625	15548	1036	6532	7980
怀仁县	1490	253	245	992	71697	3029	32607	36061

县　区	多产业法人单位所属产业活动单位							
	单位数(个)	第一产业	第二产业	第三产业	从业人数(人)	第一产业	第二产业	第三产业
全　市	**3075**	**53**	**156**	**2866**	**71314**	**1768**	**30582**	**38964**
朔城区	732	6	78	648	21702	52	6733	14917
平鲁区	232	9	10	213	11097	33	8751	2313
山阴县	550	3	14	533	10090	55	4290	5745
应　县	475	10	3	462	5002	79	140	4783
右玉县	384	19	7	358	3916	147	215	3554
怀仁县	702	6	44	652	19507	1402	10453	7652

说明：本表中未包括产业活动单位在省外的三家；市外的三家。

15-6 按行业分法人单位数(2011年)

单位:个

县 区	合 计	农林牧渔业	采矿业	制造业	电力燃气水的生产和供应业
全 市	**2521**	**1549**	**219**	**680**	**73**
朔城区	436	197	36	183	20
平鲁区	326	216	57	37	16
山阴县	630	468	51	100	11
应 县	439	283	13	133	10
右玉县	214	132	17	56	9
怀仁县	476	253	45	171	7

县 区	合 计	建筑业	交通运输、仓储和邮政业	信息传输、计算机服务和软件业	批发和零售业	住宿和餐饮业
全 市	**3034**	**297**	**336**	**79**	**2146**	**176**
朔城区	1723	184	146	49	1253	91
平鲁区	300	41	76	2	163	18
山阴县	362	18	48	13	260	23
应 县	164	20	13	4	115	12
右玉县	102	12	17	1	58	14
怀仁县	383	22	36	10	297	18

15-6 续表

单位:个

县 区	合 计	金融业	房地产业	租赁和商务服务业	科学研究、技术服务和地质勘查业	水利、环境和公共设施管理业
全 市	**907**	**95**	**237**	**281**	**193**	**101**
朔城区	603	56	181	183	135	48
平鲁区	53	8	13	13	12	7
山阴县	81	11	9	31	6	24
应 县	71	11	8	22	24	6
右玉县	41	3	9	8	8	13
怀仁县	58	6	17	24	8	3

县 区	合 计	居民服务和其他服务业	教 育	卫生、社会保障和社会福利业	文化体育和娱乐业	公共管理和社会组织
全 市	**4188**	**273**	**325**	**237**	**103**	**3250**
朔城区	1373	184	133	108	58	890
平鲁区	617	36	35	23	13	510
山阴县	580	14	34	42	8	482
应 县	551	9	25	23	13	481
右玉县	494	12	22	16	7	437
怀仁县	573	18	76	25	4	450

15-7 城镇单位从业人员(2011年)

单位:人

县 区	总 计	#女 性	在岗职工	其他从业人 员
全 市	**196979**	**60440**	**189542**	**7437**
朔城区	81488	28245	80039	1449
平鲁区	30769	7664	30284	485
山阴县	24998	7426	21733	3265
应 县	11292	3497	9810	1482
右玉县	9008	2727	8559	449
怀仁县	39424	10881	39117	307

15-7 续表

单位:人

县 区	#国有单位	#集体单位	#港澳台投资经济	#外商投资经济
全 市	**111656**	**12654**	**158**	**3835**
朔城区	47207	6803	40	3535
平鲁区	10063	474	53	
山阴县	16794	242	65	
应 县	9076	226		155
右玉县	7281	232		145
怀仁县	21235	4677		

15-8 城镇单位从业人员劳动报酬(2011年)

单位:万元

县区	从业人员平均人数(人)	在岗职工	其他从业人员	从业人员劳动报酬	在岗职工工资总额	其他从业人员劳动报酬	在岗职工平均工资(元)
全市	**198989**	**191185**	**7804**	**7418281**	**7291007**	**127274**	**38136**
朔城区	82245	80727	1518	2793782	2769822	23960	34311
平鲁区	30214	29574	640	1796363	1786857	9506	60420
山阴县	24754	21577	3177	846197	783303	62894	36303
应县	13651	11925	1726	316633	296331	20302	24850
右玉县	8886	8437	449	354227	347465	6762	41183
怀仁县	39239	38945	294	1311079	1307229	3850	33566

15-9 国有单位从业人员(2011年)

单位:人

县区	从业人员	#女性	在岗职工	其他从业人员
全市	**111656**	**36800**	**107312**	**4344**
朔城区	47207	16010	46070	1137
平鲁区	10063	3338	9967	96
山阴县	16794	4743	15662	1132
应县	9076	2607	7774	1302
右玉县	7281	2096	6837	444
怀仁县	21235	8006	21002	233

15-10 国有单位从业人员劳动报酬(2011年)

单位:万元

县 区	从业人员平均人数(人)	在岗职工	其他从业人员	从业人员劳动报酬	在岗职工工资总额	其他从业人员劳动报酬	在岗职工平均工资(元)
全 市	**114042**	**109494**	**4548**	**3918241**	**3864851**	**53390**	**35297**
朔城区	47448	46260	1188	1656964	1638944	18020	35429
平鲁区	10046	9950	96	302081	301266	815	30278
山阴县	16527	15474	1053	617495	610097	7398	39427
应 县	11463	9927	1536	276635	258929	17706	26083
右玉县	7217	6773	444	325387	318772	6615	47065
怀仁县	21341	21110	231	739679	736843	2836	34905

15-11 集体单位从业人员(2011年)

单位:人

县 区	从业人员	#女 性	在岗职工	其他从业人员
全 市	**12654**	**3712**	**12486**	**168**
朔城区	6803	2495	6767	36
平鲁区	474	56	471	3
山阴县	242	102	242	
应 县	226	83	101	125
右玉县	232	63	232	
怀仁县	4677	913	4673	4

15-12 集体单位从业人员劳动报酬(2011年)

单位:万元

县区	从业人员平均人数(人)	在岗职工	其他从业人员	从业人员劳动报酬	在岗职工工资总额	其他从业人员劳动报酬	在岗职工平均工资(元)
全市	**13088**	**12760**	**328**	**391791**	**385316**	**6475**	**30197**
朔城区	7066	7030	36	250431	249802	629	35534
平鲁区	628	470	158	14472	10412	4060	22153
山阴县	231	231		6319	6319		27355
应县	225	101	124	3425	1726	1699	17089
右玉县	234	234		2801	2801		11970
怀仁县	4704	4694	10	114343	114256	87	24341

15-13 其他单位从业人员(2011年)

单位:人

县区	从业人员	#女性	在岗职工	其他从业人员
全市	**72669**	**19928**	**69744**	**2925**
朔城区	27478	9740	27202	276
平鲁区	20232	4270	19846	386
山阴县	7962	2581	5829	2133
应县	1990	807	1935	55
右玉县	1495	568	1490	5
怀仁县	13512	1962	13442	70

15-14 其他单位从业人员劳动报酬(2011年)

单位:万元

县 区	从业人员平均人数(人)	在岗职工	其他从业人员	从业人员劳动报酬	在岗职工工资总额	其他从业人员劳动报酬	在岗职工平均工资(元)
全 市	**71859**	**68931**	**2928**	**3108249**	**3040840**	**67409**	**44114**
朔城区	27731	27437	294	886387	881076	5311	32113
平鲁区	19540	19154	386	1479810	1475179	4631	77017
山阴县	7996	5872	2124	222383	166887	55496	28421
应 县	1963	1897	66	36573	35676	897	18807
右玉县	1435	1430	5	26039	25892	147	18106
怀仁县	13194	13141	53	457057	456130	927	34710

15-15 城镇固定资产投资主要指标(2011年)

单位:万元

县 区	施工项目(个)	本年新开工	本年投产项目(个)	本年新增固定资产
全 市	**451**	**212**	**230**	**1628053**
朔城区	167	66	73	698747
平鲁区	70	18	24	111937
山阴县	39	13	9	124060
应 县	41	24	29	86577
右玉县	32	7	14	173802
怀仁县	102	84	81	432930

15-15 续表

单位:万元

县 区	本年完成投资	住 宅	建筑工程	安装工程
全 市	**4745733**	**425703**	**2162501**	**512114**
朔城区	1722145	102413	976443	205478
平鲁区	1011809	20290	316226	88432
山阴县	610662	187554	259253	87991
应 县	280007	38258	18178	34258
右玉县	458630	7255	81770	56299
怀仁县	662480	69933	510631	39656

县 区	设备工器具购置	其 他	新 建	扩 建	改建和技术改造	其 他
全 市	**1235937**	**835181**	**2777737**	**791185**	**634998**	**541812**
朔城区	262314	459064	1018577	214397	151900	437269
平鲁区	400313	196838	655221	88804	263291	4493
山阴县	206467	49397	303410	270551	22606	14096
应 县	27249	36522	201910	21879	13620	42598
右玉县	257639	62922	198192	51557	101626	7255
怀仁县	81955	30438	400427	143997	81955	36101

15-16 城镇固定资产投资房屋面积及价值(2011年)

单位:平方米

县 区	本年施工房屋面积	住 宅	本年竣工房屋面积	住 宅	本年竣工房屋价值(万元)	住 宅
全 市	**9096364**	**6391822**	**1923154**	**1370400**	**235918**	**148708**
朔城区	6315888	4554166	1271784	1141449	116852	110202
平鲁区	508835	459086	4300		720	
山阴县	563303	173791	132429	6336	19205	
应 县	681485	340779	256566	40975	38909	1234
右玉县	239000	197347	157833	116340	30953	14493
怀仁县	787853	666653	100242	65300	29279	22779

15-17 农村非农户固定资产投资主要指标(2011年)

单位:万元

县 区	施工项目(个)	本年新开工	本年投产项目(个)	本年新增固定资产
全 市	**36**	**24**	**19**	**99364**
朔城区	9	4	4	11645
平鲁区	3	2	2	16000
山阴县	2	1	1	9310
应 县	1		1	1000
右玉县	4		3	27313
怀仁县	17	17	8	34096

县 区	本年完成投资	住 宅	建筑工程	安装工程
全 市	**127217**		**80900**	**9099**
朔城区	19371		12541	1612
平鲁区	17330			
山阴县	12460		9261	1311
应 县	1000		200	300
右玉县	10506		4677	1220
怀仁县	66550		54221	4656

15-17 续表

单位:万元

县 区	设备工器具购置	其他费用	本年施工房屋面积(平方米)	住 宅
全 市	**17664**	**19554**	**100540**	
朔城区	2706	2512		
平鲁区	788	16542		
山阴县	1888		10440	
应 县		500	1500	
右玉县	4609		9600	
怀仁县	7673		79000	

县 区	本年竣工房屋面积(平方米)	住 宅	本年竣工房屋价值	住 宅
全 市	**21440**			
朔城区				
平鲁区				
山阴县	10440			
应 县	1400			
右玉县	9600			
怀仁县				

15-18 房地产开发投资(2011年)

单位:万元

县 区	本年完成投资	住 宅	建筑工程	安装工程	设备工器具购置	其他费用
全 市	**242177**	**150903**	**122768**	**31857**	**2848**	**84704**
朔城区	140337	78196	58796	19343	2708	59490
平鲁区	1741	1685	1741			
山阴县	7357	2897	4280			3077
应 县	32131	27591	30531			1600
右玉县						
怀仁县	13875	13244	6455			7420
开发区	46736	27350	20965	12514	140	13117

15-19 房地产开发施工、竣工面积及价值(2011年)

单位:平方米

县 区	本年施工房屋面积	住 宅	本年竣工房屋面积	住 宅	本年竣工房屋价值(万元)	住 宅
全 市	**3879848**	**3019875**	**542567**	**453490**	**89752**	**71145**
朔城区	2392002	1807300	286917	252485	27436	19439
平鲁区	104300	98000			1370	
山阴县	44342	19411	11300	6336	4560	739
应 县	304649	272730	46370	23715		2300
右玉县						
怀仁县	99900	92642				
开发区	934655	729792	197980	170954	56386	48667

15-20 房地产开发房屋销售额(2011 年)

单位:万元

县 区	商品房销售额	住 宅	#90 平方米及以下住房	#140 平方米以上住房	#经济适用房
全 市	**160090**	**133729**	**27685**	**27348**	
朔城区	87808	65351	9718	7097	
平鲁区					
山阴县	1930	1064		1064	
应 县	25945	24865	7885	2318	
右玉县					
怀仁县					
开发区	44407	42449	10082	16869	

县 区	#别墅、高档公寓	办公楼	商业营业用房	其 他
全 市			**25052**	**1309**
朔城区			21184	1273
平鲁区				
山阴县			830	36
应 县			1080	
右玉县				
怀仁县				
开发区			1958	

15-21 房地产开发房屋销售面积(2011 年)

单位:平方米

县 区	商品房销面积	住 宅	#90 平方米及以下住房	#140 平方米以上住房	#经济适用房
全 市	**774571**	**679242**	**128238**	**121819**	
朔城区	437256	359389	56301	31633	
平鲁区					
山阴县	11300	6336		6336	
应 县	96257	92581	22498	9020	
右玉县					
怀仁县					
开发区	229758	220936	49439	74830	

县 区	#别墅、高档公寓	办公楼	商业营业用房	其 他
全 市			**88682**	**6647**
朔城区			71432	6435
平鲁区				
山阴县			4752	212
应 县			3676	
右玉县				
怀仁县				
开发区			8822	

15-22 农林牧渔业总产值(2011 年)

按现行价格计算　　　　单位:万元

县 区	农林牧渔业总产值	农 业	林 业	牧 业	渔 业	农林牧渔服务业
全 市	**883881.4**	**467572.1**	**54131.5**	**338445.8**	**1597.9**	**22134.0**
朔城区	192158.3	125700.7	15586.1	42799.8	826.7	7245.0
平鲁区	83926.5	35967.0	21533.0	21258.4	80.0	5088.1
山阴县	220389.0	90276.9	6514.3	122290.4	260.5	1046.9
应 县	188228.2	122748.2	3661.2	56799.4	211.4	4808.0
右玉县	65019.2	25840.1	4920.0	32624.4	70.7	1564.0
怀仁县	134176.8	67055.6	1917.5	62673.0	148.6	2382.0

15-23 农林牧渔业中间消耗(2011 年)

按现行价格计算　　　　单位:万元

县 区	农林牧渔业中间消耗	农 业	林 业	牧 业	渔 业	农林牧渔服务业
全 市	**429916.9**	**217375.5**	**27004.2**	**175546.0**	**1041.6**	**8949.6**
朔城区	79457.3	51592.5	6476.0	18036.2	563.4	2789.2
平鲁区	45883.3	15793.4	13075.4	15239.7	63.1	1711.7
山阴县	107591.6	41315.4	2570.2	63166.6	182.0	357.4
应 县	89860.5	57398.3	2342.5	27839.6	129.6	2150.5
右玉县	34281.5	14076.9	2411.7	17013.2	37.1	742.6
怀仁县	73886.8	37490.5	1068.4	34012.3	63.5	1252.1

15-24 乡村基本情况(2011年)

县 区	乡镇政府(个)	镇政府	村民委员会(个)	乡村户数(户)	乡村人口(人)
全 市	**73**	**19**	**1688**	**364109**	**1136763**
朔城区	15	2	300	88329	267493
平鲁区	13	2	350	42711	158729
山阴县	13	4	257	54078	161687
应 县	12	3	298	83355	270365
右玉县	10	4	321	26667	92728
怀仁县	10	4	162	68969	185761

15-24 续表

单位:人

县 区	乡村从业人员	农林牧渔业	工 业	建筑业	其他行业
全 市	**510641**	**325063**	**42546**	**34777**	**41077**
朔城区	122854	79794	8017	6480	11314
平鲁区	81171	41111	12993	5232	9379
山阴县	61925	47471	2800	3152	2789
应 县	118449	86884	4162	9596	9283
右玉县	41330	26238	3120	2265	2683
怀仁县	84912	43565	11454	8052	5629

15-25 农业生产条件(2011 年)

县 区	农业机械总动力 (千瓦)	大中型农用拖拉机 (台)	小型农用拖拉机 (台)	农用排灌动力机械 (台)
全 市	**2145387**	**10934**	**17918**	**15834**
朔城区	432534	2056	4868	4545
平鲁区	243426	1088	2896	1885
山阴县	403347	2270	3722	2140
应 县	414287	2910	885	3905
右玉县	202497	986	3736	730
怀仁县	449296	1624	1761	2629

15-25 续表

县 区	农用运输车 (台)	配套机电井 (眼)	农村用电量 (万千瓦小时)	农用化肥施用量 (折纯量,吨)
全 市	**56657**	**7235**	**20553.69**	**71256**
朔城区	11710	1211	3258.57	16427
平鲁区	5255	8	642.00	5418
山阴县	8780	856	3292.65	15659
应 县	12480	3118	7320.21	19800
右玉县	5108	161	916.70	2222
怀仁县	13324	1881	5123.56	11730

15-26 水果、林业及渔业生产情况(2011年)

县　区	全年水果产　量(吨)	苹　果	年末果园面积(公顷)	当年造林面　积(公顷)	全年水产品总产量(吨)	淡水养殖面　积(公顷)
全　市	**6376.8**	**1943**	**1659**	**21344**	**730**	**225**
朔城区	105	100	80	4039	490	111
平鲁区				4200	40	23
山阴县	560	64	131	2227	25	22
应　县	2453	1529	303	3279	90	25
右玉县				5372	45	24
怀仁县	3258.8	250	1144.5	2227	40	20

15-27 粮食、油料产量

单位:吨

县　区	粮食产量		油料产量	
	2010	2011	2010	2011
全　市	**864242**	**971210**	**31271**	**33879**
朔城区	268483	306768	5076	4561
平鲁区	53066	60521	14974	14868
山阴县	179830	200431	3737	4173
应　县	210077	238536	3294	4861
右玉县	28589	30515	3486	4909
怀仁县	124197	134440	704	507

15-28 粮食、油料播种面积

单位:公顷

县 区	粮食播种面积		油料播种面积	
	2010	2011	2010	2011
全 市	**265860**	**269776**	**30398**	**29099**
朔城区	55122	56556	2538	2100
平鲁区	45040	45050	11763	11763
山阴县	50039	50250	4678	4236
应 县	42456	44485	2648	2642
右玉县	32192	32902	7994	7941
怀仁县	41010	40532	777	416

15-29 农村居民家庭生活基本情况(2011 年)

单位:元

县 区	调查户数(户)	家庭常住人口(人)	家庭劳动力人数(人)	人均耕地面积(亩)	人均住房面积(平方米)	农民人均纯收入	农民人均生活消费支出
全 市	**480**	**1699**	**996**	**8**	**28**	**7024**	**4809**
朔城区	80	300	201	5	25	8097	5485.0
平鲁区	80	327	140	15	28	5460	3914.0
山阴县	80	258	80	7	31	8905	3390.0
应 县	80	258	200	7	24	5752	4757.0
右玉县	80	271	201	12	20	3810	4015.0
怀仁县	80	285	174	7	38	8634	6382.0

15-30 城镇居民家庭生活基本情况(2011 年)

单位:人

县 区	调查户数(户)	平均每户家庭人口	平均每户就业人口数	平均每一就业者负担系数	平均每人可支配收入(元)	平均每人消费支出(元)
全 市	**150**	**3.12**	**1.45**	**2.15**	**20286.65**	**13353.25**
朔城区	50	3.24	1.48	2.18	19785.53	12108.34
平鲁区	50	3.30	1.30	2.54	14683.73	10124.81
山阴县	50	2.96	1.24	2.39	20091.58	11947.61
应 县	50	2.86	1.24	2.31	14420.63	8031.55
右玉县	50	3.10	1.44	2.15	13670.46	10027.01
怀仁县	50	3.04	1.50	2.03	20100.84	12825.59

15-31 社会消费品零售总额(2011 年)

单位:万元

县 区	社会消费品零售总额	城 镇	乡 村
全 市	**1641384.8**	**1261304.6**	**380080.2**
朔城区	482025.0	391593.1	90431.9
平鲁区	222864.8	153107.6	69757.2
山阴县	233018.0	195847.4	37170.6
怀仁县	416240.0	287432.7	128807.3
应 县	187228.0	140712.8	46515.2
右玉县	100009.0	92611.0	7398.0

15-32 工业企业

县 区	企业单位数（个）	亏损企业	工业总产值（当年价格）	工业销售产值（当年价格）	资产总计
全 市	**235**	**6**	**116989195**	**114241099**	**147171026**
朔城区	43	1	24595840	24119272	26061067
平鲁区	28	3	48928045	48863660	69052263
山阴县	51		16735623	15288086	29927590
应 县	32		3726357	3529083	2565210
右玉县	14		3102598	2878622	5227123
怀仁县	59	1	19323011	18989706	13686409
开发区	8	1	577721	572670	651364

15-32 续

县 区	流动负债合计	所有者权益合计	主营业务收入	主营业务成本	主营业务税金及附加
全 市	**55841596**	**67107693**	**111182067**	**70195750**	**2050850**
朔城区	13869968	7541476	20823375	16821438	291704
平鲁区	19005852	40112303	48756875	25930741	1352442
山阴县	9842660	12562627	15514304	9370384	161292
应 县	1380701	883781	3517959	3197069	44786
右玉县	2457705	2232371	2938959	2192255	50748
怀仁县	8790094	3636781	19080488	12222077	147741
开发区	494616	138354	550107	461786	2137

15-32 续

县 区	利税总额	本年应付职工薪酬	本年应交增值税	全部从业人员年平均人数（人）
全 市	**29731347**	**3335984**	**9780509**	**89801**
朔城区	3667164	1016134	1176290	17274
平鲁区	16355648	392210	4981937	20613
山阴县	4900799	496811	1297744	13109
应 县	259973	211891	72446	7832
右玉县	571181	273372	229401	4556
怀仁县	3916176	915796	2011728	25374
开发区	60406	29770	10963	1043

主要经济指标(2011 年)

单位:千元

流动资产合计	固定资产合计	固定资产原价	累计折旧	负债合计
47686677	**74352104**	**81131226**	**27439689**	**77423545**
9480058	15175144	19958506	7207161	18464447
17172023	40025652	39530369	15118212	28939958
11118777	11460309	12002833	2623599	14825932
1325491	984275	1144102	227355	1640317
2020303	2571345	2690612	412543	2991285
6185505	3904742	5520638	1796925	10049628
384520	230637	284166	53894	511978

表 1

单位:千元

管理费用	财务费用		利润总额	亏损企业亏损总额
		利息支出		
5784928	**1188633**	**1092851**	**17800198**	**109973**
599184	404582	412914	2174612	1897
2521743	296265	228062	10010260	24098
1261259	258281	255525	3377640	
56475	32317	32049	142741	
341955	39271	21981	290932	
968669	147938	132356	1756707	82360
35643	9979	9964	47306	1618

表 2

单位:千元

总资产贡献率(%)	资产负债率(%)	流动资产周转率(次/年)	成本费用利润率(%)	产品销售率(%)
21	**53**	**2**	**20**	**98**
16	71	2	12	98
24	42	3	28	100
17	50	1	27	91
11	64	3	4	95
11	57	1	11	93
30	73	3	13	98
11	79	1	9	99

15-33 大中型工业

县区	企业单位数（个）	亏损企业	工业总产值（当年价格）	工业销售产值（当年价格）	资产总计
全市	**118**	**3**	**89447985**	**87118437**	**128120790**
朔城区	25	1	19746611	19365623	22894269
平鲁区	9	1	44207723	44166075	61601011
山阴区	51		16735623	15288086	29927590
应县	14		2492168	2399749	2007375
右玉县	2		1261169	1203144	1705562
怀仁县	17	1	5004691	4695760	9984983

15-33 续

县区	流动负债合计	所有者权益合计	主营业务收入	主营业务成本	主营业务税金及附加
全市	**45465959**	**59522683**	**84782373**	**52193580**	**1699699**
朔城区	11706535	6893629	16844118	13696663	198365
平鲁区	14923156	37078124	44042036	23065460	1176549
山阴区	9842660	12562627	15514304	9370384	161292
应县	1141166	623948	2390176	2159309	31735
右玉县	1017173	447294	1203144	890436	27344
怀仁县	6835269	1917061	4788595	3011328	104414

15-33 续

县区	利税总额	本年应付职工薪酬	本年应交增值税	全部从业人员年平均人数（人）
全市	**24741516**	**2725457**	**7641087**	**72522**
朔城区	3176321	901551	1034747	14883
平鲁区	15301933	250565	4573175	16714
山阴区	4900799	496811	1297744	13109
应县	199159	135186	55524	5200
右玉县	211112	168763	118706	1890
怀仁县	952192	772581	561191	20726

企业主要经济指标(2011 年)

单位:千元

流动资产合计	固定资产合计	固定资产原价	累计折旧	负债合计
40076948	**65327479**	**72307829**	**26326666**	**65968333**
7558120	14275550	18878603	6982311	15950638
15674351	35070766	35322755	14743522	24522886
11118777	11460309	12002833	2623599	14825932
1053000	725595	898256	192132	1342736
364232	1093457	1093457	217586	1258219
4308468	2701802	4111925	1567516	8067922

表 1

单位:千元

管理费用	财务费用	利息支出	利润总额	亏损企业亏损总额
5238262	**1075551**	**992642**	**15302287**	**108044**
524663	374253	383104	1919898	1897
2379353	270624	202385	9541200	23787
1261259	258281	255525	3377640	
39385	16428	16518	111900	
188242	25191	18205	65062	
845360	130774	116905	286587	82360

表 2

单位:千元

总资产贡献率(%)	资产负债率(%)	流动资产周转率(次/年)	全员劳动生产率(元/人·年)	产品销售率(%)
20	**51**	**2**		**97**
16	70	2		98
25	40	3		100
17	50	1		91
11	67	2		96
13	74	3		95
11	81	1		94

15-34 国有控股工业

县 区	企业单位数（个）	亏损企业	工业总产值（当年价格）	工业销售产值（当年价格）	资产总计
全 市	**61**	**4**	**77258847**	**75332595**	**110011999**
朔城区	18	1	16775781	16278346	17158545
平鲁区	13	2	42235487	42189257	57725000
山阴县	11		11298356	10278212	22570221
应 县	3		322309	322243	443510
右玉县	1		1148599	1109986	1494807
怀仁县	14	1	5253078	4929314	10331651
开发区	1		225237	225237	288265

15-34 续

县 区	流动负债合计	所有者权益合计	主营业务收入	主营业务成本	主营业务税金及附加
全 市	**40298285**	**51822347**	**72009039**	**41491861**	**1532086**
朔城区	8968810	5404003	12716538	9596170	168670
平鲁区	15127490	35418340	42066915	21762299	1102981
山阴县	7424554	8748440	10557216	5780735	122865
应 县	421804	-32147	322243	284712	2426
右玉县	972019	292693	1109986	806835	27344
怀仁县	7121368	1964993	5024234	3104881	106705
开发区	262240	26025	211907	156229	1095

15-34 续

县 区	利税总额	本年应付职工薪酬	本年应交增值税	全部从业人员年平均人数（人）
全 市	**22265319**	**2017846**	**6956427**	**51249**
朔城区	2689130	663126	922507	9344
平鲁区	14587822	219461	4363925	15180
山阴县	3709180	216615	948858	5623
应 县	14724	20662	5839	728
右玉县	211112	168412	118706	1712
怀仁县	1026231	719743	596592	18495
开发区	27120	9827		167

企业主要经济指标(2011 年)

单位:千元

流动资产合计	固定资产合计	固定资产原价	累计折旧	负债合计
34500765	**53671731**	**61368701**	**23618815**	**55705370**
5818000	10144724	15676727	6089276	11754539
14549699	32704329	32408673	13969740	22306659
8843847	6977428	7976294	1738142	11337552
233537	158532	198955	43907	475657
319078	952927	952927	199271	1202065
4570750	2616080	4026175	1567240	8366658
165854	117711	128950	11239	262240

表 1

单位:千元

管理费用	财务费用	利息支出	利润总额	亏损企业亏损总额
4610852	**726884**	**661050**	**13677873**	**108063**
424647	270631	282928	1574124	1897
2278768	132369	63452	9109907	23806
832108	166110	169737	2573362	
12855	9893	9993	6459	
184570	17666	18205	65062	
850872	127910	114361	322934	82360
27032	2305	2374	26025	

表 2

单位:千元

总资产贡献率(%)	资产负债率(%)	流动资产周转率(次/年)	成本费用利润率(%)	产品销售率(%)
20.85	**50.64**	**2.11**	**24.48**	**97.51**
17.3	68.51	2.22	14.1	97.03
25.41	38.64	2.9	29.51	99.89
17.17	50.23	1.21	31.92	90.97
5.55	107.25	1.38	2.06	99.98
15.34	80.42	3.58	6.28	96.64
11.03	80.98	1.11	7.59	93.84
10.21	90.97	1.28	14.02	100

15-35 财政收支总额(2011 年)

单位:万元

县 区	财政总收入	一般预算收入	企业所得税	增值税
全 市	**1750000**	**709189**	**105109**	**136669**
朔城区	211168	92749	6800	13316
平鲁区	301688	149538	15031	12696
山阴县	241589	86731	7324	17974
应 县	28137	12505	823	1505
右玉县	59117	21596	1988	4287
怀仁县	200833	62537	11907	15221

县 区	一般预算支出	一般公共服务	教育事业费	社会保障和就业
全 市	**1154207**	**143864**	**203036**	**97470**
朔城区	190410	18054	38800	16347
平鲁区	184940	16751	33297	20652
山阴县	172133	19285	16347	12723
应 县	104380	9022	22383	19342
右玉县	85984	10484	18197	6703
怀仁县	129848	14497	29645	10125

15-36 教育情况

单位:人

县　区	各级各类学校在校生数	其中				
		普通高中	职业高中	初中	小学	特教
朔城区	108056	20266	2005	29023	56604	158
平鲁区	37219	3357	1378	12139	20345	
山阴县	38379	6000	365	11002	21012	
应　县	52218	9791	2259	14556	25612	
右玉县	13013	1465		3944	7604	
怀仁县	104218	20587	3912	29578	50075	66

15-36 续表

单位:所

县　区	各级各类学校数	其　中						
		普通初中	普通高中	职业高中	完全中学	九年一贯制学校	小学	特教
朔城区	132	10	10	3	7	9	92	1
平鲁区	24	7	1	1			15	
山阴县	97	14	2	1			80	
应　县	63	17	3	2			41	
右玉县	20	4	1	1			14	
怀仁县	139	17	6			4	111	1

16

附 录

2012

朔州统计年鉴

SHUOZHOU STATISTICAL YEARBOOK

505~528

政府工作报告

——2012年4月12日在朔州市第五届人民代表大会第四次会议上

代市长　李正印

各位代表：

现在，我代表市人民政府向大会作工作报告，请予审议，并请市政协委员和其他列席人员提出意见。

一、2011年工作回顾

过去的一年，在省委、省政府和市委的坚强领导下，我们深入贯彻落实科学发展观，大力弘扬右玉精神，坚持以科学发展为主题，以加快转变经济发展方式为主线，坚定不移推进转型跨越发展，全力打造新基地新优势新朔州，全市经济社会保持平稳较快、健康协调的发展态势，实现了“十二五”时期良好开局。

（一）*经济发展再创新业绩*。在连续几年高位运行的基础上，经济增长速度进一步提高。全市地区生产总值完成855.2亿元，增长15.2%；财政总收入完成175亿元，增长32.1%；一般预算收入完成70.9亿元，增长27.2%；工业增加值完成472亿元，增长22.3%；固定资产投资完成474.6亿元，增长33.3%；社会消费品零售总额完成l64.1亿元，增长17.6%；城镇居民人均可支配收入达到20287元，增长15.5%；农民人均纯收入达到7024元，增长19%。主要经济指标绝对额在全省位次普遍前移，多项指标增幅居全省前列。

（二）*转型发展实现新突破*。煤炭资源整合煤矿兼并重组圆满完成。经过连续几年的攻坚克难，我市在全省率先完成煤矿兼并重组，我们彻底告别了小煤窑时代，进入了现代化大矿时期。整合重组效果进一步显现，去年全市煤炭产量达到l. 86亿吨，位居全省第一、全国前列。电力工业进一步壮大。右玉京玉2×30万千瓦、金海洋昱光2×30万千瓦、同煤怀仁2×20万千瓦3座煤矸石电厂和8座风电场、2座太阳能光伏电站投产运行，应县晶都太阳能二期和应县生物质能电厂等新能源项目开工建设。全市电力装机容量达到604万千瓦，能源工业基地地位进一步巩固。循环经济发展取得重要进展。固废综合利用工业园区基础设施建设基本完成，北京大学工业固废综合利用产学研示范基地和粉煤灰提取氧化铝白炭黑等项目开工建设，工业固废资源再生产业基地建设走在全国前列。现代服务业加快发展。居然之家建成运营，现代物流业加快扩张。玉龙生态园等26个旅游项目开发建设，旅游业呈现出蓬勃发展的良好势头。

（三）*“三农”工作取得新成效*。大力实施强农惠农富农政策。去年，全市财政“三农”支出达到39.95亿元，比上年增长26.6%。大规模铺开农田水利建设。改善灌溉面积19.14万亩，改造中低产田18万亩，新增耕地面积1.13万亩，农业综合生产能力明显增强，全年粮食产量达到19.4亿斤，再创历史新高。加快发展设施农业。新增2.92万亩温室大棚。继续实施规模健康养殖工程。奶牛小区达到215个，奶牛存栏达到14.4万头；肉羊小区达到162个，羊饲养量达到242.8万只；生猪饲养量达到44.5万头。奶牛存栏量、鲜奶产量、人均畜产品占有量、人均牧业纯收入四项指标居全省第一。全力推进“一村一品、一县一业”开发建设。102个村进入省级“一村一品”专业村行列，朔城区被表彰为全国粮食生产先进县，应县被确定为全国蔬菜产业发展重点县，朔城区、怀仁县、山阴县被表彰为全省县域经济发展先进县，右玉县被确定为全省小杂粮基地县。大力推进农业产业化。销售收入超亿元的农产品加工龙头企业达到18家，农产品加工转化率达到41%。扎实推进新农村建设。新增的113个重点推进村全部按要求完成建设任务。加大扶贫开发力度。开展领导干部住村包村和机关单位定点扶贫活动，加大移民搬迁扶贫力度，6400多人实现脱贫。

（四）宜居城市建设呈现新气象。中心城市加快发展。实施总投资24亿元的道路、水源、供热、绿化、亮化、净化六大市政基础设施建设工程，城市功能日臻完善。特色城镇建设进一步推进。怀仁县被评为全国文明县城，右玉县被评为中国宜居宜业典范县。造林绿化力度加大。坚持“自己栽树、自己乘凉”的新理念，广泛种植大规格苗木，全市投资12亿元，营造林33万亩，平鲁区被省政府表彰为林业生态县。节能减排成效明显。全市万元地区生产总值综合能耗下降3.5%，万元工业增加值用水量下降14.9%，二氧化硫、化学需氧量、氨氮、烟尘、粉尘等主要污染物减排均完成全年目标任务。市区二级以上天数达到349天，空气质量持续好转。

（五）社会事业取得新进步。更加注重保障和改善民生，全市财政在社会事业和民生领域投入达到68.6亿元，占到一般预算支出的59.5%。大力发展教育事业。建设公办标准化幼儿园45所，提高中小学校生均公用经费100元，积极推进中小学校标准化建设，开工建设能源学院。深入推进医药卫生事业改革发展。覆盖城乡的基本医疗保障制度全面建立，全民医保体系初步形成。基层医疗卫生机构普遍实行了基本药物制度，县级医院建设得到全面加强，公立医院改革稳步推进，医疗卫生信息化建设工作走在全省前列，县乡村三级医疗机构达标率达到100%。公共卫生服务水平明显提高，群众“看病难、看病贵”问题得到缓解。积极提升科技创新能力。3家企业被评为省级高新技术企业，25家企业建立了市级技术研发中心。进一步加强文化建设。积极实施文化惠民工程，乡镇综合文化站全部建成。弘扬优秀传统文化，大型北路梆子现代戏《侨女李林》荣获第十五届中国戏剧梅花奖。城乡文化生活丰富多彩，群众性体育活动广泛开展。与此同时，加强人口计生、妇女儿童和残疾人工作，民族、宗教、地震、气象、文物、档案等各项社会事业都取得新成绩。

特别是下大力气狠抓了民生工作。稳定和扩大就业。全年新增城镇就业岗位23146个，转移农村劳动力18662人。进一步提高社会保障水平。全市社保基金积累达到30.5亿元。企业养老保险支付能力超过45个月，新型农村养老保险覆盖率达到85%。加大保障性住房建设力度。开工建设各类保障性住房56581套，完成投资50.2亿元，建设规模为历年之最。加快推进农村新的“五个全覆盖”。农村文化体育场所、中等职业教育免费、新型农村社会养老保险三项全覆盖工程两年任务一年完，提前一年完成省定任务。农村街巷硬化和农村便民连锁商店两项全覆盖工程都完成年度目标任务。认真组织实施“暖心煤”工程。免费向农村每户家庭供应一吨煤，保障了农民冬季取暖，全市39.63万户农村家庭受益。

全面加强社会管理。坚持不懈狠抓安全生产工作，全年各类安全生产事故起数下降10%，死亡人数下降2.3%。进一步完善应急管理机制。积极推进应急预案体系建设，深入开展应急演练，应急工作得到省军区、省政府应急办和省地震局的好评。突发环境事件应急救援工作得到国家环保部和公安部的肯定，在我市召开全国环境保护与公安消防应急联动机制建设工作交流会。积极支持国防后备力量建设，大力加强人防工作，我市被北京军区表彰为先进人防城市。加强社会治安综合治理和信访工作，社会保持和谐稳定。我市项目化推进社会管理的做法，受到中央综治办的肯定。

（六）改革开放增添新动力。全面推进各项改革。行政审批制度改革深入推进，取消、调整行政审批项目108项。事业单位分类改革清理规范工作基本结束。文化体制改革加快推进，我市在全省率先完成了文化体制改革各项任务。金融市场体系得到健全。新增交通银行、招商银行、浦发银行、晋商银行等7家银行分支机构，全市小额贷款公司达到82家。扎实推进转型综改试验工作。市县两级成立了领导组及工作机构，编制完成了全市和试点县行动方案，启动了县区、园区和企业各个层面的试点工作，铺开了一批重大转型标杆项目建设。特别是，经过反复调查研究和科学论证，制定实施了“四化一体”东部新区发展战略，明确了通过工业新型化推动市域城镇化、促进城乡生态化、实现农业现代化的一体化发展的新路子，进一步完善了转型跨越发展思路。去年，东部新区完成地区生产总值725.8亿元，占全市经济总量的84.9%，增长17%，增幅高于全市平均水平1.8个百分点，有力地带动了全市经济社会发展。

加大对外开放力度。加强与中煤集团等中央企业的沟通合作，与美国城市规划协会、中国政法大学等国内外学术研究机构签订了战略合作协议。积极参加各类大型招商活动，并组团赴长三角、珠三角等发达地区开展项目推介。全年签约218个招商引资项目，190个落地或开展前期筹备，到位外来资金341.85亿元。

（七）民主法制建设取得新进展。自觉接受人大和政协的监督，积极支持各民主党派、工商联、人民团体和无党派人士参政议政。全年共办理人大代表建议和政协委员提案228件。不断推进法制建设，“六五"普法全面启动。完善基层民主制度，第九届村委会换届选举工作顺利完成。深入开展廉政建设，扎实推进煤焦领域反腐败专项斗争。加强干部教育和管理，深入开展纪律作风集中教育整顿月活动，干部作风积极转变，政府自身建设得到加强，政务环境得到优化。

各位代表，2011年是我市发展进程中不平凡的一年。在国内外经济环境复杂多变、改革发展任务艰巨的形势下，我市经济加快发展，民生更加改善，在转型跨越发展的道路上迈出了坚实的步伐，开创了科学发展新局面。特别是市第五次党代会进一步明确了工作主题和奋斗目标，完善了发展战略，为“十二五”时期科学发展奠定了思想基础。中央领导和省委、省政府对朔州的工作给予了高度评价。张德江副总理肯定煤炭资源整合煤矿兼并重组“目标非常明确，改革力度很大，效果非常明显”。省委、省政府主要领导肯定我市新的领导班子理念新、眼界宽、标准高，经济发展在多年高位运行的基础上又迈上了新台阶，在全省经济发展中起到了率先和引领作用。

过去的一年，成绩来之不易。这是省委、省政府和市委正确领导的结果，是市人大、市政协有力监督和鼎力支持的结果，是全市人民凝心聚力、团结奋斗，辛勤劳动、拼搏进取的结果。在这里，我代表市人民政府，向全市人民和所有关心支持朔州发展的各界人士，表示崇高的敬意和衷心的感谢!

在看到成绩的同时，也要清醒地认识到，我市经济社会发展中还存在不少困难和问题。主要是，产业结构不够合理，新兴产业和高新技术产业发展不足；发展方式比较粗放，节能减排和安全生产压力较大，科技和人才对经济社会发展的支撑作用明显不足；农民持续增收难度加大，社会事业发展和民生改善与人民群众的期望还有较大差距；改革开放有待深化，政府职能和干部作风需要进一步转变，发展环境需要进一步优化。对此，我们要高度重视，采取有效措施，认真加以解决。

二、2012年工作安排

2012年是党的十八大召开之年，是全面贯彻落实市第五次党代会精神、实施“十二五”规划承上启下的重要一年。做好今年的工作，具有十分重要的意义。

今年的经济形势严峻复杂，国际金融危机还在发展，世界经济复苏进程艰难曲折；我国经济存在下行压力，经济增速放缓。受国内外影响，能源原材料产品市场需求面临的不确定不稳定因素增加，加之我市经济连续几年高位运行，基数不断扩大，保持经济持续较快增长的难度将越来越大。在看到困难的同时，我们更应看到我国仍处于重要战略机遇期，经济平稳较快发展的大趋势没有改变；我省转型综改试验区建设全面推开，我市被确立为全国农村改革试验区和工业固废综合利用示范基地，我们面临政策叠加的机遇；省委省政府要求我市建设全省转型发展示范区、跨越发展领先区、循环经济集聚区和现代化工业新城，为我们推进转型跨越发展指明了方向；经过多年的持续快速发展，我市经济实力显著增强，发展基础更加坚实；同时，“四化一体”东部新区建设深入推进，平鲁、右玉被列为转型综改试验区“一市两县”试点县，八大工业园区和一批转型标杆项目全面推进，形成了加快发展的强劲态势；特别是，新基地新优势新朔州建设深入人心，极大地激发了全市广大干部群众干事创业的热情，这些都为我们做好今年乃至以后的工作提供了有利条件。我们一定要切实增强机遇意识、创新意识、发展意识，趋利避害，乘势而上，把各项工作做得更好，努力保持经济发展的良好势头。

做好今年政府工作，要以邓小平理论和“三个代表”重要思想为指导，深入贯彻落实科学发展观，紧扣“坚定不移推进转型跨越发展、全力打造新基地新优势新朔州”的工作主题，瞄准“建设自然、生态、现代、宜居幸福新城”的宏伟目标，坚持稳中求进的工作总基调，大力推进工业新型化、农业现代化、市域城镇化、城乡生态化，加快转变经济发展方式，在全面推进循环经济上有新成果，在加快发展装备制造业和新兴产业上有新突破，在转型综改先行先试上有新进展，在保障和改善民生上有新举措，在社会管理上有新成效，在加强政府自身建设上有新作为，保持全市经济平稳较快发展和社会和谐稳定，以经济社会发展的优异成绩迎接党的十八大胜利召开。

今年经济社会发展的主要预期目标是：地区生产总值完成1000亿元，增长14%；规模以上工业增加值完成560亿元，增长16%；固定资产投资完成593 亿元，增长25%；财政总收入完成203亿元，增长16%；一般预算收入完成81.7亿元，增长15.3%；社会消费品零售总额完成192亿元，增长17%；城镇居民人均可支配收入达到22520元，增长11%；农民人均纯收入达到7870元，增长12%；城镇新增就业岗位2万个；居民消费价格涨幅控制在4%左右。

约束性指标是：万元地区生产总值综合能耗下降3.5%；二氧化硫、化学需氧量、氨氮排放量分别下降2%、1.3%、1%，氮氧化物排放量实现零增长，烟尘、粉尘排放量均下降3%，万元工业增加值用水量下降3.5%。

在实际工作中，我们要把稳增长、控物价、促转型、惠民生、抓改革、保和谐紧密地结合起来。稳增长，充分运用比较优势和有利条件，抓住用好政策机遇，进一步加大项目建设力度，推动全市经济增长速度高于全省平均增速，综合经济实力迈上新台阶。今年全市计划实施省市重点工程178项，总投资2752.5亿元，当年计划完成投资599.1亿元，投资规模超过以往任何一年。控物价，认真贯彻落实宏观调控措施，加强市场监管，保持物价基本稳定，促进消费增长和市场繁荣。促转型，着力推进产业结构调整和发展方式转变，下功夫抓好循环经济、装备制造业和新兴产业，抓好工业园区和转型标杆项目，加快建立资源型产业和非资源型产业均衡发展的机制。惠民生，更加注重保障和改善民生，把促进社会公平正义放在更加突出的位置，切实办成一些让人民群众得实惠的好事实事。抓改革，高举改革开放旗帜，敢于先行先试，勇于率先突破，谋划实施一系列新举措，着力破解发展难题，努力创新体制机制。保和谐，正确处理改革、发展、稳定的关系，积极有效化解各种矛盾和风险隐患，保持社会和谐稳定。

今年，重点抓好以下十个方面的工作。

(一) 强力推进“四化一体”东部新区建设，引领全市转型跨越发展。

建设“四化一体”东部新区，是我市贯彻落实省委省政府转型跨越发展战略，紧密结合朔州实际而提出的具有创造性的战略思路。东部新区是我市推进转型跨越发展的重要引擎。今年是东部新区建设实现“两年大变样”的关键一年，区域内各县区、各乡镇要按照东部新区的整体规划加快推进各项工作。要坚持高起点谋划、精细化实施，精心打造以大运公路和北同蒲铁路为轴带，连接中心市区、三个县城、四个重点集镇和六大工业园区，同时建设三条生态绿化带、八大水系的百公里长廊，形成在全省全国具有影响力、在晋北地区具有强大集聚和辐射带动功能的开发示范带。要统筹开发利用地下地上两种资源，做好煤与非煤两篇文章，对矿产资源进行精深加工，对人文历史资源进行深度开发，推动要素集聚、资源集约、产业集群发展，实现工业新型化、农业现代化、市域城镇化、城乡生态化“四化一体”同步推进的目标。要加快启动东部新区核心区建设，举全市之力，努力把东部新区打造成全省转型综改试验区建设的示范区和区域经济发展的新高地。与此同时，切实抓好转型综改试验区“一市两县”平鲁区和右玉县的工作，在全市形成东部新区与西部试点县区竞相发展、互相促进、整体腾飞的良好格局。

（二）加快推进工业新型化，努力建设全省循环经济集聚区。

坚持以煤为基、多元发展，紧紧围绕提升资源就地转化率、传统产业循环率、新兴产业占比率、节能减排率、科技贡献率，大力推进工业新型化，加快转变经济发展方式，努力实现单一煤电基地向立体能源基地的转变，实现煤炭资源大市向新兴产业和循环经济强市的跨越。

着力改造提升传统产业。煤炭行业，要巩固提升煤炭资源整合煤矿兼并重组成果，进一步规范煤矿建设、生产、经营、安全秩序。加快保留矿井技改步伐，全面推进煤矿标准化建设，年内力争建成22座标准化矿井。支持龙头企业做大做强，推动中煤平朔“双千亿”工程和中煤金海洋“双五百亿”工程加快实施。加强煤炭统一销售管理工作，促进煤炭市场健康发展。电力行业，积极发展高参数大容量电厂，推进煤矸石发电、风电、太阳能发电、生物质能发电等项目，使新能源产业成为我市新的经济增长点。积极推进神头一电厂关小上大2×60万千瓦、华电2×30万千瓦热电联供、大唐新能源利民10万千瓦风电等总装机容量257．3万千瓦的17个续建项目，力争大唐平鲁白玉山20万千瓦风电、晶都太阳能16万千瓦光伏并网电站等项目开工建设。同时，加强电网建设，提高输电能力。乳制品行业，在抓好奶源基地建设的基础上，着力壮大龙头企业，强化新产品研发和市场营销，加快扩大市场份额。陶瓷行业，在巩固提升日用瓷档次的基础上，以市场为导向，优化产品结构，扩大建筑瓷、工艺瓷生产规模，努力打造全国一流的陶瓷基地。要在全市各个行业，组织实施品牌战略，培育一批优秀企业，创立一批名牌产品，提高产业的核心竞争力。

大力发展循环经济。坚持把循环经济作为推进工业新型化的基本路径，推动企业、园区、产业循环发展，使循环经济成为我市产业发展的基本模式。以建设全国工业固废综合利用示范基地为抓手，加快构建循环经济技术体系，促进煤基产业链延伸。充分利用资源优势，积极推进煤、电、冶、化一体化发展。坚持把工业园区作为发展循环经济和推进产业转型的主要载体。着力抓好固废综合利用工业园区、朔城区富甲工业园区、平鲁北坪循环经济园区、东露天循环经济园区、山阴北周庄循环经济工业园区、怀仁金沙滩陶瓷工业园区、应县新型产业科技园区、右玉梁威工业园区八大工业园区。每个工业园区都要按照循环经济的理念科学规划，完善设施，加快项目入驻和建设进度。突出抓好固废综合利用工业园区，推动北大固废资源化利用产学研示范基地等项目加快建设，为粉煤灰高效利用发挥示范作用。八大工业园区是我市重要的经济增长极，要精心打造，全力支持，使之成为转型跨越发展的标志性工程。经济开发区要以扩区为契机，坚持项目立区、招商兴区、机制活区，科学规划功能区域，切实加强基础设施建设，全面创新管理方式，全力推进招商引资，加快引进建设一批标志性重点项目，尽快走上科学健康发展轨道。

加快发展装备制造和新兴产业。装备制造业薄弱，新兴产业缺乏，是我市经济结构中的致命弱点。实现转型发展，必须把加快发展装备制造业和新兴产业作为主攻方向和着力点。要下力气加快发展具有一定基础和比较优势的煤机装备制造、煤化工、新型材料、特色食品、生物医药产业，发展科技含量高、成长潜力大的节能环保、信息技术等高新技术产业，力求在不太长的时期内取得较大突破。探索建立促进装备制造业和新兴产业发展的激励机制。各级政府要加大对转型标杆项目的扶持力度。鼓励引导从煤炭领域退出的民间资本投入转型领域，实现二次创业，回报社会，回报家乡。今年，重点抓好中煤平朔120万条子午线轮胎、城区大唐金凤风机组装、怀仁天磊年产10万吨涂布级高岭土、应县赛特电梯、应县10万吨高效减水剂、右玉光电绿色科技产业园、雨润集团怀仁和右玉肉食品加工等项目。

各位代表，转型发展任重道远，前景广阔。只要我们坚持发展不松劲，狠抓转型不动摇，调整结构不懈怠，我们就一定能够推动我市的产业结构发生脱胎换骨的新变化！

（三）加快推进农业现代化，当好雁门关生态畜牧经济区建设排头兵。

“三农”工作始终是各项工作的重中之重。在工业化和城镇化加快推进的进程中，要更加重视农业现代化。

进一步加大强农惠农富农政策支持力度。今年市本级财政将在“三农”领域投入4.1亿元，加大农业生产补贴力度，加强农业农村基础设施建设。新增农业补贴重点向种养大户、农民专业合作社及各种生产服务组织倾斜。

切实加强农田水利建设。扎实抓好应县、山阴、怀仁三个全国小型水利重点县建设，积极推进大中型灌区节水改造和农业节水示范工程，新增高标准节水灌溉面积6万亩。开工建设神头泉水源保护、七里河市区段综合整治、西山引黄灌区、桑干河灌区扩建和恢河调蓄水整治五项重点水利工程，加快提升水利建设水平。加快改造中低产田，加大盐碱地综合治理力度，年内力争改良10万亩盐碱地。

大力发展特色现代农业。我市位于奶牛、肉羊、小杂粮的黄金产区，发展特色农业优势明显，我们一定要做好特色农业这篇大文章。要集中培育生态畜牧和杂粮两大特色品牌，把雁门关生态畜牧经济区打造成大品牌，把小杂粮做成大产业。加快发展高效设施农业。新增设施农业4万亩。重点抓好园区建设。东部新区4个县10个万亩园区要加大建设力度，年内形成雏形。红旗牧场现代农业高新技术示范园区和平鲁下水头万亩设施农业园区要完成规划，开工建设。大力推进规模健康养殖。新建奶牛标准化养殖小区30个、肉羊标准化养殖小区50个。实施振兴奶业苜蓿发展行动，打造6个苜蓿种植专业示范村。大力发展循环农业，加速农业向高产、优质、高效发展。扎实推进“一村一品、一县一业”。朔城区重点发展城郊型农业，平鲁区重点发展马铃薯产业，山阴县重点发展奶牛产业，应县重点发展蔬菜产业，怀仁县重点发展养羊产业，右玉县重点发展小杂粮产业。在抓好102个省级专业村的基础上，新增120个专业村。加快提高农业产业化经营水平。积极扶持进入全省“513”工程的古城、天鹏等龙头加工企业做大做强，推广“公司+专业合作社+基地+农户”的产业化经营模式。着力抓好特色农产品精细加工，努力打造一批在全省全国叫得响的特色农产品品牌。精心筹办首届雁门关生态畜牧经济区特色农产品博览会。同时，瞄准京津等周边城市，积极开展特色农产品推介活动，加强农超对接，进一步提高我市特色农产品知名度。

加快推进农业科技进步。大力推动农业科技创新，加大对良种繁育、疾病防控、农产品质量安全等关键技术研发和推广应用的支持力度。加强农业科技人才队伍建设，切实增强基层农技推广服务能力，积极开展农村实用人才培训。推进12316农技咨询热线和远程教育网络建设，促进先进适用技术到田到户。加快农业机械化步伐，加大农机新技术和新机具推广力度。

深入推进新农村建设。新增185个重点村，全市新农村重点村达到818个，占到全市农村总数的一半。要以全面完成农村新的“五个全覆盖”任务为重点，提升新农村建设水平。各县区要足额配套建设资金，确保农村新的“五个全覆盖”工程保质保量圆满完成。深化农村改革，开展土地承包经营权确权颁证工作，积极稳妥推进土地流转，鼓励发展适度规模经营。

进一步加大扶贫开发力度。认真实施国家新十年扶贫开发纲要，按照新的扶贫标准，不断加大投入和工作力度，让更多低收入农民的生活得到保障。结合农村危房改造、地质灾害治理、生态移民，做好移民扶贫搬迁。逐步将300人以下、实际居住人口不到一半的偏远山区贫困村向中心村搬迁。今年要移民扶贫4000人。继续实施整村推进项目。今年全市要完成53个贫困村整村推进任务。健全“一企一村、一矿一村”扶贫机制，推动产业扶贫。

各位代表，农民收入翻番是“十二五”时期的一项重要任务。我们要紧紧围绕这一目标，不断加大“三农”工作力度，努力实现农业强、农民富、农村美，让农民兄弟过上更加幸福美好的生活!

（四）加快推进市域城镇化，建设城乡经济社会一体化发展先行区。

要以建设全国农村改革试验区为平台，以城乡经济社会发展一体化制度建设为抓手，加快推进城镇化进程，促进城乡一体化发展，形成城镇化与工业化、城镇化与新农村建设良性互动的发展格局。科学规划城乡空间布局。要按照全省“一核一圈三群”的总体城镇布局，坚持中心城市、大县城、小集镇、新农村“四位一体”发展战略，统筹规划城镇建设、农田保护、产业集聚、村落分布、生态涵养、文化传承，全市城乡空间要形成布局科学合理、功能配套完善、居住相对集中的发展格局。突出规划引领作用，今年要全面完成市县土地整治规划编制、县乡土地利用总体规划编制、城市总体规划修编、市区50平方公里核心区域控制性详细规划编制，调整优化城乡空间布局。

充分发挥中心城市的龙头作用。突出城市让人民生活更美好的主题，按照“提升中心区、改造旧城区、拓展新市区、充实开发区、建设生态区”的总体部署，加大道路、水源、供热、绿化、亮化、净化基础设施建设力度，进一步拉开城市框架，提高城市综合承载能力，提升城市品位。加快推进中心区的品质提升，彰显城市特色品格。加快推进旧城区改造，使古城焕发出新的生机。加快打造新市区，不断完善城市服务功能。加快充实开发区，形成城市发展新的增长极。加快推进生态区建设，打造城市绿色生态屏障。要科学规划城市功能区域，推进城市协调有序发展。今年要抓好恢河大桥、朔州西互通连接线、振武街东拓、滨河路打通、平朔南路打通、建设北路及市府东街改造、七里河公园、绿化工程、热电联产集中供热、北旺庄和下庄头城中村改造等十大重点工程，提高城市的通达性、便捷性和舒适度。要积极稳妥地推进城中村改造，做到依法拆迁、和谐拆迁。以创建国家园林城市为目标，在市区创建3个星级公园、8条园林式道路、60个园林小区。要理顺城市建设管理体制。认真落实《城乡规划法》，进一步明确市区、城区、开发区在城市规划、建设、管理方面的权限，形成统一规划、市区衔接、部门协调、权责对应、执法有力、规范严格的城市管理体制。大力实施城乡环境综合整治，着力解决环境卫生、市场管理、交通秩序等方面存在的突出问题，改善城乡环境面貌。

强化县城和中心集镇的集聚带动作用。积极实施“大县城”战略，加快县城扩容提质步伐，努力打造各具特色的工业强镇、商贸重镇和旅游文化名镇。平鲁区要继续推进“一城十镇百村”整体规划。山阴县要按照“一年一个样、三年大变样”的要求，改旧城、建新城，加快改变县城面貌。怀仁县要巩固提升城市建设水平，创新管理模式，建设华北最美县城。应县要依托木塔，打造历史文化名城。右玉县要加强生态建设，开发旅游产品，打造塞外旅游胜地。县城和集镇要充分发挥其连结城乡、集聚产业的优势，转移吸纳周边农村人口，切实成为城镇化建设的重要支点。

加快交通网络建设。配合好北同蒲增四线工程、大西高速客运专线、准朔铁路、大准至朔黄连接线、准朔铁路朔山连接线等铁路工程建设，继续推进高速公路、干线公路、农村公路建设，完善综合交通体系。今年要建成平朔高速公路，实现县县通高速，推进荣乌高速山阴至平鲁段建设，力争西纵高速公路朔州段开工建设，加快构建完整的高速公路网。完成大呼高速公路右玉连接线建设任务，推进虎山线山阴段改造工程，开工建设大石线应县县城段改线、109国道右玉县城段改线、大忻线山阴县城段西移改线和平万线虎头山隧道，推进干线公路等级化。开工建设朔神大道东延线，连通市区和固废工业园区，为东部新区核心区建设创造良好的交通条件。开工建设朔广线至紫金山旅游公路和环广武旅游公路，促进旅游业发展。全面完成农村街巷硬化全覆盖工程和康家窑至马营堡农村公路改造工程（神电运煤通道二期工程），改造朔城区至山阴县、应县经济开发通道，在村村通油路的基础上，进一步推进农村路网建设。

着力破除农民融入城市的体制机制障碍。推进户籍制度改革，放宽城镇落户条件，有序将在城镇稳定就业和居住的农民工转变为城镇居民。加强对农民工的人文关怀和服务，逐步将社会保障、就业服务、医疗卫生、文化教育和保障性住房等城镇基本公共服务覆盖到农民工，让农民无论进城还是留乡，都能安居乐业、幸福生活。

朔州是一座年轻而充满希望的城市，发展空间广阔，发展潜力无限。只要我们人人热爱朔州，齐心协力建设朔州，我们一定能够用勤劳智慧的双手，把朔州建设得更加美好，不断谱写幸福新城建设的崭新篇章!

（五）加快推进城乡生态化，建设自然生态绿色朔州。

大力推进造林绿化。要科学规划布局，坚持生态效益、社会效益和经济效益统筹兼顾，山上治本、身边增绿和生态富民同步推进，进一步加大植树造林力度。深化集体林权制度改革，健全公益林补偿机制。优化树种结构，实现经济林与生态林协调发展。加强林木管护，严防森林火灾发生。今年继续完成营造林33万亩。重点抓好八大规模造林工程，即朔城区西山环城绿化六期工程5万亩、平鲁区环城绿化工程4万亩、山阴县西山和广武拓展工程4 万亩、怀仁县金沙滩生态经济园林区三期工程6 万亩、应县荣乌高速公路通道绿化工程44公里、右玉县大呼高速连接线沿线荒山绿化4万亩、大运高速公路盐碱地绿化示范工程12公里（平川四县区每个县区3公里）、大运公路沿线绿化完善工程100公里。鼓励社会力量投资建设苗木繁育基地。每个县都要规划建设一座万亩苗圃。

加强矿山生态环境修复治理。严格执行生态环境恢复治理保证金制度，完善生态环境修复治理长效机制。按照“谁破坏、谁修复”和“谁投资、谁受益”的原则，推行“一矿一企治理一山一沟”，加大矿山生态修复治理力度。抓好矸石山治理、采空沉陷区治理、矿井水净化利用以及地下水资源保护，推行绿色开采，建设生态矿山。

强力推进节能减排。加大落后产能淘汰力度，从严控制“两高一资”项目，支持重点节能项目建设。以创建省级环保模范城市为目标，强化污染减排措施。加强重点排污企业的监管和治理，抓好电厂燃煤机组脱硫脱硝，关停天诚电冶等污染企业。抓好农业源污染减排、机动车污染减排，推进市区垃圾处理厂、医疗废物处理厂、污水处理厂中水回用等环保工程建设，进一步削减排污总量，改善市区大气污染状况。

各位代表，改善生态环境，建设资源节约型、环境友好型社会，是全市人民的热切期盼。我们一定要大力发扬右玉精神，坚持不懈植树，狠下决心治污，让朔州大地山更绿、水更清、天更蓝、空气更清新，让我们的家园更加美丽!

（六）加快发展服务业，促进产业结构调整。

服务业是我市经济发展中的短板。加快发展服务业是产业结构调整的根本出路，是城镇化的必然要求。必须下大力气改变我市服务业发展缓慢、比重偏低的现状。在做优第一产业、做强第二产业的同时，加快做大第三产业。把服务业作为稳增长、调结构、促就业、保民生的重要支撑，坚持生产性服务业与生活性服务业并重，传统服务业与现代服务业并举，促进服务业发展提速、比重提高、水平提升。

统筹发展各类服务业。加快发展大型物流、机电维修等生产性服务业，促进服务业与支柱产业良性互动。鼓励发展房地产物业服务、社区服务、家政服务和社会化养老服务等生活服务业，方便群众生活。升级改造公共交通、宾馆餐饮、文化娱乐、商贸流通业等传统服务业，完善城市服务功能。积极发展信息、金融、会展、电子商务、外包服务等现代服务业，引领经济发展。大力发展总部经济，提高城市的集聚辐射力。规划建设大型商贸综合体，着力打造新型商务区和特色商业街，提升城市形象。新建改造一批标准化菜市场，切实解决马路市场和农民卖菜难问题。巩固“万村千乡市场工程”成果，继续推进“家电下乡”、“汽车下乡”，扩大农村消费市场。重点抓好朔城区企业总部基地、准池铁路物流园区、平朔物流园区、居然之家仓储中心、怀仁华北皮革城、山阴县雁门关农副产品物流园区、朔州宾馆、戴思宾馆、金沙国际大酒店等项目。

重点发展旅游业。以旅游规划为先导，以景区建设为支撑，大力整合各类旅游资源，深入挖掘文化内涵，全面提升旅游业品质，努力将朔州打造成北方特色旅游目的地。以应县木塔申报世界文化遗产为龙头，加快广武边塞文化旅游区、崇福寺、紫金山、金沙滩、平鲁门神文化园和全景右玉生态文化旅游区等重要景区的开发提升步伐，打造精品线路，健全旅游服务体系，加大旅游宣传促销力度，拓展旅游市场，促进旅游业与文化产业、城市建设融合发展。

加大政策支持力度。制定实施有利于服务业发展的政策，支持社会资本进入服务业领域。对鼓励类服务业，实行与工业用电、用水、用气、用热同价政策，在土地、金融、财税等方面给予倾斜。加大政府资金扶持力度，支持带动力强的服务业示范项目。

（七）深入实施科教兴市和文化强市战略，推动社会事业加快发展。

坚持优先发展教育。认真贯彻落实国家和我省中长期教育规划发展纲要，今年全市教育支出要达到一般预算支出的17.02%。加快发展学前教育，每个乡镇都要建设好一所中心幼儿园。推进义务教育学校标准化建设，加强农村寄宿学校建设，优化城市学校布局，切实解决上学难和班容量大的问题。积极发展职业教育，每个县都要办好一所高标准的职业高中。大力发展高等教育。加快提升职业技术学院办学水平，为农业现代化建设培养更多的紧缺实用人才。进一步完善朔州师专配套设施，争取年内通过教育部验收。加快建设能源学院，积极推进怀仁陶瓷学院建设，为支柱产业提供有力的人才支撑。

做好科技和人才工作。加大科技投入，完善科技创新和服务体系。在循环经济、特色农畜产品良种培育、新材料、生态修复等转型发展的重要领域实施重大专项攻关。规划建设科技创新园区，促进高新技术产业集聚发展。支持企业加强研发中心建设，实现产学研有机结合，加快科技成果转化。依托北大产学研基地等项目，建设博士后工作站。全面加强人才工作，加大人才培养引进力度。“十二五”期间，市政府将每年投入500万元，用于干部培训，提高干部素质。实施“3个100”科技人才引进计划，全市聘请100名专家，联系100所高校，引进100名紧缺人才。人才是最稀缺最宝贵的战略资源。各级各部门和全社会都要关心人才、爱护人才，使朔州真正成为人才集聚、活力迸发的人才高地!

加快发展医疗卫生事业。深化医药卫生体制改革，巩固扩大基本医疗覆盖面，提高基本医疗保障水平和管理服务水平。城镇居民医保和新农合补助标准提高到每人每年240元。巩固完善基本药物制度，全面推进公立医院改革，加强基层医疗卫生服务体系建设。加快实现计划生育优质服务全覆盖，将免费孕前优生健康检查范围扩大到80%。加强流动人口计划生育服务管理。

推动文化大发展大繁荣。深入推进社会主义核心价值体系建设，用科学发展观理论教育干部群众。加强社会公德、职业道德、家庭美德和个人品德教育，动员社会各界广泛开展群众性精神文明创建活动，提升市民素质，提高全社会文明水平，争创全国文明城市。进一步提炼城市精神，提升城市文化软实力，增强城市凝聚力。健全公共文化服务体系。大力实施文化惠民工程，市县（区）要加快建设一批标志性文化设施。完善新闻大楼、博物馆、图书馆等重点文化工程，尽快投入使用。加强文物和非物质文化遗产保护。加快发展文化产业，促进文化创意、演艺娱乐、文化旅游等产业加快发展。深化文化体制改革，巩固经营性文化单位改革成果，推进公益性文化事业单位内部改革。认真贯彻落实朔州市《全民健身实施计划（2011—2015年)》，大力开展群众健身活动，加强体育基础设施建设。

（八）着力保障和改善民生，让人民群众享受更多的改革发展成果。

稳定和扩大就业。实施更加积极的就业政策，鼓励发展劳动密集型企业，多渠道开发就业岗位，加大公益性岗位开发力度，全面做好各类人员的就业工作，重点做好高校毕业生、农村转移劳动力和城镇下岗职工培训就业工作。要高度重视下岗职工再就业工作。推进创业就业工程，落实创业扶持政策，以创业带动就业，形成全民创业氛围。全面实行劳动合同和备案制度，加强企业特别是煤炭企业和建筑施工企业的劳动用工管理。加大农民工权益保护力度，实施农民工工资保证金制度，确保农民工按时足额领到工资。

完善社会保障体系。进一步扩大社会保障覆盖面，提高统筹层次和保障水平。积极发展老龄事业，加快建设社会养老服务体系，推进城镇居民社会养老保险和新型农村社会养老保险工作，确保城乡居民养老保险实现全覆盖，努力让城乡每个老年人都老有所养，幸福安度晚年。关心低收入群众生活，完善城乡低保管理工作，逐步扩大低保覆盖面，做到应保尽保。城乡低保标准每人每月分别提高30元、22元。进一步提高农村五保户供养标准。加强社保服务能力建设，推进社会保障卡发放。积极发展社会福利和慈善事业，完善城乡社会救助体系。

加快保障性住房建设。新建各类保障性住房34352套，完成投资45.956亿元。制定完善保障性住房建设、分配、管理制度，确保公平分配，切实保障低收入困难家庭的基本住房需求。同时，合理规划商品房开发，促进房地产市场健康发展。

加强和创新社会管理。毫不松懈地抓紧抓好安全生产工作。始终坚持"安全第一"的理念，时刻绷紧安全生产这根弦，警钟长鸣，常抓不懈。要以深入贯彻落实国务院和省政府关于加强安全生产工作的政策法规为主线，以落实企业安全生产主体责任和政府安全监管主体责任为保障，以深化安全生产专项整治为手段，以事故预防为主攻方向，继续开展"安全生产年"活动，推进安全生产标准化建设，进一步抓好煤矿、非煤矿山、交通运输、食品药品、消防、校园等各行业各领域的安全工作，坚决杜绝各类重特大事故，促进全市安全生产形势持续稳定好转。各级各部门和企业要把安全生产作为重要考核内容，严格实行"一票否决制"，严肃事故责任追究，保证各项安全生产措施落到实处。加强社区建设，提高基层社会管理服务效能。完善信访工作和矛盾调处机制，正确处理各类社会矛盾，切实解决好土地征用、房屋拆迁、劳资纠纷等事关人民群众切身利益的问题。进一步加强应急管理，健全突发事件应急体系，做好防灾减灾工作。进一步完善社会治安防控体系，严厉打击各类违法犯罪活动，维护社会和谐稳定。发展人民防空事业，支持国防后备力量建设，积极开展省级双拥模范城市创建活动，促进军民融合式发展。

各位代表，人民群众是我们的衣食父母。怀着对群众的深厚感情，着眼于解决广大群众最关心、最直接、最现实的利益问题，今年市政府承诺为民办好八件实事。一是实施义务教育阶段寄宿学生饮用奶工程。二是为全市所有义务教育阶段学生免除教科书费用。三是开展送戏下乡活动。四是实施爱心助残工程。五是新建市社会福利院、儿童福利院。六是建设朔州市劳动力市场。七是建设朔州市创业孵化基地。八是为市区70岁以上老年人、残疾人、伤残军人发放公共交通补贴。

群众利益无小事。我们一定扎扎实实、高标准、高质量办好每件实事，让群众满意。我们将坚持每年办成几件群众关心的好事实事，解决群众生产生活中的难点热点问题，让广大人民群众不断享受到越来越多的改革发展成果，生活得越来越幸福!

（九）进一步深化改革开放，努力构建适应科学发展的体制机制。

朔州是伴随着改革开放成长起来的，没有改革开放，就没有朔州。在推进转型跨越发展的新时期，我们要继续发扬敢为人先、勇于作为、与时俱进的精神，奋力开创改革开放新局面。

继续深化各项改革。扎实推进扩权强县试点工作，进一步扩大县域发展的自主权。积极推进事业单位改革，全面推行事业单位人员公开招聘制度。继续推进国有企业和集体企业改革，积极扶持民营企业，支持引导非公有制经济发展。积极创新用地保障机制，认真落实露天采矿用地改革、矿业存量土地整合利用、城乡建设用地增减挂钩和工矿废弃地复垦调整利用等试点政策，探索将集中连片重度盐碱地开发为工业用地。通过多种渠道，努力为城镇化和工业化提供有力的土地支撑。大力推进财政金融创新。千方百计增加财政收入，科学合理安排财政支出，多方筹集建设资金，有效服务转型跨越发展。加快发展资本市场，积极支持企业上市和发行债券，力争在两年之内企业上市实现零突破。进一步推进银企合作，努力扩大信贷规模。加强地方融资平台建设，形成财政、金融与重点项目建设良性互动机制。发展壮大担保机构，扩充担保机构资本金，为中小企业融资创造宽松环境。鼓励民间资本进入担保行业。

继续扩大对外开放。进一步优化发展环境，提升服务质量，加大招商引资力度，吸引更多的国内外大企业投资落户。积极开展“项目落地年”活动，抓好中博会等招商活动签约项目的落地工作，提高项目落地率。搞好跟踪服务，积极争取正大集团综合性现代农业示范项目、罗克佳华工业公司“智慧平鲁”等项目早日启动建设。精心组织各项重点招商活动，深化与中煤集团、中电国际、华电集团、神华集团等大企业的合作。今年力争落地招商引资项目76个，到位外来资金427亿元。

全面推进转型综改试验工作。资源型地区转型是加快转变经济发展方式的战略选择，是科学发展观的必然要求。我市资源型经济正处于成长期，早转型早主动。山西省国家资源型经济转型综改试验区的启动建设，为我们提供了大机遇、大平台、大载体。我们一定要紧紧抓住这个难得的历史机遇，以转型综改试验工作为抓手，全面深化改革开放，着力破解发展难题，为朔州的长远发展赢得主动、赢得优势、赢得未来。要按照省政府批复的行动方案，加快推进“一市两县”、“一市两园”和“一县一企”等试点工作，大力推进重大转型标杆项目建设，在产业升级、生态修复、城乡统筹、民生改善等重点领域和体制机制创新上先行先试、取得突破，努力在全省率先走出一条资源型地区转型跨越发展的新路子。

（十）加强政府自身建设，为转型跨越发展创造良好的政务环境。

良好的环境是制胜的砝码。要按照科学执政、民主执政、依法执政的要求，以建设服务、责任、法治、廉洁政府为目标，积极加强政府自身建设，不断提高政府工作水平，为转型跨越发展创造良好的政务环境。

规范政府行为，推进依法行政。各级政府要严格依照法定权限和程序行使权力，履行职责。自觉接受人大及其常委会监督，主动加强与政协联系，认真办理各类建议和提案。坚持科学决策、民主决策，重大决策都要广泛征求意见，进行严格论证。坚持依法治市，加强法制宣传教育，深入推进“六五”普法工作。严格依法行政，深化行政执法监督，加强行政监察和审计监督，不断增强政府的公信力和执行力。

提高行政效能，优化政务服务环境。积极推进服务型政府建设，不断提高公共服务水平。深入推进行政审批制度改革，精简审批事项，规范行政许可。具有行政审批职能的市政府部门，要按照职能归并原则，设立行政审批服务办公室。大力推进政务公开，加强政务服务中心建设，集中办理行政审批事项和服务事项，要建立重大项目审批和服务企业的绿色通道，建立规范的公共资源交易平台，让权力在阳光下运行。

坚持为民务实，加强作风建设。广大公务员尤其是各级领导干部要大力弘扬右玉精神，坚持求真务实，真抓实干；要经常深入基层、深入群众，问计于民、问政于民、问需于民；要深入调查研究，发现问题，分析问题，解决问题，推动工作落实。进一步完善领导干部住村包村、联系企业和机关帮扶基层工作机制。市直部门要认真开展“五个一”活动，即聘请一名专家，引进一个项目，研究出台一项先行先试的政策，推出一项提高行政效能的措施，联系帮扶一个基层单位，以实际行动推动转型跨越发展。要加强绩效管理，强化督查考核，确保改革发展各项工作部署落到实处、收到实效。

坚持反腐倡廉，加强廉政建设。各级政府及领导干部要认真落实党风廉政建设责任制，加强廉政风险防控，健全惩治和预防腐败体系。各级领导干部要坚持为民务实清廉，认真遵守《廉政准则》，严格执行“一岗双责”，当好勤政廉政表率。继续深入开展煤焦领域反腐败工作，认真开展重点领域渎职侵权问题专项整治，严肃查处各类违法违纪案件。持续开展纪律作风整顿，严明工作纪律，狠刹懒政怠政、不负责任等不良风气，坚决查处吃拿卡要、以权谋私的典型案例，努力营造风清气正、干事创业的良好氛围。

各位代表，朔州是一个出生产力、出战斗力的地方，是一片充满无限生机活力的沃土。这片沃土赋予我们使命，给予我们激情，更使我们增添了干事创业的信心和决心。当前，朔州已经进入转型跨越发展的新时期。站在新的历史起点，我们要以新的精神风貌、新的更大作为，创造新的辉煌业绩，不负时代重任，不负人民期望。让我们在中共朔州市委的坚强领导下，解放思想，开拓创新，扎实工作，不断开创转型跨越发展的新局面，为打造新基地新优势新朔州、建设自然生态现代宜居幸福新城而努力奋斗！

朔州市 2011 年
国民经济和社会发展统计公报

朔州市统计局

2012 年 2 月 28 日

2011年，全市人民在市委、市政府的坚强领导下，认真贯彻落实科学发展观，全力推动发展方式转变，紧紧围绕转型跨越发展和“三新一城”建设的总体战略部署，加快推进“四化一体”东部新区建设，国民经济和社会事业取得新成就，实现了“十二五”发展良好开局。

一、综 合

经济增长：初步核算，全年全市生产总值855.2亿元，比上年增长15.2%。其中，第一产业增加值45.4亿元，按可比价格计算总量与上年持平，占生产总值比重5.3%；第二产业增加值498.8亿元，增长19.9%，比重占58.3%；第三产业增加值311.0亿元，增长10.5%，比重占36.4%。第三产业中，金融保险业增加值17.6亿元，增长11.1%；交通运输、仓储和邮政业增加值92.3亿元，增长9.1%；批发和零售业增加值67.2亿元，增长14.0%；房地产业增加值16.3亿元，增长12.6%。

图1 2007-2011年全市生产总值及其增长速度

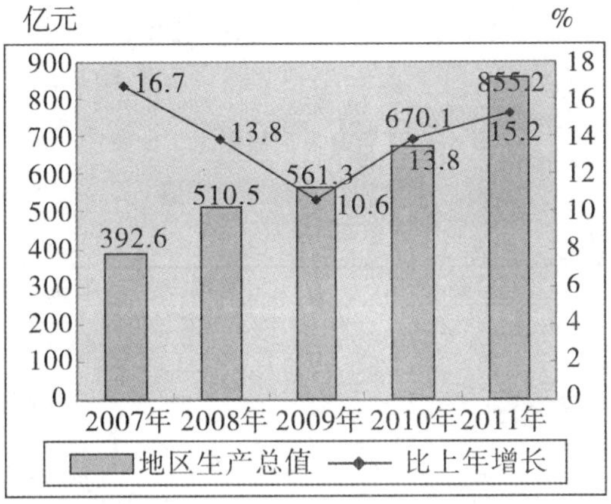

人均地区生产总值49692元，按2011年平均汇率计算为7695美元。

价格：全年全市居民消费价格总水平比上年上涨4.8%，其中食品价格上涨12.3%。商品零售价格上涨4.3%。工业品出厂价格上涨6.14%，其中生产资料价格上涨6.1%，生活资料价格上涨6.9%。原材料、燃料、动力购进价格上涨3.1%。

表1 2007-2011年全市主要价格指数

上年=100

价格种类	2007	2008	2009	2010	2011
居民消费价格	101.9	104.1	106.7	98.9	104.8
工业品出厂价格	106.9	102.3	111.5	98.2	106.1
原材料、燃料、动力购进价格	109.5	105.5	110.6	101.7	103.1

就业：年末全市城镇新增就业人员2.31万人，创业带动就业人数0.5万人，下岗失业人员再就业0.8万人，其中安置“4050”等就业困难人员2369人，转移农村劳动力1.87万人，期末城镇登记失业率为2.1%，比省定4.2%的目标低2.1个百分点。

二、农 业

种植面积：全年全市农作物种植面积33.8万公顷，比上年增长1.8% 。其中粮食种植面积27.0万公顷，增长1.5%；油料种植面积2.9万公顷，下降4.3%。在粮食种植面积中，玉米种植面积14.4万公顷，增长0.3%。

粮食产量：全年粮食总产量97.1万吨，比上年增长12.4%。其中，玉米78.1万吨，增长12.0%。

表2　2011年全市主要农产品产量及其增长速度

单位：万吨

产品名称	产 量	比上年增长%
粮 食	97.1	12.4
其中：夏粮	1.5	3.4
秋粮	95.6	12.5
油 料	3.4	13.3
甜 菜	29.5	37.2
蔬 菜	83.5	15.2

畜禽产量：据畜情监测结果显示，全年全市肉类总产量5.0万吨。其中，猪肉产量1.7万吨；羊肉产量2.1万吨。牛奶产量43.6万吨，禽蛋产量1.7万吨。

全年生猪出栏22.8万头，存栏21.7万头；牛出栏7.1万头，存栏16.9万头；羊出栏105.1万只，存栏137.7万只。

农业机械：年末全市农业机械总动力214.5万千瓦，比上年末增长4.1%。机械耕地面积24.3万公顷，机械播种面积21.7万公顷，机械收获面积9.68万公顷，分别比上年增长2.7%、22.1%和55.4%。

三、工业和建筑业

工业：全年全部工业增加值478.6亿元，比上年增长20.1%。其中规模以上工业企业完成增加值472.0亿元，比上年增长22.3%。

图2 2007-2011年全市规模以上工业增加值及其增长速度

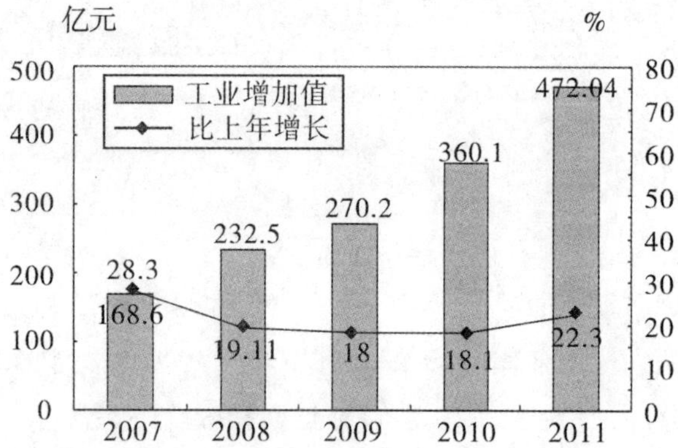

全年全市原煤产量1.9亿吨，比上年增长16.3%。洗煤1.2亿吨，增长16.2%。

表3　2011年全市规模以上工业增加值及其增长速度

单位：亿元

指　　标	增加值	比上年增长%
规模以上工业	472.0	22.3
其中：轻工业	17.3	12.4
重工业	454.7	22.7
其中：煤炭开采和洗选业	396.1	21.7
食品制造业	7.4	4.1
非金属矿物制品制造业	13.9	41.4
电力生产、热力的生产和供应业	24.9	6.0
其中：国有及国有控股企业	294.3	21.2
其中：集体企业	6.9	39.8
股份制企业	342.6	20.9
外商及港澳台投资企业	5.3	7.3

表4　2011年全市规模以上工业主要工业产品产量及其增长速度

产品名称	单 位	产 量	比上年增长%
原 煤	万吨	18597.3	16.3
洗 煤	万吨	12066.3	16.2
白 酒	千升	10342.0	142.8
软饮料	万吨	3.0	6.9
液体乳	万吨	16.7	62.6
化肥(折100%)	万吨	6.5	29.5
水 泥	万吨	283.5	173.0
发电量	亿千瓦小时	232.9	7.3

全年规模以上工业主营业务收入1085.3亿元，比上年增长44.0%。其中，煤炭、电力工业分别实现主营业务收入867.9亿元和69.4亿元，分别增长43.8%和14.3%；食品和非金属矿物制造业分别实现主营业务收入26.1亿元和32.3亿元，分别增长19.2%和66.7%；新兴接替产业共实现主营业务收入87.0亿元，增长44.9%。其中，交通运输设备制造业和医药工业分别实现主营业务收入2.0亿元和1.9亿元，分别增长134.4%和40.8%。

全年规模以上工业实现利税289.6亿元，比上年增长48.9%；实现利润174.59亿元，增长61.8%。

表5　2011年全市规模以上工业企业实现利润及其增长速度

单位：亿元

指 标	利润总额	比上年增长%
规模以上工业	175.5	61.8
其中：国有及国有控股企业	125.5	47.2
其中：集体企业	1.6	15.9
股份制企业	130.5	48.1
外商及港澳台投资企业	0.6	-52.9

建筑业：全年全市建筑业实现增加值20.2亿元，比上年增长15.5%。

四、固定资产投资

固定资产投资：全年全市固定资产投资474.6亿元，比上年增长33.3%。其中：城镇投资461.9亿元，增长34.6%；农村投资12.7亿元，下降1.14%。按产业分，第一产业投资9.2亿元，下降7.3%；第二产业投资303.6亿元，增长30.7%；第三产业投资161.8亿元，增长42.1%。按登记注册类型分，国有投资272.5亿元，增长30.3%；非国有投资202.1亿元，增长37.6%。

在工业投资中，传统产业（煤炭、电力）投资合计247.4亿元，增长32.3%；非煤、电投资227.2亿元，增长34.6%。

图3　2007-2011年全市全社会固定资产投资及其增长速度

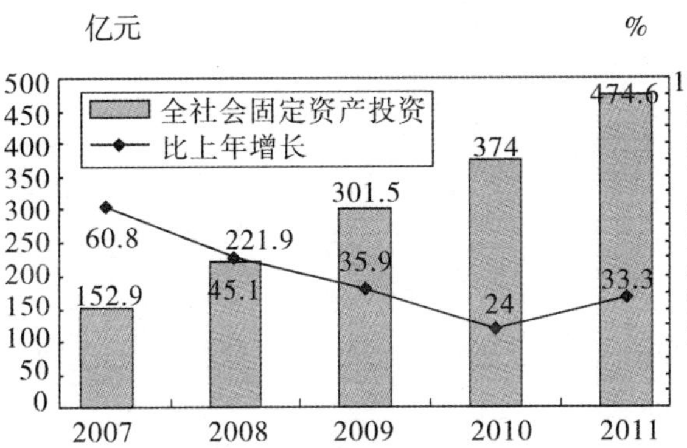

图4　2007-2011年国有、非国有固定资产投资占全市固定资产投资比重

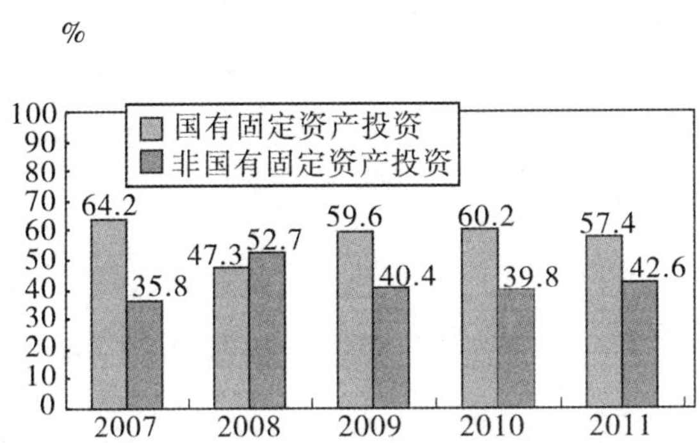

全年全市在建固定资产投资项目451个，新开工项目212个 。其中亿元以上项目176个，计划总投资1080.5亿元，完成投资348.2亿元，占全市固定资产投资的比重73.4%。

表6　2011年全市分行业固定资产投资及其增长速度

单位：万元

行　业	投资额	比上年增长%
总　计	4745733	33.3
农、林、牧、渔业	92035	-7.0
采矿业	1505849	15.0
采矿业	484420	15.0
电力、燃气及水的生产和供应业	1041537	78.0
交通运输、仓储和邮政业	432761	39.0
信息传输、计算机服务和软件业	2600	-
批发和零售业	61862	166.2
住宿和餐饮业	16332	-27.9
房地产业	702339	61.0
租赁和商务服务业	1360	-64.2
科学研究、技术服务和地质勘查业	4300	-46.3
水利、环境和公共设施管理业	267830	13.2
教　育	79819	18.0
卫生、社会保障和社会福利业	18257	246.1
文化、体育和娱乐业	14769	91.7
公共管理和社会组织	13584	-10.2

全年城镇固定资产投资建成投产项目230个，项目建成投产率为24.3%；新增固定资产162.8亿元。

房地产开发：全年房地产开发投资24.2亿元，比上年增长22.4%。按工程用途分，商品住宅投资15.1亿元，增长45.2%；商业营业用房投资3.4亿元，下降52.1%。

五、能　源

能源生产：全年全市一次能源生产折标准煤1.3亿吨，比上年增长16.7%；二次能源生产折标准煤297.6万吨，下降15.5%。

能源外调：全年全市向省外运输煤炭1.1亿吨（含洗精煤），比上年增长9.1%。

能源投资：城镇投资中，能源工业投资247.1亿元，比上年增长28.0%。其中煤炭工业投资149.6亿元，增长14.1%；电力工业投资82.7亿元，增长46.4%。

电力消耗：全年全市全社会用电总量80.2亿千瓦时。其中：第一产业用电1.5亿千瓦时，占全部用电量1.9%；第二产业用电70.1亿千瓦时，占全部用电量87.4%，其中工业用电68.7亿千瓦时；第三产业用电5.7亿千瓦时，占全部用电量7.1%；城乡居民生活用电2.9亿千瓦时，占全部用电量3.6%。

六、国内贸易

消费品零售：全年全市社会消费品零售总额164.1亿元，比上年增长17.6%。其中，城镇零售额126.1亿元，增长17.7%；乡村零售额38.0亿元，增长17.3%。

表7　2011年全市社会消费品零售总额及其增长速度

单位：亿元

指 标	绝对数	比上年增长%
社会消费品零售总额	164.1	17.6
分地域：城镇	126.1	17.7
其中：城区	55.2	18.6
乡村	38.0	17.3
分行业：批发业	9.3	24.2
零售业	129.9	17.3
住宿业	5.9	15.3
餐饮业	19.0	17.3

图5　2007-2011年全市社会消费品零售总额及其增长速度

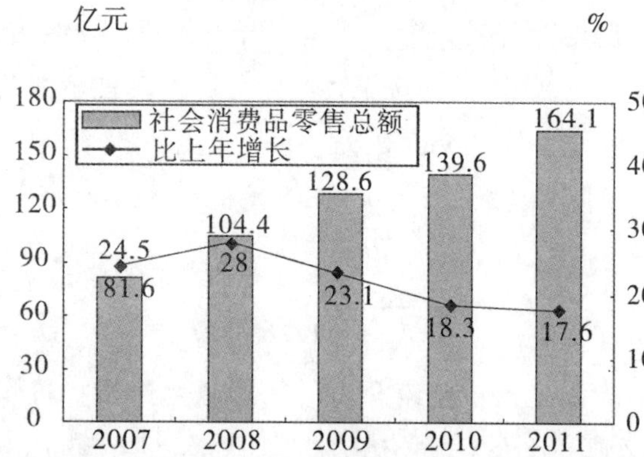

表8　2011年全市限额以上批发零售业零售额及其增长速度

单位：亿元

指 标	绝对数	比上年增长%
汽车类	10.3	53.3
石油及制品类	2.0	43.6
文化办公用品类	0.1	47.8
家用电器和音像器材类	3.8	23.8
中西药品类	0.3	27.5
日用品类	0.7	34.9
食品、饮料、烟酒类	3.2	21.3
服装类	4.1	38.1
化妆品类	0.5	33.1
金银珠宝类	0.7	54.6

七、对外经济

进出口贸易：全年全市海关进出口总额13942万美元，比上年增长14.0%。其中，进口额12461万美元，增长10.6%；出口额1481万美元，增长53.1%。

招商引资：全年全市新批准外资企业2家，实际利用外资11588万美元，增长76.7%。

八、交通、邮电和旅游

交通运输：全年全市交通运输、仓储和邮政业增加值92.3亿元，比上年增长9.1%。全年新增公路通车里程207公里，新增高级、次高级路面里程166公里。年末全市公路通车里程达到9785公里。

表9　2011年全市公路客货运输量及其增长速度

指 标	单 位	绝对数	比上年增长%
客运量	万 人	3074	2.7
旅客周转量	万人公里	122107	4.2
货物运量	万 吨	1935	5.9
货物周转量	万吨公里	366411	5.3

邮电：全年全市完成邮电业务总量11.5亿元，其中邮政业务总量0.9亿元；电信业务总量10.6亿元。固定电话用户年末达到21.6万户。其中，城市电话用户15.3万户，农村电话用户6.3万户。新增移动电话用户15.1万户，年末达到137.4万户。年末全市固定及移动电话用户总数达到159万户，比上年末增加41.1万户。移动电话普及率79.6部/百人。全市宽带接入用户达到14.8万户，增长22.6%。

旅游：全年全市接待入境游客5.1万人次，接待国内旅客536.9万人次，分别增长23%和24.7%；旅游外汇收入1650.2万美元，国内旅游收入47.2亿元，旅游总收入48.3亿元，分别增长27.7%、31.1%和31.6%。

九、财政、金融、证券和保险

财政：全年全市财政总收入175.0亿元，比上年增长32.1%。一般预算收入70.9亿元，增长27.2%。其中，税收收入154.8亿元，增长37.0%。

图6　2007-2011年财政总收入及其增长速度

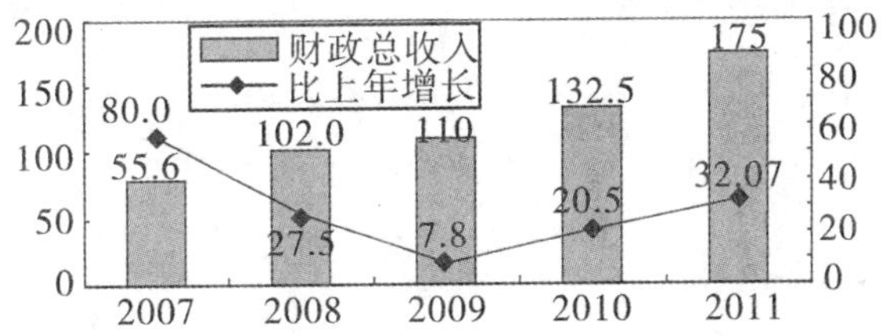

全年一般预算支出115.4亿元，比上年增长28.1%。其中农林水事务支出12.1亿元，增长20.0%；教育支出20.3亿元，增长26.7%；科学技术支出1.0亿元，增长33.7%；社会保障和就业支出9.8亿元，增长32.8%；医疗卫生支出6.9亿元，增长37.8%；环境保护支出4.0亿元，下降13.9%；文化体育与传媒支出3.3亿元，增长115%；城乡社区事务支出8.2亿元，增长29.9%；公共安全支出5.5亿元，增长2.6%。。

金融：年末全市金融机构本外币各项存款余额914.8亿元，比年初增加137.7亿元,增长17.7%,其中人民币各项存款余额911.8亿元,比年初增加139.8亿元,增长18.1%;全市金融机构本外币各项贷款余额271.9亿元，比年初增加61.7亿元,增长29.4%,其中人民币各项贷款余额262.5亿元,比年初增加64.9亿元，增长32.8%。

表10　2011年全市金融机构人民币存贷款及其增长速度

单位：亿元

指 标	年末数	比上年末增长%
各项存款余额	911.8	18.1
其中:城乡居民储蓄存款	519.5	16.8
各项贷款余额	262.5	32.8
其中:短期贷款	126.0	10.4
中长期贷款	115.0	47.1

图7　2007-2011年全市城乡居民人民币储蓄存款余额及其增长速度

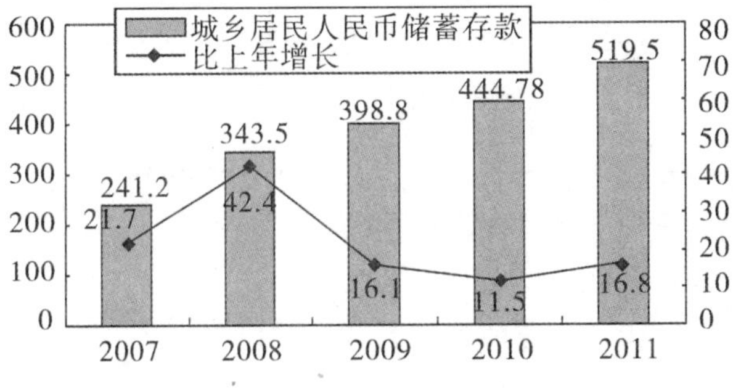

证券：全年朔州辖区证券市场各类证券成交额107.1亿元，比上年增长255.1%。其中股票成交额85.5亿元，增长183.7%；债券成交额248.4万元，增长544.9%。年末投资者资金账户开户数2.1万户，比上年末增长10.3%。

保险：全年全市保费收入12.3亿元，比上年增长5.4%。其中，寿险业务保费收入6.8亿元，下降8.7%；健康险和意外伤害险业务保费收入4612.0万元，增长46.2%；财产险业务保费收入5.0亿元，增长29.5%。支付各类赔款及给付3.61亿元，增长30.3%。其中，寿险业务给付1.3亿元，增长65.3%；健康险和意外伤害险业务赔款及给付1248.4万元，增长12.3%；财产险业务赔款2.16亿元，增长16.4%。

十、教育和科学技术

教育：全年全市中等职业教育学校共招生7008人，在校学生达到1.5万人；普通高中共招生2.1万人，在校学生达到6.2万人；初中共招生3.4万人，在校学生达到10.0万人。

表11　2011年全市各类教育发展情况

单位：人

指 标	招 生	在校生	毕业生
中等职业教育	7008	14739	4083
普通高中	20847	61466	17371
初 中	34084	100242	37059
普通小学	27326	181252	34458
特殊教育	39	224	12
特殊教育	21129	32963	18305

科学技术：全年全市共受理各项专利申请455件，比上年增长42.6%。全市技术市场共签订技术合同867份，成交金额24.5亿元。全年有3个项目列入国家各类科技计划，获得国家资助176万元。全年全市共取得13项科技成果。

年末全市有气象台站6个。全市开展电话天气自动答询的台站共计6个。全市气象系统开展人工影响天气业务的单位6个，防雹、增雨受益覆盖面积4千余平方公里。全市有卫星云图接收站1个。

年末全市有专业综合地震台站5个，省级地震台网中心1个。全年小震活动15次，最大震级

2.3级。

十一、文化、卫生和体育

文化：年末全市共有国有艺术表演团体6个，文化馆7个。广播电台5座，电视台3座。有线电视用户10.0万户。广播人口覆盖率94.4%，电视人口覆盖率98.6%。全市共有公共图书馆7个，馆藏图书338.8千册。

卫生：年末全市共有卫生机构(含诊所)375个，其中妇幼保健院（所、站）8个。全市卫生机构共有床位6447张；卫生技术人员8307人。全市新型农村合作医疗参合率达到99.3%，较上年提高9.2个百分点。社区卫生服务体系覆盖人口27.4万人。

体育：全年全市销售中国体育彩票2744万元，比上年增长6.3%。年末全市拥有群众健身辅导中心、站点118个，体育指导员872人，举办体育比赛活动90次。

十二、人口、人民生活和社会保障

人口：据2011年人口抽样调查，年末全市常住人口为172.6万人，比上年末增加0.9万人。全年全市出生人口1.8万人，人口出生率为10.2‰；死亡人口0.9万人，死亡率为5.2‰；人口自然增长率为5.0‰。

表12　2011年全市人口数

单位：人

指 标	年末数	比重(%)
全市常住人口	1725617	–
其中：城镇	826051	47.9
乡村	899566	52.1
其中：男性	901090	52.2
女性	824527	47.8

人民生活：全年城镇居民人均可支配收入为20287元（中心城市数），比上年增长15.5%；城镇居民人均消费性支出13353元，增长14.0%。农村居民人均纯收入7024元，增长19.0%；农村居民人均生活消费支出4809元，增长46.1%。城镇占调查总户数20%的低收入家庭人均可支配收入8665元，下降0.6%；农村占人口20%的低收入者收入2818元，增长19.4%。城镇居民家庭恩格尔系数（居民家庭食品消费支出占家庭消费支出的比重）31.4%，农村居民家庭恩格尔系数42.6%。

图8　2007-2011年全市城镇居民人均可支配收入及其增长速度

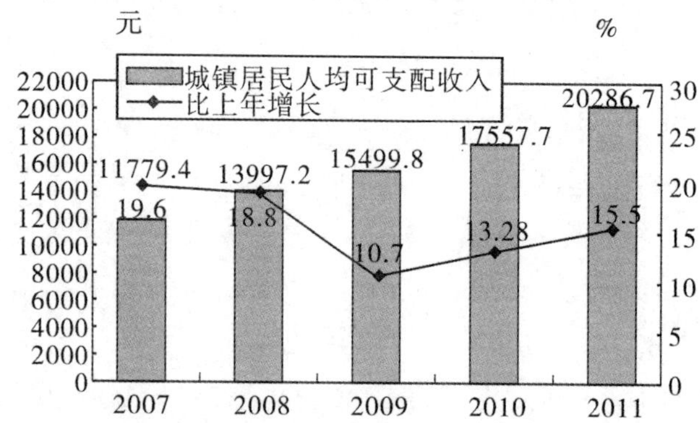

图9　2007-2011年全市农村居民人均纯收入及其增长速度

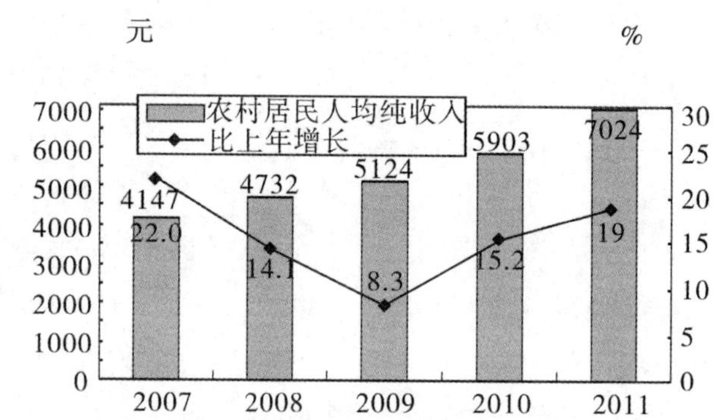

社会保障：年末全市企业养老保险参保人数达到14.2万人；农村养老保险参保人数达到52.8万人；城镇居民养老保险参保人数达到7.0万人；职工医疗保险参保人数达到13.3万人；城镇居民医疗保险参保人数达到24.1万人，工伤保险参保人数达到12.0万人；生育保险参保人数达到8.3万人。

全年全市纳入城市最低生活保障的居民6.8万人，比上年增加0.3万人，发放城市低保资金1.9亿元，比上年增加0.6亿元；纳入农村最低生活保障的居民8.8万人，比上年增加0.5万人，发放农村低保资金1.3亿元，比上年增加0.6亿元。全年全市共发放低保资金3.2亿元，比上年增加1.2亿元。

全年全市销售社会福利彩票5710.8万元,筹集社会福利资金1998.8万元。

全年全市完成保障性住房5.4万套，完成市定任务的101.1%。

农村新“五个全覆盖”工程大力推进，农村街巷硬化村累计905个，便民连锁商店累计1043个，农家书屋累计1307个，农民体育健身场所累计1039个，村级文化活动场所累计455个，新型农村社会养老保险覆盖六个县区。

十三、环境和安全生产

环境：全年市区空气质量二级以上天数349天，比上年增加8天，大气综合污染指数由上年的1.49上升到1.53，上升2%。

年末全市城市建成区绿化覆盖率达到41.8%，比上年提高1.0个百分点；污水处理率达到97.5%，提高0.4个百分点；城市生活垃圾无害化处理率达到100%；集中供热面积1352.2万平方米，集中供热普及率达到89.0%，提高7.5个百分点。

安全生产：全年全市地方企业共发生各类安全生产事故522起，比上年减少57起，下降10.0%；死亡86人，比上年减少2人，下降2.3%。

十四、“四化一体”东部新区

全年“四化一体”东部新区完成生产总值725.8亿元，增长17.0%，高于全市平均水平1.8个百分点，占全市经济总量84.9%；规模以上工业增加值完成412.1亿元，增长23.3%，高于全市平均水平1个百分点，占全市总量87.3%；固定资产投资额完成342.2亿元，增长31.1%，占全市72.1%；社会消费品零售总额完成121.7亿元，增长17.5%，占全市74.2%；财政总收入完成139.7亿元，增长26.9%，占全市79.8%；一般预算收入完成54.6亿元，增长17.4%，占全市77.0%；农民人均纯收入完成7989元，增长19.5%，绝对量高出全市平均水平965元，增幅高于全市平均水平0.5个百分点；城镇居民人均可支配收入完成19387元，增长15.7%，绝对量高出全市平均水平18464元（六县区加权平均数）的923元。

公报注释：

1.本公报部分数据为初步统计数据。

2.地区生产总值、各产业增加值绝对数按现价计算，增长速度按可比价计算。

3.所有增长或下降速度均为同上年相比较。

4.2011年起，规模以上工业企业统计标准由过去的年主营业务收入500万元提高到2000万元；固定资产投资统计起点由项目计划总投资50万元提高到500万元；限额以上批发零售企业是指年销售额2000万元及以上的批发企业和年销售额500万元及以上的零售企业。

5. 2011年起，邮电业务总量（包括邮政业务总量和电信业务总量）由之前的以2000年不变价计算调整为以2010年不变价计算。

6. 2011年起，保险公司保费收入按行业新确认口径统计。

7.根据国家统计局规定，节能降耗指标单独发布。

在转型跨越中谱写新的篇章

——《朔州市2011年国民经济和社会发展统计公报》解读

朔州市统计局 王佐

2011年是“十二五”开局之年，也是朔州“四化一体”东部新区建设和转型跨越的起步之年。《朔州市2011年国民经济和社会发展统计公报》（以下简称《统计公报》）以大量数据详细盘点了2011年全市经济社会发展状况，全面展示了一年来全市上下在市委、市政府正确领导下，深入贯彻落实科学发展观，解放思想、大胆探索、奋发进取，在推动经济转型跨越发展和“三新一城”建设中所取得的巨大成就。透过一组组数据和一张张图表可以看到：2011年朔州市经济发展、民生改善、社会进步，在全省转型跨越发展中谱写了新的篇章。

一、国民经济快速发展，综合实力实现新跨越

《统计公报》显示：2011年全市地区生产总值（GDP）实现855.2亿元，比上年增长15.2 %，增幅较上年提高1.4个百分点，高出全国和全省平均水平6 个和2.2百分点，增幅在全省11个市中居第3位；全年全市现价地区生产总值比上年净增185亿元，经济总量在全省排名由2010年的第9位跃升到第8位，地区综合实力在新的历史起跑线上实现了新的跨越。分三次产业看，第一产业完成增加值45.39亿元，按可比价格计算总量与上年基本持平；第二产业完成498.76亿元，增长19.9%，拉动经济增长11.3个百分点；第三产业完成311.04亿元，同比增长10.5%，拉动经济增长3.9个百分点。全市三次产业构成由2010年的6.1：56.5：37.4演化为2011年的5.3：58.3：36.4，在工业经济和固定资产投资高速增长的强力推动下，第二产业比重进一步提高1.8个百分点，第一、第三产业比重分别下降0.8和1个百分点。

二、农业生产形势稳定，粮食产量再创新高

在政策、市场及自然气候等多重有利因素作用下，农业生产呈现出稳定积极的发展态势。全年农作物播种面积506.6万亩，比上年增加9.1万亩，增长1.8%，其中粮食作物播种面积达到404.7万亩，比上年增加5.9万亩，增长1.47%。全年甜菜播种10.2万亩，比上年增加2.3万亩，增长28.9%；蔬菜32.5万亩，比上年增加5.1万亩，增长18.3%。依靠增加高产作物播种面积，全年粮食产量达到19.4亿斤，增长12.4%，再创历史新高。全年油料产量达0.7亿斤，增长13.3%；甜菜产量5.9亿斤，增长37.2%；蔬菜产量16.7亿斤，增长15.2%。

全年全市农、林、牧、渔业总产值达到88.39亿元，增长10.6%。其中种植业产值46.76亿元，增长15.6%；林业产值5.41亿元，增长1.02倍；畜牧业产值33.84亿元，下降2.2%。

三、工业经济调整中前行，新兴产业快速成长

全年217家规模以上工业企业完成增加值472.04亿元，在上年高基数的基础上继续保持了22.3%的增长，增幅比上年提高4.2个百分点，高出全省平均增幅4.4个百分点，呈现出明显的加速增长趋势。其中轻工业完成增加值17.37亿元，增长12.4%，比重占3.7%；重工业完成增加值454.67亿元，增长22.7%，比重占96.3%。全年全市工业增加值总量和增幅在全省11个市中分别排在第6位和第5 位。

全年中央企业完成增加值229.94亿元，比上年增长16.9%，比重占48.7%，拉动工业经济增长8.6个百分点；地方工业企业完成增加值242.09亿元，比上年增长27.9%，增幅超出中央企业10.9个百分点，比重达到51.3%，高出中央企业2.6个百分点。

全年新兴接替产业（指除煤炭开采及洗选、火力发电、石油加工、黑色及有色金属采矿冶炼等行业以外的其他工业行业）共完成增加值33.75亿元，比上年增长23.7%。

四、固定资产投资规模扩张，重大项目引领作用突出

在重大项目引领带动下，全市固定资产投资始终保持高速运行。全年累计完成固定资产投资474.57亿元，比上年净增118.62亿元，增长33.3%，增速比2010年提高19.2个百分点，高出全省平均水平5.2个百分点，增幅在全省位居第5位。其中城镇投资完成461.85亿元，增长34.6%，增幅比上年提高19.4个百分点；农村非农户投资12.72亿元，下降1.1%。

全年第一产业完成投资9.2亿元，比上年下降7.3%；第二产业完成投资303.57亿元，增长30.7%，增幅提高2.6个百分点；第三产业完成161.8亿元，增长42.1%，增幅提高47.1个百分点。三次产业投资构成由上年的2.78：65.24：31.98演化为1.94：63.97：34.09，第三产业投资比重明显提升。

全年煤炭行业共完成投资149.55亿元，比上年增长14.6%，电力、燃气及水的生产和供应业完成投资104.15亿元，增长77.5%。制造业完成48.44亿元，增长14.8，其中：农副食品加工业完成2.05亿元，增长3.1%；医药制造业完成3.33亿元，增长62.5%；专用设备制造业完成3.19亿元，增长90.9%；交通运输设备制造业完成1.02亿元，电气机械及器材制造业完成10.94亿元，分别增长30.1%和66.4%。

全年亿元以上在建项目176个，比上年增加8个，共完成投资348.2亿元，比上年增长27.5%，占全部固定资产投资比重73.4%。

五、消费需求持续旺盛，城乡市场繁荣活跃

全市各级各部门始终把拓展城乡市场、搞活商贸流通摆在日常工作重要位置，扎实开展“家电下乡”和“以旧换新”等各类促销活动，确保消费品市场在物价总水平持续走高和城乡居民收入不断增长的大环境下持续旺盛。全年全市共完成社会消费品零售总额164.14亿元，比上年增长17.6%，其中城镇完成126.13亿元，农村完成38.01亿元，分别增长17.7%和17.3%。按行业划分，批发业完成9.28亿元，增长24.2%；零售业完成129.94亿元，增长17.3%；住宿业完成5.91亿元，增长15.3%；餐饮业完成19.02亿元，增长17.3%。随着城乡居民消费水平日益提高，消费换代升级步伐明显加快，汽车消费、旅游消费、娱乐消费、健康消费等高档消费越来越成为城市家庭消费的时尚潮流。全年限额以上贸易企业汽车类、石油及制品类销售分别增长53.3%和43.6%，体育、娱乐用品类增长1.19倍，金银珠宝类增长54.6%。

全年全市完成海关进出口总额13942万美元，增长14%。其中出口完成1481万美元，增长53.1%，进口完成12461万美元，增长10.6%。

受市场大气候影响，全年全市物价总水平在食品价格快速上涨的推动下始终运行在高位区间。全年市区居民消费价格总水平比2010年上涨4.8%，商品零售价格总水平上涨4.3%。全年工业品出厂价格总水平和原材料购进价格总水平分别上涨6.14%和3.1%。

六、宏观效益明显提高，居民生活继续改善

全年全市财政总收入完成175亿元，增收42.5亿元，增长32.1%。其中一般预算收入完成70.92亿元，增收15.17亿元，增长27.2%。全年全市财政总收入和一般预度收入总规模分别位居全省第7位和第6位，增幅均居第3位。财政收入的快速增长为各项重点支出提供了有力保障，财政支出大幅向公共服务、环境治理和保护、改善民生等方面倾斜。全年一般预算支出完成115.4亿元，同比增长28.1%。其中一般公共服务支出14.82亿元，增长19.4%；教育支出20.3亿元，增长26.7%；文化体育与传媒支出3.3亿元，增长1.2倍；社会保障和就业支出9.8亿元，增长32.8%；医疗卫生支出6.9亿元，增长37.8%；农林水事务支出12.1亿元，增长20%。

全年规模以上工业企业共完成销售产值

1139.84亿元，同比增长43.7%，增幅较上年提高14.8个百分点；工业产品销售率达到98.1%，比上年提高1.9个百分点；累计完成主营业务收入1085.34亿元，增长43.9%，实现利税289.63亿元，增长48.9%，其中企业利润174.51亿元，增长61.8%；税金115.12亿元，增长32.8%。

全年中心市区城镇居民人均可支配收入达到20287元，比上年增长15.5%，增幅比2010年提高2.2个百分点。在城镇居民家庭收入中，工薪收入为17291.3元，增长7.8%，所占比重达到76.4%；经营性收入和财产性收入分别为1991.6元和351.9元，增速分别达到87.3%和67.3%；居民家庭转移性收入3000.9元，增长29.2%。全年全市农民人均纯收入达到7024元，比上年增长19%，增幅提高3.8个百分点。其中工资性收入2361元，增长31.7%，占33.6%；家庭经营现金收入3919元，增长8.2%，占55.8%；财产转移性收入744元，增长51.9%，占10.6%。

全年城镇居民人均消费性支出13353元，比上年增长14%；农村居民人均生活消费支出4809元，增长46.1%。全年城镇居民家庭恩格尔系数（居民家庭食品消费支出占家庭消费支出的比重）31.4%，农村居民家庭恩格尔系数42.6%。

年末全市金融机构人民币各项存款余额达到911.77亿元，比年初增加139.78亿元，增长18.1%；其中储蓄存款519.5亿元，增加74.72亿元，增长16.8%。各项贷款余额262.54亿元，比年初增加64.87亿元，增长32.8%；其中中长期贷款余额114.98亿元，增加36.8亿元，增长47.1%。

七、东部新区建设扎实推进，“三新一城”战略成效显著

2011年“四化一体”东部新区实现生产总值725.8亿元，增长17%，占全市总量的84.9%；工业增加值412.1亿元，增长23.3%，占全市的87.3%；完成固定资产投资342.2亿元，增长31.1%，占全市的72.1%；财政总收入139.7亿元，增长26.9%，占全市的79.8%。以东部新区建设的实际成效，推动了转型综改的强力突破，带动了转型跨越的全面推进。

全年全市经济发展呈现出“总量、质量、均量”三量齐升的特点，经济总量在全省前移一位，增幅位列全省前三位，主要经济指标人均水平位居全省第一。朔州进入了中国最佳投资环境城市100强，荣获农村公共服务“五个全覆盖”建设先进市、中国十大最具幸福感城市等10多项荣誉称号。

在看到发展成绩的同时，一定要清醒地认识到，当前经济运行中还存在不少困难和问题，制约经济持续稳定健康发展的结构性问题依然突出，一些深层次矛盾尚待解决，转型跨越发展仍然面临诸多挑战。

2012年是“十二五”承上启下的关键一年，宏观经济面临的形势更加复杂，各种不确定因素仍将继续增加，确保经济持续健康发展必然面临新的挑战。但困难中也孕育着新的发展机遇。在新的一年里，面对新的发展形势和任务，全市上下一定要将思想和行动统一到市委、市政府的科学决策上来，在科学发展观的指引下，紧紧抓住“国家资源型经济综合配套改革试验区”、“全国农村综合改革试验区”的良好机遇，进一步解放思想，创新机制，先行先试，大胆探索，奋发进取，努力开创转型跨越发展新局面。